Public
Administration

第二届、第三届中国大学生
公共管理案例大赛优秀案例集

区展玲　汪玉叶　主编

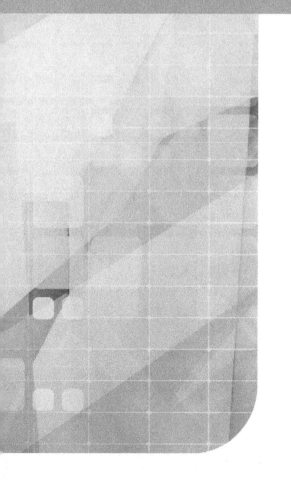

U0330500

中山大學出版社
SUN YAT-SEN UNIVERSITY PRESS

·广州·

图书在版编目（CIP）数据

第二届、第三届中国大学生公共管理案例大赛优秀案例集/区展玲，汪玉叶主编 . —广州：中山大学出版社，2024.6
ISBN 978 - 7 - 306 - 08110 - 0

Ⅰ.①第…　Ⅱ.①区…　②汪…　Ⅲ.①公共管理—案例—汇编—中国　Ⅳ.①D63

中国国家版本馆 CIP 数据核字（2024）第 106447 号

出 版 人：王天琪
策划编辑：熊锡源
责任编辑：熊锡源
封面设计：曾　斌
责任校对：刘　丽
责任技编：靳晓虹
出版发行：中山大学出版社
电　　话：编辑部 020 - 84111946，84113349，84111997，84110779，84110776
　　　　　发行部 020 - 84111998，84111981，84111160
地　　址：广州市新港西路 135 号
邮　　编：510275　　传　　真：020 - 84036565
网　　址：http：//www. zsup. com. cn　E-mail：zdcbs@ mail. sysu. edu. cn
印 刷 者：广东虎彩云印刷有限公司
规　　格：787mm×1092mm　1/16　21.75 印张　379 千字
版次印次：2024 年 6 月第 1 版　2024 年 6 月第 1 次印刷
定　　价：75.00 元

本书编委会

顾　问：夏书章

主　编：区展玲　汪玉叶

主　任：陈瑞莲

编　委：张紧跟　张　宁　徐　刚　聂静虹
　　　　杨爱平　文　宏

总策划：徐文俊

序 一

中国和平之崛起引起了全世界的密切关注，《习近平谈治国理政》一书的译本在 120 多个国家畅销并受到热议不是偶然的。公共管理这门学科就是治国理政之学。在中国，公共管理作为培养党政机关、企事业单位高级管理人才的主要学科，要求培养学生具备较高的分析和解决公共管理与公共政策问题的技能，以使其能够应对不同国家和地区的社情、国情的各种变化。因此，公共管理的教学必须理论联系实际，而案例教学是理论联系实际的最重要途径。

西方一般认为现代案例教学起源于哈佛大学。1871 年，兰德尔教授在美国哈佛大学法学院首创了以案例讲授法律的方法，以后逐渐应用于法学和医学课程，后由于其在哈佛商学院的成功运用而逐渐为人们所关注。其实，中国自古以来，已出现和存在治国安邦、治病救人等方面的著名案例，常为后人引用。所谓案例教学，就是教师根据教学的目的，组织学生对相关案例进行调查、阅读、思考、分析、讨论和交流等活动，教给他们分析问题和解决问题的理论和方法，进而提高他们分析问题和解决问题的能力，加深学生对基本原理和概念的理解的一种特定的教学方法。从世界范围来看，案例教学已经成为现代公共管理教育的重要方法。它借助公共管理实践中的案例，将学生置身于具体的公共管理情境中，为学生提供广阔的思维空间和与实战相似的实习氛围，使学生尽可能接近甚至融入真实的公共管理世界，培养学生观察、分析、解决公共管理活动的各种矛盾的能力。因此，引入案例教学有助于减轻"纸上谈兵"之弊，同时有利于汲取前人的经验教训、培育学生的创新能力，也能对我国高校公共管理教育思想及教学方法的改革、发展、创新起到重要的启发和推动作用。

毋庸置疑，案例教学的首要条件是要有优秀创新型的案例。一个优秀创新型的案例是一种把部分真实生活引入课堂，从而使教师和学生可对之进行分析和学习的工具，它应该包含大量的细节和信息，以引导持有不同观点的使用者主动分析和解读。规范的案例必须具备三大要素：案例是真实的、案例基于仔细且又认真的研究、案例应该能够培养案例使用者形成多元化的观点和创新的能力。国际上对公共管理案例库的建设的要求非常高，在美国就有70余所高水平大学参与其中，对国家和社会的公共管理案例进行检验、证明、应用和研究。在国内，教育部学位与研究生教育发展中心负责全国公共管理专业学位研究生教育的案例教学和案例库建设工作。但总体上，当前中国的公共管理案例库的建设依然相对滞后，成为制约公共管理案例教学的"软肋"。因而，推进中国公共管理案例库的建设十分必要、相当紧迫，需要公共管理学人共同关注、共同尽力。

为此，中山大学新华学院公共管理学院于2016年6月启动了首届"中国大学生公共管理案例大赛"。本届大赛是以国家五大发展理念之创新、共享为宗旨，一方面通过比赛展示各院校公共管理学子的创新能力，另一方面汇集优秀创新型案例，推动案例教学，交流教与学的经验，以期共同提高。大赛获得了国内外高校大学生的广泛关注，共收到121所高校459份参赛案例。最终，10份精品案例进入了总决赛，并于2016年11月27日在中山大学新华学院进行了激烈的角逐，共产生金奖2名、银奖3名、铜奖5名。这次参赛的所有案例都是国内各高校的公共管理学子在相关老师指导下调查和分析的成果，他们将专业技能与社会现实相结合，在实践中创新、在共享中提高，展现了当代大学生强烈的社会责任感、敏锐的社会洞察力、完整的知识体系以及较强的分析、解决问题和创新的能力。为进一步推广案例教学，提高中国公共管理专业的教育质量，大赛组委会在大赛结束后从优秀创新型案例中选出20份结集出版。尽管这些案例还略显稚嫩，但它们却能说明当代中国的公共管理学子正在密切关注现实社会、坚持理论联系实际并学以致用和力求创新，也表明几代公共管理学人的精神正在得到传承、创新、赓续。因此，这本案例集的出版不仅有利于培养具有国际视野、具有公共精神、具有实战素质、具有务实和创新情怀的公共管理学子，而且对公共管理教学和人才培养模式的改革有很好的推动作用，更对政府和社会组织创新公共管理、提升公共服务水平具有重要意义。

最后，提一点希望：根据案例教学的规律，案例要不断更新。换言之，就是要与时俱进。首先要认真学习好党的十九大报告精神，尤其是党的执政理念和治国方略，聚焦新时代中国特色社会主义思想。希望编者们继续努力，为此项重要工作多做贡献！也希望全国同行都来支持和关注这项工作，共同推进中国的公共管理案例库建设及案例教学的发展和创新！

夏书章

2017 年 12 月于中山大学康乐园

序　二

实际案例在公共管理教学实践中是非常必要的，只有对案例加以深入研究，才能够更好地利用公共管理、公共治理、公共政策理论来指导实践。同时，案例教学也必须要与时俱进。在首届中国大学生公共管理案例大赛成功举办的基础上，2018 年 3 月至 11 月，中山大学新华学院与广东省行政管理学会共同举办了第二届中国大学生公共管理案例大赛。2022 年 5 月至 12 月，广州新华学院（原中山大学新华学院）成功举办了第三届中国大学生公共管理案例大赛。这两届大赛都获得了全国高校和公共管理学界更为广泛的关注和支持。早在 2016 年，本人就在《中国行政管理》杂志第 8 期推介过此赛事。

第二届和第三届大赛共收到国内百余所高校的 280 份作品，经过两轮精细化评审筛选，共有 60 支队伍在比赛中获得奖项并被评为优秀案例。两届大赛的持续举办正是对我国全面推进国家治理体系和治理能力现代化的重要理念和价值取向的积极响应，更是对贯彻落实习近平总书记治国理政新思想及党的二十大精神的教育实践与探索。

大赛组委会从参赛的 280 份案例中精选出了部分优秀案例结集出版。案例作品围绕乡村振兴、基层治理创新、社会组织改革、公共服务模式创新等多个公共管理领域的热点问题做深入剖析，并运用理论知识提出了政策建议。这些案例选题新颖，紧抓当今公共治理过程中的热点与痛点，体现了当代大学生敏锐的观察能力及强烈的社会责任感。各案例问题意识明显，团队成员深入基层走访调研，保障了案例撰写生动、数据翔实、分析透彻，充分体现了当代大学生关注时事、积极探索解决社会问题的实干精神。

中山大学新华学院公共治理学院在本人的倡议下于 2018 年 7 月 10 日率先在全国高校中正式将"公共管理"更名为"公共治理"，一字之差，体现出人才培养的目标内涵与教学改革的与时俱进。

据悉，未来广州新华学院公共治理学院也将继续举办该项赛事，并继续征集优秀创新型公共管理案例结集出版。谨以此序作为本系列案例汇编之序言，共同推进中国的公共管理案例库建设和案例教学发展。

夏书章

2022 年 12 月于中山大学康乐园

目　　录

"碳票"变"钞票"：农业碳汇何以实现高质量发展与共同富裕的"双向奔赴"？

［厦门大学］

罗庭帅　沈锦波　蔡若曦　葛延楠

指导老师：王荣宇

【摘要】 党的十八大以来，我国共同富裕建设与"双碳"战略目标逐步进入并轨发展阶段。如何在坚持"双碳"目标这一高质量发展内在要求的同时，确保共同富裕的稳步推进，农业碳汇交易提供了一种重要的解题方案。2022 年 5 月 5 日，全国首批农业碳票发证及农业碳汇交易签约仪式在厦门市同安区莲花镇军营村举行，当天，全国首个农业碳汇交易平台落地厦门。该村村集体利用该资金购置了茶园管理维护设备，提高了茶园的碳汇能力与碳汇创收水平。本案例立足于"双碳"的政策背景和共同富裕的战略目标，研究全国首批农业碳票在厦门市同安区的成功交易；关注此次农业碳汇的全过程，将清了"碳票"变"钞票"的逻辑，并从学术视角详细阐述了其中治理结构和交易属性的关系，得出了对农业碳汇经验推广的思考；总结了共同富裕下农民增收的新路径，为国家碳达峰、碳中和的战略任务提供了具体经验。

【关键词】 农业碳汇；乡村振兴；共同富裕

案 例 正 文

党的十八大以来，习近平总书记指出："消除贫困、改善民生、实现共同富裕，是社会主义的本质要求。"2020 年 9 月 22 日，习近平主席在联合国大会一般性辩论上宣告"中国二氧化碳排放力争于 2030 年前达到峰值，努力争取 2060 年前实现碳中和"，全面开启了我国"双碳"战略目标建设工作。可以说，共同富裕建设与"双碳"战略目标进入了并轨发展阶段。如何在坚持"双碳"目标这一高质量发展内在要求的同时，确保"共同富裕"的稳步推进？如何破解"双碳"政策背景下高质量发展与共同富裕深度耦合的难题？碳汇交易提供了一种重要的解题方案。

2022 年 5 月，全国首个农业碳汇交易平台在福建厦门落地并完成首笔交易，标志着我国碳汇交易进入了新时代。与其他类型的碳汇交易相比，农业碳汇与共同富裕有着更为直接紧密的联系。一方面，农业碳汇交易将"碳票"变"钞票"，为农户提供了增收新渠道，带来了直接的物质分红，同时也引导农民改善农业生产方式，为农业高质量发展、农民持续增收提供保障；另一方面，农业碳汇交易也推动着工业反哺农业，对实现乡村振兴、推动城乡统筹一体化发展有着重要意义。

一、碳汇交易现状描摹

碳汇是指利用植物光合作用吸收大气中的二氧化碳，并将其固定在植被和土壤中，从而降低温室气体在大气中浓度的过程。1997 年 12 月，为缓解全球气候变暖趋势，由 149 个国家和地区的代表在日本京都通过了《京都议定书》，2005 年 2 月 16 日在全球正式生效，由此形成了国际"碳排放权交易制度"。碳汇交易则是在《联合国气候变化框架公约》及《京都议定书》的基础上创设的，通过市场化补偿机制，增加碳汇以抵消碳排放，有效达成了保护环境与经济效益的共赢。目前，欧美和日本等国家及地区已经通过碳汇交易的方式获得了明显的经济与环境效益。

实现碳达峰、碳中和，是中国对世界作出的庄严承诺。目前我国碳汇交易发展趋势向好，增长潜力较强，但主要集中于林业碳汇领域。2011 年 11 月，国家林业局在浙江华东林业产权交易所正式启动林业碳汇交易试点，阿里巴巴集团以 18 万元购买了 1 万吨林业碳汇指标，成为国内林业碳汇的第一笔交易。2021 年 4 月，中共中央办公厅、国务院办公厅印发了《关于建立健全生态产品价值实现机制的意见》，着力构建绿水青山转化为金山银山的政策制度体系，推动形成具有中国特色的生态文明建设新模式，特别指出要推进城乡建设和管理模式低碳转型，巩固生态系统碳汇能力。截至 2022 年底，全国已确定 18 个林业碳汇试点市（县）。除此之外，2022 年 7 月，厦门产权交易中心（厦门市碳和排污权交易中心）成立了全国首个海洋碳汇交易平台，成功完成了我国首宗海洋渔业碳汇交易，拓宽了碳汇交易的种类，开启了中国蓝碳交易的新篇章。目前国内各类碳汇交易项目逐渐起步，但也存在开发水平不高、碳汇价格偏低、方法学适用性不足等问题。

农业作为温室气体重要的排放源，同时又是巨大的碳汇系统，具有重要的生态功能，其自身生态系统在运转过程中能抵消掉部分因农业生产导致的温室气体排放量，实现重要的系统内部自我循环。因此，农业碳汇交易有着广阔的前景，不仅利于农民增收，还能促进传统农业向绿色低碳农业转型，更能促进落后地区碳扶贫等模式的发展。2022 年 6 月，农业农村部、国家发改委联合印发了《农业农村减排固碳实施方案》，提出实施包括稻田甲烷减排、化肥减量增效、农田碳汇提升在内的十大行动，按下了农业碳汇市场发展的快捷键。

目前，国内企业和个人开展的碳汇项目主要是森林碳汇、草原碳汇、竹林碳汇、海洋碳汇，涉及农业碳汇的项目非常少。农业碳汇主要通过两种途径发挥作用：一是减少碳排放，产生"碳减排量"；二是增加碳的吸收、固定或封存，产生"碳汇的增量"。"碳减排量"与"碳汇的增量"具有质与量的统一性，都会最终增加额外的碳排放空间。与工业硬化减排方式不同，农业碳汇可以灵活地通过改变农作物品种、改善品质和生产方式来减少排放，增加碳汇。与自然碳汇相比，农业碳汇在自然因素和农业管理的作用下，易于测定且在全球碳库中占有相当份额。

在此背景下，全国各地积极逐步探索与尝试农业碳汇交易。

二、"碳"索的厦门故事

福建本身就生态根基深厚。2016 年，福建省被列为全国八大碳交易试点地区之一，建立了全省统一的碳汇市场，积极鼓励全省探索适宜本地发展的碳汇交易。而厦门是东南沿海重要的中心港口城市，森林资源、海洋资源丰富，其独特的地理优势为厦门在碳汇领域书写"厦门故事"创造了条件。《中国净零碳城市发展报告（2022）》显示，在城市净零碳发展水平总排行中，厦门的城市发展质量、城市空气质量优良天数比率、单位面积碳汇量等指标位列前茅，碳汇储量大，发展潜力巨大。在此得天独厚的条件下，厦门市做出了许多关于农业碳汇交易的积极尝试：设立全国首个绿碳财政金融服务联盟，为绿色低碳产业链全流程提供财政金融综合服务；设立全国首个碳中和综合一体服务平台；签订全国首个跨区域碳中和服务合作协议；发布全国首份《个人助力碳中和行动纲领》；发放基金用于引导企业与个人践行减碳排放行动。依托福建省多地和厦门市自身碳汇交易的探索基础，厦门市政府在充分认识农业碳汇发展的广阔前景后，便毅然决定走上农业碳汇的"碳"索之路。

长久以来，"碳"索之路并非一帆风顺。大众惯有的思维认定，"减碳"二字伴随的，必然是利益的缺损，因而"减碳"往往被置于"高阁"，仿佛与自身无关。尽管厦门已有多次探索，但人民群众并未直接参与其中，也未能获得实际收益，无法理解也更无法参与、支持碳汇交易。这已成为厦门市扩大碳汇交易市场、贯彻实施"双碳"战略的重大挑战。眼下，乡村振兴、巩固脱贫成果等重重任务与"双碳"目标的实施任务同时下放到厦门市政府，着实让政府工作人员犯了难。如何在助力实现"双碳"目标的同时让人民群众获得实际收益？如何让人们切实感受到"绿水青山就是金山银山"，并身体力行？如何探索出一条实现乡村振兴、共同富裕的高质量发展之路？个别地区的农业碳汇探索给厦门市政府提供了新思路。

一个科学可操作并被广泛认同的计量方法是碳汇能够进入市场交易的基础和前提。碳汇项目开发，必须以主管部门审定认可的项目方法学作为依据，并经由具备资质的第三方认证。目前，我国林业领域已经建立了较为完善的监测、核算、核证体系，但农业领域还没有这样权威的项目方法学。

厦门的高山茶园集中连片、面积广阔，利于农业碳汇测量工作的开展。在市政府的鼓励支持下，政府相关工作人员深入调研，在多番考量过后，工作人员找到了第三方机构——厦门市环境科学研究院，希望以茶园为突破口，探索性地开发出厦门市高山茶园碳汇核算方法。厦门市环境科学研究院多年来致力于碳汇测算方法学的研究，二者一拍即合，以厦门高山茶叶主产地——同安区莲花镇军营村、白交祠村为目标，进行实地测算，构建出了适应厦门本地的生态系统价值核算业务体系。这套体系不同于国家核证自愿减排（China certified emission reductions，CCER），茶园的碳汇能力低于天然林每亩会消纳 0.8 吨到 1 吨二氧化碳排放的容量。

万事俱备，农业碳汇从莲花镇开始，又回到莲花镇等待实践检验。政府工作人员找到厦门产权交易中心，筹备农业碳汇平台建设，引导第一笔农业碳汇交易在莲花镇军营村、白交祠村落地生根。

三、苏大哥的新难题

初夏时节，在厦门同安西北部的莲花山上，一垄垄茶丛顺着地势从低向高延伸，放眼望去郁郁葱葱（图 1）。要不是连日的大雨，高山上的 1.65 万亩夏茶已经进入采摘季了。这让本就对茶叶价格尤为敏感的军营村村民苏大哥更加苦恼。

作为厦门市农村面积最大、农村人口最多、农业比重最高的行政区，

图 1 军营村高山茶园

同安区历来是厦门市的"三农主战场"，如今也是厦门市乡村振兴的主战场。苏大哥所在的军营村，正是同安区乡村振兴不折不扣的"排头兵"。在习近平总书记"山上戴帽、山下开发"的思想引领下，军营村实现了脱贫致富的"蝶变"。

苏大哥在军营村长大，曾经在外务工多年。2015年，他在一次回乡时，切实感受到了家乡的发展变化。在村党支部的邀请下，苏大哥成了村里第一个返乡青年。返乡后，苏大哥承包了一家茶园，同时开起了全村第一家网店。他把村里的茶叶、菜干、地瓜干在网上一挂，做起了"高山小马云"，生意还不错。然而，2020年后，全国各地的淘宝村都不同程度上受到了疫情的冲击，苏大哥的小网店也不例外。除此之外，受天气影响，苏大哥茶园里种植的茶叶价格波动不断。受挫之余，苏大哥开始谋划新出路。苏大哥从村里的科技特派员那里听说，新引进的品种"单枞"比本地品种"毛蟹"的价格贵出几倍，手工采摘的茶青价比机器采摘的要高出一倍，再加上制茶工艺的区别，成品茶有时可以卖到七八百元一斤。于是，引进新茶种、提升茶叶品质的念头在苏大哥心里萌发。但钱从哪里来？这成为苏大哥的新难题。

这时候，转机出现了。一天，村委高书记来茶园找到苏大哥，告诉他，同安区政府已经与厦门产权交易中心达成了协作，准备以军营村为试点进行农业碳汇交易。高书记认为这是一次很好的机会，希望苏大哥能参与到碳汇交易，将自己茶园产出的碳汇作为商品卖出，实现"躺着"增收。苏大哥不仅是村里的第一个返乡青年，还拥有全村面积最大的茶园。因此，高书记选择他为第一个动员参加碳汇交易的对象。

四、一波三折的农业碳票

让高书记感到意外的是，苏大哥并没有立刻表明要参与到农业碳汇交易中。一方面，苏大哥从未接触过"农业碳汇"这一概念；另一方面，他对通过碳汇交易"躺着也能增收"的说法表示怀疑。高书记意识到，"农业碳汇"作为专业性名词，具有一定的理解门槛，一时间难以被村民理解和接受。如何让村民理解并愿意积极参与到农业碳汇交易之中？这让高书记伤透了脑筋。

为了解决这一难题，军营村高书记一行人先前往湖里区厦门市产权交易中心，了解和学习与碳汇相关的知识和交易模式。之后，村集体通过举办座谈会、走访、张贴海报等方式向村民们科普相应的农业碳汇知识。为了让村民更直观地理解这一概念，村集体将复杂难懂的"碳汇交易"通俗地解释为"卖空气"。同时，村集体还向村民们介绍了"福建省三明市林业碳汇"的例子。2018年以来，福建省三明市林业碳汇实现的交易金额已达到2534万元，许多村集体和农民因此获得了巨大收益。通过这样具体的"碳汇交易"实例，可以让村民们理解农业碳汇，感知碳汇交易带来的好处，激起村民们参与农业碳汇的积极性。

同时，同安区政府也下派相关党员干部到军营村，通过开设讲座、现场问答等方式向村民和村委会干部宣传碳汇知识，让军营村的村民们了解农业碳汇是什么，农业碳汇交易是如何进行的，交易流程是什么，农业碳汇能给军营村带来什么，以及如何影响村民的实际生活。区政府和村集体的共同宣传，加深了村民们对农业碳汇的信任与理解。苏大哥和其他村民都纷纷表示愿意参与到此次农业碳汇交易中来。由此便奠定此次农业碳汇交易的基础——碳汇的供给。

虽然解决了动员群众的难题，但很快新的困难又出现了：要想顺利落地实施农业碳汇交易，必须推动供需双方的匹配。但目前，国内农业碳票的市场尚未完全成熟，受自身限制，村集体难以直接找到市场上的需求方。考虑到军营村是全国范围内的第一个试点，厦门市产权交易中心选择"点对点"的方式帮助军营村联系企业。经过多轮比选与协商，厦门市产权交易中心最终找到了Y集团购买该村碳汇。Y集团是厦门市本土食品企业，长期以来秉持着绿色发展理念，具有良好的信誉与社会担当。疫情以来，Y集团积极尝试向ESG模式转型，即将E（环境）、S（社会）、G（治理）要素纳入企业经营管理体系中。一方面，这是为了满足资本市场与监管机构的信息披露与合规需求；另一方面，这更有利于加强企业自身发展的内驱力，从而达到高质量、可持续发展的目标。参与农业碳汇交易正好与Y集团推进实现绿色发展的目标不谋而合。于是，在交易中心的帮助下，Y集团通过法定流程申请本次碳汇交易，用于抵消日常生产经营活动中所产生的部分碳排放。

成功对接企业后，交易项目便正式启动了。厦门产权交易中心随即联系厦门市环境科学研究院，由研究院派研究员前往军营村实地进行茶园碳汇的测量与计算。在村集体干部的带领下，研究员们来到山上的茶园，使用相关专业仪器对茶园内的二氧化碳含量、茶园面积等数据进行测量。由于茶园的分布较为分散，增加了测量难度的同时也影响了工作效率，研究员在路程上耗费的时间较多，花费了三天才完成全部茶园碳汇的测量工作。之后，经过一段时间的计算与核实，研究院测算得出军营村拥有茶园6500多亩，除了域外的飞地，有5715亩被纳入茶园碳汇认证体系，按照一亩茶园一年大约0.2076吨二氧化碳消纳能力测算，本次认证并交易的2020年、2021年茶园碳汇近2500吨。

本以为测算结果核实后，农业碳票就能顺利发放了，但这一次，农业碳汇的价格又出现了问题。由于农业碳汇的属地特征明显，生产方式多样，农作物业差异很大，所以国内缺乏统一的碳汇评价认证标准。各地的碳汇交易价格自成体系，交易中心仍处于探索定价的阶段。根据第三方提供的测算数据，产权交易中心采用茶园面积与价格相挂钩的办法，最终确定以每吨碳汇6元作为成交价。消息传到军营村，高书记犯了难。早先在宣传动员时，他告诉村民，三明林业碳汇能够以每吨20多元的价格卖出，不少村民因此被打动，决定参加农业碳汇交易。而眼前茶园碳票只有每吨6元的价格，不知道村民能否接受。他询问了产权交易中心是否有更多协商的空间，但交易中心也有自己的难处——目前碳汇市场机制尚不成熟，在碎片化的交易环境中"第一个吃螃蟹"、试水农业碳汇，已实属不易。不过，交易中心工作人员告诉高书记，村集体可以直接跟企业进行协商，如果双方达成一致，那么交易中心会尊重他们的意见，确定最终价格。但事实上，离开了产权交易中心这一中介，村集体和企业的谈判就缺少了合规保障，村集体在与企业的谈判协商中容易处于被动、弱势的局面，更难得到一个较高的售价。因此，高书记决定放弃这次与企业谈判价格的机会。高书记回村召开了会议，向村民们说明了情况。决定参加碳汇交易的农户虽然略感失望，但都不愿错过此次难得的交易机会，还是决定接受这一价格。

经过宣传动员困难、供需对接受阻、定价协商不畅这一波三折，2022年5月，首批农业碳票终于得以发放（图2）。高书记在交易仪式上说，这笔交易获得的14000余元作为集体经营性收入，最后将用于购置茶园管理维护设备。后续茶园面积的扩大、基础设施的改善，会提高茶园的碳汇能力，进一步提升茶园的碳汇创收水平，保障后续获利的可能。

图2　军营村农业碳票

五、碳汇交易的"多保险"

　　农业碳票发放后不久，苏大哥的茶园里又来了新客人——厦门农商银行的工作人员。在此之前，农商银行就在军营村设立了服务站点，帮助村民解决了许多贷款融资难题。工作人员告诉他，农商银行已经与厦门产权交易中心达成合作，在军营村设立了全国首个农业碳汇服务驿站。通过服务驿站，银行对军营村实行了整村授信的福建农业信用创新模式，向茶园承包户发放茶园种植"乡村振兴碳汇贷"，并且利率向他们倾斜，月利息可以低于5厘。

　　苏大哥没有想到，这次碳汇交易不仅让他从"卖空气"中获得收益，还可以通过碳汇贷的方式解决眼前资金周转的难题。很快，作为最初一批得到碳汇贷的农户，苏大哥申请到了20万元贷款，用于改造茶园、扩容种植面积、引进新品种"单枞"。除苏大哥以外，其他接受"乡村振兴碳汇贷"的农户也将贷款用于改善茶园种植环境、引进新茶种。厦门农商银行还承诺，未来将进一步拓展"乡村振兴碳汇贷"的受惠范围、提高受惠金额和扩大受惠群体。这一承诺让军营村的其他村民们看到了未来农业碳汇的发展希望，大家纷纷向高书记表达了以后想要参与到农业碳汇的意愿。

　　看到村民们的思想观念发生了转变，高书记喜悦之余，也不免隐隐担忧。第一笔交易是由产权交易中心"点对点"寻找到企业的，接下来的碳汇需求该如何保障？高书记想，好不容易让村民接受和参与到农业碳汇中来，如果接下来没有持续的碳汇交易需求，那么村民的希望将会落空，积极性难免受挫。

厦门产权交易中心也有着同样的顾虑。因此，在首笔农业碳汇交易落地后，农业碳汇交易平台就积极探索和创新交易模式，以此挖掘农业碳汇的经济潜能，希望能形成一个稳定发展的农业碳汇市场，破解当下因为信息壁垒而产生的需求不足问题。这次，他们首先将目光放在了场外交易上。

"世界环境日"当天，在厦门市农业农村局、厦门市金融局、中国人民银行厦门中心支行等部门的指导下，由厦门农行与厦门产权交易中心联合主办的农业碳汇交易平台在厦门举办了全国首场"农业碳汇交易助乡村、数字人民币万人购"活动。与第一笔农业碳汇交易的企业购买不同，此次购买的主体是数万名个人，包括青少年、飞行员、教师、医生、农民工等在内的社会群体积极参与，涉及莲花镇 9 个村共计 34327 吨农业茶园短期固碳。活动仪式现场，中国产权协会碳中和研究中心主任、厦门产权交易中心负责人连炜为助力碳中和行动代表发放了个人农业碳汇交易证书。市民可以通过数字人民币账户支付 1 元，购买 3 吨价值 21 元的碳汇。由此，"数字人民币 + 农业碳汇 + 乡村振兴"的新机制在同安区正式启动。

然而，如果想要长期推广和发展农业碳汇交易模式，就不得不考虑一个重要因素——市场流动性。尽管全国碳排放市场已于 2021 年开市，福建省也早已建立起地方碳市场，但由于目前碳汇并未被列为场内交易标的，仅仅依靠零星的企业交易和碎片化、分散化的场外交易，难以形成持久稳定的市场购买力。因此，尽快形成农业碳汇交易"多保险"加持的局面，乃当务之急。不久之后，农业碳汇交易平台正式启动了绿色融资企业及项目申报受理工作，通过导入金融保险资源，开发农业碳汇质押贷款、农业碳汇保险等产品，努力降低计量、审定、核证和交易费用等一系列服务门槛，吸引更多有意向的企业加入农业碳汇。经商业银行等金融机构推荐后，企业便能够直接地进入"厦绿融"绿色金融服务平台系统进行申报，认购农业碳汇。长此以往，农业碳汇交易中的市场流动性难题就能够得到有效缓解。

除此之外，考虑到气候变动因素，一旦出现台风、洪涝等自然灾害，往往会造成茶园损毁，使固碳效果缺乏有效保障。在厦门市农业农村局、厦门市金融局、中国人民银行厦门中心支行等部门的指导下，厦门产权交易中心还携手太平洋财产保险股份有限公司，助力推动全国首单农业碳汇损失保险落地，为厦门市同安区莲花镇高山茶园一年的 3768 吨碳汇提供风险保障。此次茶树碳汇损失保险以茶树为保险标的，以特定灾害造成的碳汇损失为保险责任，是碳汇价值多元转化过程中的一次金融尝试，有效扩大了农业资源利用，推动了绿色生态农业高质量发展，进一步夯实了农业碳汇的绿色保障。由此，厦门开启了"以绿色凭证促进农村绿色交易，以绿色交易促进农民绿色增收"的新模式、新机制。

在多重"保险"的加持下，碳汇交易的市场慢慢打开了，各个参与方前进的脚步更加笃定了。无论是军营村村民、有意愿参与的企业还是同安区乡镇干部，都迫切地想要了解更多关于农业碳汇的知识。了解到这一情况，厦门产权交易中心在军营村所在的同安区莲花镇开展了"农业碳汇大学堂"项目，向广大农民、农业企业和乡镇干部等普及农业碳汇知识，总结交流农业碳汇交易创新举措。"农业碳汇大学堂"上，有干部学员说道："想要继续让农业碳汇助力乡村振兴，依我看来，还要加强市场教育，培养用户习惯，从而形成相应的社会氛围。就咱们厦门来看，从林业碳汇到海洋碳汇，再到农业碳汇，'万物皆可碳汇'的好时代被我们赶上了。下一步，我们还将面临新的风口。不过我相信，在在座各位的携手努力下，一定能在不久的将来形成规范且具有活力的交易市场，凝聚广泛的碳汇交易社会共识。"包括高书记在内的听众们纷纷点头称好。

至此，高书记悬着的心便放下了。一条乡村振兴、实现共同富裕的新道路正在军营村缓缓铺开……

六、农业碳汇交易未来展望

"未来，我们的'农业碳汇大学堂'会将更多主体纳入培训中，进行关于农业碳汇普法等相关知识的普及。我们希望通过'碳汇知识上山，绿色交易下乡'，将农业增效、农民增收、农村增绿与'双碳'战略有效结合，为乡村振兴增添新动力。"在首次"农业碳汇大学堂"上，农业碳汇交易平台的负责人这样说道。

此时，学堂上的村镇干部和村民们也提起了兴趣，纷纷表达了参与此次农业碳汇交易的切身体会和未来的发展建议。军营村村委高书记坦言，此次农业碳汇交易项目由于筹备时间比较仓促，且为初次尝试，所以在对村民的宣传上、村集体与交易平台的对接上，都存在一些问题。希望以后能够建立一个统一的农业碳汇测定与交易标准，建立起更加完善的碳交换机制，制定更多有利于农业碳汇发展的政策。军营村的苏大哥则希望未来可以继续参与到碳汇的项目中来，这样既有利于增加自身收入，也给了自己参与乡村振兴、保护生态环境的机会。他感到非常喜悦和骄傲。希望未来能够扩大交易规模和交易范围，让村子里的其他村民也能享受到农业碳汇带来的实实在在的收益。

农业碳汇交易平台的负责人回应道，平台将继续以同安区莲花镇为试点，构建出一张农业茶园碳汇的生态地图，运用好绿色金融平台，不断拓展农村绿色金融的应用场景，以平台为抓手，在做好碳中和、碳达峰的同时，努力为厦门农村开辟一条用碳汇致富的新道路。同时，还要选择逐步开发农村光伏扶贫碳减排、农村沼气碳减排、种养结合循环农业碳减排、农田碳汇等交易产品，并将碳汇资源丰富的地区纳入碳汇交易试点范围。这就能够形成"农业碳汇知识培训＋农业碳汇交易应用＋农业碳汇经验复制"的乡村碳汇服务链条，未来为乡村振兴、共同富裕提供源源不断的绿色动能。

农业碳汇交易生根于厦门，但不囿于厦门；碳汇交易应用于农业，但不囿于农业，其他地区接续提出了碳汇交易的未来之路。

不囿于厦门，其他地区也在积极探索农业碳汇。2022 年 7 月 19 日，全国首单农田碳汇项目顺利在海峡股权交易中心完成了交易，福建环融环保股份有限公司购买了漳州市南靖县龙山镇农田碳汇 0.7 万吨。在这笔农田碳汇交易中，农民既可以作为投资者，又可以作为交易者，不同于军营村以村集体为单位进行交易。作为投资者，农民可以通过在农业碳汇市场上买入和卖出碳票来参与交易；作为交易者，农民可以出售个人的碳汇。简单来说，农民在种植耕地的同时，可以选择参与农业碳汇项目后，按照项目要求在农业生产过程中采取减排增汇措施，增加农业系统的碳汇量。这些碳汇量在经过第三方机构的核证后，就可以在农业碳汇交易平台进行挂牌出售，从而获得经济收益。

不囿于农业，全国各地纷纷因地制宜地开展更多种类的碳汇交易，在湿地碳汇、海洋碳汇项目上也取得了初步探索成果。湖北省内湿地资源丰富，总面积逾 2175 万亩，占全省面积的 7.8%，湿地有效保护率达

52.62%，但由于缺少科学的计量模型，暂无法进行碳汇交易。因此，湖北省提出要加快构建湿地碳汇科学测算模型。林业部门、生态环保部门依托高校、科研机构、行业部门等资源，组建了专家团队，开展湿地碳汇储量评估，进行碳汇潜力评价；还构建湿地碳汇基础参数库和数据库，定期开展计量工作并向社会发布，开发了湿地碳汇交易项目。同时，福建省也在积极发展海洋碳汇，拓宽蓝碳产业"场外交易"参与全国碳市场；开拓海洋碳汇应用场景，建立健全蓝碳交易规则体系，在融资渠道、测算方法、市场秩序等方面持续推动海洋碳汇市场机制。

目前，全国各地都在积极进行碳汇交易的探索尝试，想要更大范围地发展碳汇交易，推动碳汇生产，破解产权边界模糊、存在碳逆转风险、难形成统一认证体系等难题。"厦门样板"在为军营村村民一"碳"究"金"的同时，也为后脱贫时期下实现共同富裕和高质量发展"双向奔赴"打开了新思路。

思考题：

1. 政府、厦门产权交易中心、村集体、企业在此次农业碳汇交易过程中分别扮演什么角色？交易流程如何？

2. 此次农业碳汇交易存在哪些问题？为了实现农业碳汇交易项目的固定化、常态化，应该在哪些方面改进？

3. 农业碳汇交易对实现乡村振兴、共同富裕有何积极意义？厦门市同安区此次农业碳汇交易对地区农业碳汇交易有何借鉴意义？

案 例 分 析

一、军营村农业碳汇交易中的主体分析

农业碳汇各行动主体的互动关系如图3所示。

（一）各级政府

各级政府主要发挥指导作用。福建省政府印发的《福建省"十四五"

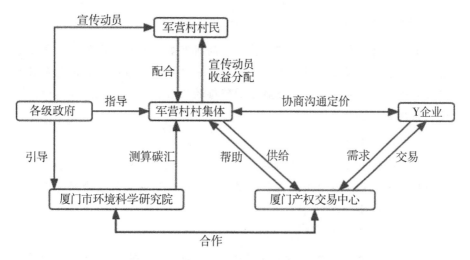

图3　农业碳汇各行动主体的互动关系

推进农业农村现代化实施方案》中指出要推进农业农村减排固碳。厦门市政府响应国家碳中和、碳达峰的绿色生态发展战略，推动厦门产权交易中心建立农业碳汇交易平台。同安区政府作为下级政府，帮助厦门产权交易中心对接村集体，参与到对村民的碳汇交易普及宣传中来，推动军营村参与碳汇交易。

（二）厦门产权交易中心

厦门产权交易中心在交易过程中处于核心位置，在农业碳汇交易的策划、选址、对接村两委、寻找企业、颁发碳票和碳票交易等关键环节发挥着重要的作用。厦门产权交易中心还扮演了军营村村集体与Y企业之间的中介角色。在形成供给后，厦门产权交易中心帮助军营村"点对点"联系到需要购买碳汇的Y企业，推动交易的顺利完成。

（三）村集体

村集体主要发挥的是上传下达的作用，在上级文件下达后，配合第三方专业机构进行农业碳汇的测量与计算。为了更好地宣传农业碳汇，村集体创新了宣讲方式，通过举办座谈会、现场问答、走访、张贴海报等方式向村民们科普相应的农业碳汇知识，鼓励农户积极参与到碳汇项目中。村集体还和产权交易中心进行了相关工作，推动碳汇交易的顺利达成。在交易结束后，由村集体对交易所得的经济收益进行具体的使用和分配。

（四）军营村村民

军营村村民作为本次碳汇交易产品的所有者，在村两委的推动与介绍下，了解了农业碳汇，并积极地参与到这一过程中。最终，村民也是农业碳汇交易最大的受益者，农业碳汇所获得的收益将用之于民，如用于茶园设备的改善和后续茶园的投入。

（五）Y企业

Y企业作为碳汇产品的购买者，在这一过程中的地位相对被动。在平台的帮助下，Y企业申请购买农业碳汇，用以抵消其日常生产经营活动所产生的部分碳排放。

（六）厦门市环境科学研究院

厦门市环境科学研究院作为第三方机构，在此过程中的地位相对独立，主要负责碳汇的测算工作。其在厦门产权交易中心的委托下，以高山茶园为对象，创新性地开发出了适合厦门市高山茶园的碳汇核算方法，构建出了适应厦门本地的生态系统价值核算业务化体系。

二、农业碳汇治理模式研究

交易成本理论通常用于解释公共池塘资源的治理模式多样性，特别是揭示影响治理模式选择的关键因素。因此，本文借助交易成本理论与治理结构，解释农业碳汇在特定交易属性下与治理结构之间的耦合过程。

（一）概念界定与理论基础

1. 交易属性

从交易费用经济学的经典逻辑来看，交易属性是影响治理模式选择的决定性因素。交易成本的大小与交易本身的性质有关。威廉姆森归纳了交易的三种属性，即资产专用性、不确定性和频率。[①] 资产专用性是指资产能够被重新配置于其他备择用途并由其他使用者重新配置而不牺牲其生产性价值的程度。随着资产专用性程度的增加，交易主体间的依赖程度也不断提升，所选择的治理模式应当能够控制机会主义等合约风险。不确定性

---

① O. E. Williamson, "Comparative Economic Organization: The Analysis of Discrete Structural Alternatives," *Administrative Science Quarterly* 36 (1991): 269 – 296; O. E. Williamson, *The Mechanisms of Governance* (New York: Oxford University Press, 1996).

则来源于人的有限理性和真实世界中信息的不完全。它既包括决策环境的不确定，也涵盖特定行为及其结果发生概率的不确定。与交易不确定性相匹配的治理模式能够及时根据外部环境变化而做出调适，并节约信息搜寻和处理的成本。交易频率则对交易费用有着双重影响。随着交易频率的提升，总交易费用势必呈上升趋势；但是，单位交易费用或因主体间的信任感和熟练度等的增加而下降。因此，治理模式还需要适应交易频率的双重影响。

农业碳汇交易是一种与自然系统相关的交易。为了更好地诠释与自然系统相关的交易的独特性，我们对交易属性进行了进一步的扩展，比如复杂性、不可分割性、不可逆性等。此外，自然物质条件和行动者特征往往与一些交易属性密切相关。例如，农业碳汇交易所涉及的农村土地数量和面积越大、参与者越多，交易的复杂性可能就越强。

如果治理结构能够适应交易属性引致的治理需求，就能够有效地节约交易成本，因此农业碳汇交易的治理模式选择应当要兼顾上述新增的交易属性。

2. 治理结构

治理结构是在现有的产权、政治、司法等正式制度的安排下，具有特定目的的人在相互依赖、相互影响的行为过程中形成的规范，是一种具体的组织和管理模式。基于现实中多样化的组织和实施模式，有的学者总结提炼出了治理模式的理论类型。威廉姆森从理论上把治理模式分为市场制、科层制和混合制三类。[①]

市场制是基于古典契约法运行的。此时，互动或交易双方的身份并不重要，也未产生相互依赖，双方完全可以自行其是。价格机制是市场制的突出特征。市场通过要素相对价格的变化来传递供求关系和经济机会的信息。交易各方则据此"分散"且独立地做出决策，以适应市场环境的变化。这是一种自发的调适（A型调适），消费者和生产者独立对价格参数的变化做出反应，从而分别使自己的效用和利润最大化。市场制有很强的激励效果，但它的内部控制能力却相对较弱。毕竟，平等自由的交易和竞争是市场制的基础。

科层制是以组织层级为基础运行的。此时，互动或交易双方的身份十

---

① O. E. Williamson, "Comparative Economic Organization: The Analysis of Discrete Structural Alternatives," *Administrative Science Quarterly* 36 (1991): 269 – 296; O. E. Williamson, *The Mechanisms of Governance* (New York: Oxford University Press, 1996).

分重要，产生了强烈的相互依赖。自上而下的指令性计划机制是此类治理模式的突出特点。各利益主体被置于一个中央权威的统一管理之下，必须依照行政指令来进行决策并采取相应的行动。与在市场制下自发地对经济环境变化做出反应不同，科层制中的利益主体是根据环境的变化有意识地共同进行调适，这是一种具有协调性质的调适（C型调适）。它避免了单个参与者分散独立行动可能出现的相互矛盾的行为，进而防止产生次优化的资源配置结果。在科层制下各行为主体间的合作是由具有强制性的指令来维系的。不可否认的是，科层制也需要使用一些内部激励措施来确保指令性计划的上传下达，如层级内晋升的可靠预期等。

混合制依靠新古典契约法运行。此时，互动或交易双方的身份逐渐开始变得重要起来，双边依赖的影响不容忽视。与市场制相比，混合制削弱了激励强度，有利于各部门之间的合作。与科层制相比，混合制削弱了行政控制的强度，有利于强化激励机制，调动各部门的主观能动性。因此，混合制有利于避免集体对个体行为的过度干预，还有利于调动每个参与者的积极性，促使他们在追求个人利益的同时也增进集体利益。并且，混合制还有助于精简官僚机构，节约官僚成本。

3. IoS 分析框架

可持续性制度（institution of sustainability，IoS）分析框架专门用于处理与"社会-生态"系统（socio-ecological system，SES）相关的各领域问题，特别是自然资源管理领域中的制度分析和绩效评价问题。一般来说，IoS 分析关注的是使人类行为规范化的方法影响自然系统和社会系统之间关系的交易①，它试图借鉴威廉姆森的交易成本经济学理论，对资源环境治理的"社会-生态"系统进行分析。IoS 框架将与自然相关的事务视为其关键特性。自然的相关交易被定义为由非自然系统调节效用的相关变化，这些交易受至少一个参与者的有意行动的影响。② 这些交易属性的划分标准包括专用性、不确定性、复杂性、频率等。此外，IoS 框架还考虑了参与事务的行动者特征，包括规模、自愿性、利益一致性、类型等。治

---

① K. Hagedorn, "Particular Requirements for Institutional Analysis in Nature-Related Sectors," *European Review of Agricultural Economics.* 35 (2008): 357–384.

② A. Thiel, C. Schleyer, J. Hinkel, et al., "Transferring Williamson's Discriminating Alignment to the Analysis of Environmental Governance of Social-Ecological Interdependence," *Ecological Economics* 128 (2016): 159–168.

理模式的选择同时依赖于交易属性和行动者特征。[①]

与资源环境治理领域常用的制度分析与发展（institutional analysis and development, IAD）框架与 SES 分析框架相比，IoS 框架不仅涵盖了上述两个框架的核心要点，而且能够从中观层次上同时阐明农业碳汇的交易属性、治理结构的契合度与绩效结果。根据 IoS 分析框架，复杂的自然资源管理领域问题能够得到较好的阐释，并已得到学界的研究证实。[②]

本文从农业碳汇交易的治理实际出发，采用与之相匹配的 IoS 分析框架并结合厦门市军营村农业碳汇交易的典型案例进行探究，分析农业碳汇交易属性、治理结构契合度、绩效结果及其未来的发展方向（图4），以期为 IoS 框架提供来自中国语境下的经验证据，也为进一步发展农业碳汇交易、推动乡村振兴、实现共同富裕提供学理支撑和路径参考。

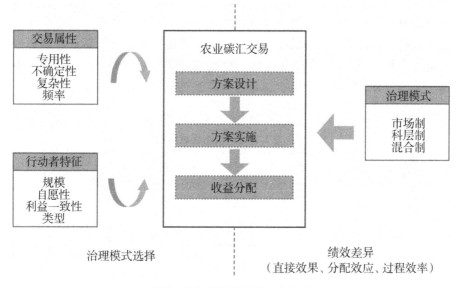

图4 农业碳汇交易的 IoS 分析

---

① K. Hagedorn, K. Arzt, U. Peters, "Institutional Arrangements for Environmental Co-opera-tives: A Conceptual Framework," in K. Hagedorn, *Environmental Co-operation and Institutional Change: Theories and Policies for European Agriculture*, ed. (Cheltenham: Edward Elgar, 2002).

② R. Wang, R. Tan, "Rural Renewal of China in the Context of Rural-Urban Integration: Gov-ernance Fit and Performance Differences," *Sustainability*, 2018, 10, https://doi.org/10.3390/su10020393; E. Ostrom, "A General Framework for Analyzing Sustainability of Social-Ecological Sys-tems," *Science* 325 (2009): 419–422.

4. 交易成本视角下的政策工具创新

奥斯本和盖布勒认为，解决公共问题的方法如同箭袋，政府需要做的是合理地从中选择箭并射向靶心。[①] 政策工具便可以被视作箭袋中的箭，政策工具的选择直接影响政策目标。如何正确地选择和有效使用政策工具，是当下政策制定者应当关注的重要问题之一。在政策工具研究方面，分类一直是基本问题之一。分类方法的不同主要取决于学者研究的不同维度。

从交易成本理论出发，政策活动的本质是一种交易。政策工具相当于政策合同，政府和公众之间的关系是一种当事人关系，政府通过应用政策工具节约成本、解决问题，与当事人达成交易。

在交易成本视角下，政策工具的选择取决于两个因素：目标产品的公共性和私人交易成本。其中，目标产品的公共性主要是指产品效用上的不可分割性、消费的非竞争性和受益的非排他性；私人交易成本主要是指通过私人的方式，在产品契约签订之前所花费的交易成本以及签订之后的管理成本。根据两个因素的大小，可以将政策工具划分为四种类型：离散交易型工具、公共交易型工具、偏政府的混合交易型工具和偏市场的混合交易型工具（见表1）。

表1　政策工具选择的交易成本模型[②]

因素		私人交易成本	
		低	高
目标产品的公共性	低	离散交易型工具（市场）	混合交易型工具（偏政府）
	高	混合交易型工具（偏市场）	公共交易型工具（政府）

其中，针对公共性低、私人交易成本低的产品，适宜采用离散交易型

---

① 戴维·奥斯本，特德·盖布勒：《改革政府：企业家精神如何改革着公共部门》，上海市政协编译组译，上海译文出版社1996年版。

② 湛中林：《交易成本视角下政策工具的选择与创新》，载《江苏行政学院学报》2015年第5期，第100－105页。

工具，由主体双方自主决策，利用市场手段降低交易成本；针对公共性低、私人交易成本高的产品，如教育、医疗等产品，适宜运用偏政府的混合交易型工具，以政府出资为主，辅之以民办力量；针对公共性高、私人交易成本低的产品，因其公共性会触动私人利益，适宜采用偏市场的混合交易型工具，对部分服务进行企业化核算；针对公共性高、私人交易成本高的产品，适宜采用公共交易型工具，由政府提供。

（二）分析思路

基于上述理论和 IoS 分析框架，本文构建了如图 5 所示的分析思路。首先，从实然层面分析军营村本次农业碳汇交易中的方案设计、方案实施、利益分配各环节，判断和总结军营村实际采用的治理结构。其次，分析本次农业碳汇交易的实际交易属性、行为主体特征与绩效，从应然层面提出与其相匹配的治理结构。最后，通过比较实然层面和应然层面的治理结构差异，从政策工具的角度出发，以政策工具创新推动治理结构转变，为农业碳汇交易的可持续发展提供建议。

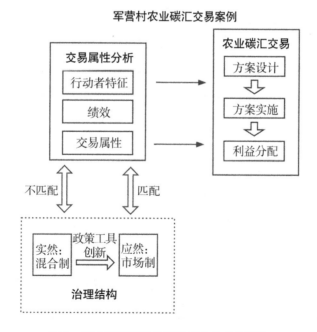

图 5　农业碳汇交易治理模式 IoS 分析思路

（三）交易属性分析

基于 IoS 框架和交易成本理论，结合军营村农业碳汇交易的实际情况，本文将从交易属性、行为主体特征对此次农业碳汇交易进行剖析（见表2），并认为市场制的治理结构更匹配农业碳汇的交易属性特征。

表2　军营村农业碳汇交易属性分析

因素	军营村
1. 交易属性	
1.1 方案设计	
1.1.1 专用性	＋＋
1.1.2 不确定性（Ⅰ）	＋
1.2 方案实施	
1.2.1 专用性	＋
1.2.2 不确定性（Ⅱ）	＋
1.2.3 复杂性	＋＋
1.2.4 频率	－
1.3 收益分配	
1.3.1 不确定性（Ⅱ）	＋
2. 行为主体特征	
2.1 规模	－
2.2 自愿性	＋
2.3 利益一致性	＋
2.4 类型	＋
3. 绩效	
3.1 直接效果	完成农业碳汇交易
3.2 分配效用	可持续的社会财富
3.3 过程效率	整体较低

注：－表示弱/小；＋表示强/大；＋＋表示更强/更大。

1. 交易属性

方案设计。厦门市环境科学研究院针对军营村和白交祠村高山茶园本身的海拔、茶树品种、水土条件等特点，构建出了适应厦门本地高山茶园碳汇测算的核算方法，该碳汇测算办法针对性较强。因此，本文判断碳汇的方案设计专用性较强。由于此次农业碳汇交易是全国首个农业碳汇交易平台在福建厦门落地并完成的首笔交易，加之人的有限理性和不完全信息的存在，使得碳汇测算、实际交易的方案设计并不成熟，不确定性（Ⅰ）强。

方案实施。此次碳汇测算办法是针对军营村本身的特点而设计的，其专用性较强。因此，在具体的测算中，专用性也呈现较强的趋势。在此次交易过程中，军营村村集体需要与厦门各级政府、厦门产权交易中心、厦门市环境科学研究院、Y企业、军营村村民等多个主体进行对接，农业碳汇作为一个新兴事物，也较少有经验可循。因此，主体参与的复杂性，交易结果、对方行为和外部环境的不确定性，共同导致了碳汇交易方案实施的复杂性和不确定性（Ⅱ）都较强。而军营村只进行了一次碳汇交易，频率呈现较弱的走向。

收益分配。此次军营村农业碳汇交易共获得14000余元，作为集体经营性收入将用于购置茶园管理维护设备。碳汇交易获得的收入都用于集体设施，没有分配落实到个人，本文认为收益分配的不确定性（Ⅱ）强。

2. 行为主体特征

此次农业碳汇交易的参与主体分别是军营村村集体、军营村村民、厦门各级政府、厦门产权交易中心、厦门市环境科学研究院、Y企业，主体数量较少。但类型上，既包括政府、基层自治组织等行政主体，也包括村民、企业和营利性交易平台等社会团体，参与到碳汇交易的主体类型多样。军营村村集体和村民作为此次碳汇的生产者，纷纷表示愿意参与到此次农业碳汇交易中，以增加收入；研究院、交易中心也都愿意帮助军营村完成此次碳汇交易，以获得相应的报酬；而Y企业为了抵消日常生产的碳排放，自愿购买军营村的农业碳汇。整体而言，此次碳汇交易的行为主体自愿性较强，各主体从中获取了各自的利益，满足了本身的利益诉求。

（四）农业碳汇治理结构现状——混合制

根据上文中关于案例的描述和对治理结构的介绍，我们将此次农业碳汇交易的治理结构划分为混合制，理由如下。

1. 碳汇定价阶段

一方面，碳汇作为普通商品，在市场中受到了交易系统的影响；另一方面，碳汇作为公共池塘资源，本身具有的稀缺性、半公共物品性和外部性，导致其价格不能完全依靠市场自发形成，还需要政府发挥监管和宏观调控作用。在此次碳汇交易中，军营村农业碳汇的价格由厦门产权交易中心制定。由于国内碳汇的市场发展有限，所以国内碳汇的价格很难通过市场自发形成，通常由各地政府参考国内外交易，依据实际情况制定，目前呈现出各省不一的现状。同时，该价格又在一定程度上被市场机制调节，受到供求关系的影响。本例中的碳汇价格在产权交易中心制定出后，军营村和 Y 企业可以进行协商，在适当范围内调整价格，体现出了碳汇定价的混合制特色。

2. 碳汇交易阶段

在此次碳汇交易的过程中，供求双方的对接也体现出混合制的特点。就供给方而言，由于农业碳汇处于试点开发阶段，所以参与此次交易的军营村是由同安区政府和产权交易中心共同选中的，而非军营村主动参与进碳汇市场；就需求方而言，Y 企业被市场的中介机构即产权交易中心选中，由市场选择。由此可知，碳汇交易阶段的供需双方并不完全由市场机制产生，政府也发挥出了较大的作用。

（五）发展建议——利用政策工具将混合制转变为市场制

军营村农业碳汇交易实践的直接效果与分配效用表明，农业碳汇交易作为一种可持续的社会财富转移，具有较强的绩效活力和借鉴推广价值（表 2 中的 3.1 和 3.2）。然而，由于宣传动员困难、供需对接受阻、定价协商不畅等问题，这一交易整体过程效率偏低（表 2 中的 3.3）。除此之外，产权边界模糊、存在碳逆转风险、难以形成统一认证体系等难题的存在，亦不利于该交易的可持续推行和发展。由交易成本与治理结构的理论分析可知，导致交易效率偏低的根本原因在于，军营村农业碳汇交易中的交易属性和治理结构不相匹配。

加强离散交易型政策工具、减弱公共交易型政策工具，能够将治理结构从混合制转变为市场制，有效应对上述问题。加强离散交易型政策工具，关键在于更多地运用"市场机制"工具对碳汇交易中的资源进行动态配置。具体来说，需要推动农业碳汇在生产、定价、测量、买卖、利益分配等交易程序上依据市场规则、市场价格、市场竞争实现效益最大化和效率最优化，让农业碳汇交易真正进入自由市场交易，推动其实现可持续发展。减弱公共交易型政策工具，关键在于减少政府对碳汇交易中资源进行直接配置。政府在农业碳汇交易中应当起到监督和保障作用，出台相应的法律法规保护农业碳汇交易市场的正常运作，不该过多地干涉其市场机制，应让市场起到真正的决定性作用。

我国目前尚未将农业纳入碳交易市场，但随着《全国碳排放权交易管理办法（试行）》等多方政策的出台，其实现指日可待，彼时农业碳减排与低碳农业的持续健康发展便可通过市场机制的推动而实现。联系案例实际，本文认为将目前农业碳汇的治理结构从混合制转变为市场制，能够有效地实现农业碳汇交易的可持续发展，理由如下。

1. 价格可协商

在此次交易中，碳汇价格主要受政府影响，军营村村集体和厦门产权交易中心的议价能力略显不足。推进农业碳汇交易走向市场制，能够发挥市场机制的作用，自主调节农业碳汇的交易价格；同时，打破双方的信息壁垒，推动碳汇价格更加符合当前市场现状，通过充分协商议价来激发各类市场主体的活力。在价格机制的驱动下，市场制将激发农业碳汇交易市场的活力。

2. 交易将更加自主，利益分配到个体

市场机制的引入，减少了行政力量的干扰。此次交易中的军营村是由同安区政府选择的，同时厦门市环境科学研究院最初开发碳汇测算指标也主要受到政府部门的激励。在目前的混合制中，各主体的行为较为被动。而市场制下，农业碳汇交易的各参与主体更能够发挥自主意识，根据自身需求参与到农业碳汇交易中。

3. 交易规模将扩大

截至目前，此次农业碳汇交易是全国首个农业碳汇交易平台在福建厦门落地并完成的首笔交易，最终的交易收益军营村也只获得了14000余元，交易的规模较小。若引入市场机制，将充分发挥市场的规模效应，吸引更多的主体参与到碳汇交易中，能有效扩大碳汇交易的数量规模。

三、军营村农业碳汇交易的意义

(一) 积极意义

此次农业碳汇交易有利于推动乡村振兴、共同富裕的实现：交易成果用于茶园基础设施的改造，有利于进一步提升碳汇能力，促进农业高质量发展，实现农业强；同时，发展碳汇交易能够保护生态环境，提高村民们的生态意识，有助于化解城乡不平衡，实现农村美；此外，还能拓宽增收渠道，提高军营村村民的收入水平，推进共同富裕，实现农民富。

通过农业碳汇交易，有助于建立起第二、第三产业的低碳化资本得以流入"三农"的市场机制，实现工业反哺农业，推动共同富裕。具体体现在经济富裕和生态富裕两方面。

1. 经济富裕

此次碳汇交易中获得的 14000 余元的碳汇收益全部用于茶园基础设施的改造，有利于茶叶种植条件的改善，茶叶的产量和碳汇水平也能够进一步提高。而且，产量的增加会带来更多的经济收入；更多的碳汇资源能够转变成经济资源，为农户提供增收新渠道，带来直接的物质分红。同时，企业购买农业碳汇也实现了工业反哺农业，对实现乡村振兴、推动城乡统筹一体化发展有着重要意义。因此，农业碳汇交易的最终结果是给农户们在原本作物经济创收的基础上带来额外的经济收益，在经济层面上促进乡村振兴、实现经济富裕。

2. 生态富裕

碳汇本身是基于国家碳达峰、碳中和的"双碳"目标所孕育而生的。要对企业日常生产经营活动中所产生的碳排放量进行限制，若超出限额，则需要通过市场化补偿机制增加碳汇以抵消碳排放，进而鞭策企业减少碳排放。同时，发展农业碳汇，能够给农户传递"卖空气也能赚钱"的观念。为了提升自身的收入水平，农户们会更加关注作物本身的吸碳能力，从而重视对作物的种植和养护，减少因农业生产所产生的环境污染，进一步提升农作物的碳汇能力，实现农业的生态化、高效化发展。因此，发展农业碳汇，不仅能够让企业在生产端上树立节能减排的理念，还能够让农户发展生态农业、绿色农业、现代农业，构建绿水青山，推动实现生态富裕。

农业碳汇交易将碳票变钞票,同时还达成了保护生态环境的发展目标。因此,农业碳汇实现了高质量发展和共同富裕的双向奔赴,真正做到了习近平总书记所说的:"绿水青山就是金山银山。"

（二）借鉴意义

1. 建立统一的农业碳汇市场

为解决碳汇标准不统一、碳汇资源整合能力不足的问题,需要建立全国性的农业碳汇交易平台,整合各地区的农业碳汇。可在省级行政区为单位测算和检验各自农业碳汇量的基础上,统一汇总至全国性的农业碳汇交易平台。对有碳排放权需求的相关企业要进行审核,优先支持与国计民生关系紧密的行业,并以此为准则向符合要求的企业发放碳排放权购买许可。[①]

平台的搭建,会让碳汇交易更加便捷、迅速,供需双方能够及时沟通磋商,实现农业碳汇市场的高效有序运转。同时,针对农业碳汇交易中的信息流通问题,需要在建立全国性农业碳汇交易平台的基础上,创建信息交流平台,消除信息壁垒。

2. 建立规范的农业碳汇交易制度

为解决市场机制不完善、政府监管不畅通的问题,应当建立完善且规范的农业碳汇市场管理制度。这一市场制度包括农业碳汇交易流程、测算方法细则、价格标准、交易服务费、法律责任追究等方面,这都需要政府部门发挥主导作用。针对农业碳汇的价格问题,要进一步思考碳汇价格的合理区间、买卖双方的议价范围和方式、市场的价格波动等方面。同时,要建立政府部门对农业碳汇交易的监管机制,包括对实地测算、议价过程、最终交易等具体环节的监督。要保障前期宣传动员到位,农户们能够积极参与;碳汇测算应合规、准确、真实;议价过程应正当合理,符合市场规范,避免农业碳汇交易过程中出现违法乱纪行为。形成规范、明确的农业碳汇市场机制,能够保障交易顺利、有序地展开。

3. 鼓励发展农业碳汇技术的研究和应用

政府应该通过税费减免、财政扶持、引入社会资本等多种方式支持碳汇农业关键技术的研发工作,逐步建立起相对完善的碳汇农业发展的技术

---

① 《厦门七千多亩茶园试水农业碳汇交易,全国种田减碳挣钱时代来临?》,载《新京报》2022年5月12日,https://www.bjnews.com.cn/detail/165233050714599.html。

创新激励制度。① 应关注高校主体科技计划，推动农业碳汇领域的"产学研"深度融合，对开展农业碳汇测算研究项目的大学和科研院给予支持；② 应利用税收减免政策、金融优惠政策等吸引社会资本进入碳汇农业技术开发领域，为其营造良好的政策制度环境。③ 当前碳汇的测算标准主要集中在林业和高山茶叶上，对其他农作物的碳汇测算尚不清晰。要形成广泛的农业碳汇交易市场，还需要扩大可进行碳汇交易的农作物范围，拓宽农业碳汇实际收益的受惠面，真正助力乡村振兴与共同富裕。

---

① 贾敬敦、魏珣、金书秦：《澳大利亚发展碳汇农业对中国的启示》，载《中国农业科技导报》2012 年第 14 卷第 2 期，第 7 – 11 页。

② 谢淑娟、匡耀求、黄宁生：《中国发展碳汇农业的主要路径与政策建议》，载《中国人口·资源与环境》2010 年第 20 卷第 12 期，第 46 – 51 页。

③ 苏子龙、石吉金、周伟等：《国外农田土壤碳汇市场交易实践及对我国的启示》，载《环境保护》2022 年第 50 卷第 5 期，第 63 – 67 页。

救命文档如何"救命"：
郑州暴雨应急协同中的数字赋能观察

［中南大学］

方　佳　朱　猛　朱柏安　钟昊旺

指导老师：何　雷

【摘要】 智慧应急背景下数字技术如何嵌入应急管理各主体，提高应急协同能力，是应急管理研究亟待解决的议题。以数字平台如何赋能应急协同为出发点，选取郑州特大暴雨中的救命文档为研究案例，遵循数字平台能够通过赋能实现与被赋能者的信息共享、流程再造、价值共创，以提升应急协同治理效果的理论逻辑，将救命文档的赋能过程解构为资源赋能、结构赋能和心理赋能三个层面，结合救命文档在此次郑州暴雨灾害中发展的阶段性特征，剖析救命文档在为应急协同赋能过程中的内在机理。研究发现：数字平台在诞生阶段，主要通过资源赋能应急协同。数字技术打通了应急信息不对称的技术壁垒，数字平台助力了救援资源的理性对接，数字产品提高了应急响应速度和应急救援效率。在发展阶段，主要通过结构赋能应急协同。数字平台促进了社会多元主体参与应急管理的组织结构，并优化了行为主体建立的应急管理信息报送制度的制度结构。在进化阶段，主要通过心理赋能应急协同。数字平台有利于缓解受灾人民的负面情绪，增强自我效能感，提升社会公信力。

【关键词】 数字赋能；应急协同；救命文档；结构赋能

案 例 正 文

引言

郑州是河南省省会，地处黄河下游、中原腹地，是中原城市群核心城市。全市辖6区5市1县，总面积为7567平方公里，常住人口为1260万人，城镇化率为78.4%，2020年地区生产总值为12003亿元。郑州是全国重要的铁路、航空、电力、邮政、电信主枢纽城市，是华夏文明的重要发祥地、国家历史文化名城、中国八大古都之一，拥有世界文化遗产2处，全国重点文物保护单位74处80项。

2021年7月20日，河南遭遇持续强降雨，郑州等城市发生严重内涝，一些河流出现超警戒水位，个别水库溃坝，部分铁路停运、航班取消，造成了重大人员伤亡和财产损失。郑州气象局对这次特大暴雨做了一个数据梳理和总结：7月17—20日三天的降雨量相当于过去一年的总和，约等于将317个西湖的水倒进了郑州。

一、缘起：郑州天降暴雨，人民陷入危急

（一）郑州天降暴雨，灾情影响严重

2021年7月19日晚，郑州市气象局发布了暴雨红色预警信号。7月20日，"河南大雨""郑州地铁4号线成水帘洞"等多个话题登上微博热搜。7月21日，郑州市防指决定将防汛应急响应级别由Ⅱ级提升为Ⅰ级。7月23日，郑州市防指决定自7月23日0时起将防汛Ⅲ级应急响应降至Ⅳ级。据河南省委宣传部消息，2021年7月18日18时至21日0时，郑州出现了罕见持续的强降水天气过程，全市普降大暴雨、特大暴雨，累积平均降水量449毫米。造成重大灾害。2021年8月2日，国务院成立了河南郑州"7·20"特大暴雨灾害调查组。

在7月20日当天，地铁5号线一列列车被洪水围困，多名乘客不幸遇难。郑州车站所有始发列车和大部分通过列车停运，7月20日当天共停运了167趟列车，车站内有2万左右的旅客滞留，高铁站附近的酒店涨价引发了舆论关注。郑州大学第一附属医院的院区因暴雨全部停电，电梯全

部停运，备用电源也无法使用，600 多名重症病人需要协调向外转运。

（二）政府加强部门联动，全网发布预警信息

面对严峻复杂的汛情、雨情、灾情，各部门迅速响应，立即启动了应急预警机制。接到报告后，应急管理部的主要负责同志和分管部领导立即赶到了指挥中心，视频连线郑州市政府主要负责同志，调度了解有关情况。应急管理部派出工作组赶赴现场，指导现场开展防汛抢险救灾工作。郑州市政府主要领导作出明确指示并实地指挥督导。郑州市委市政府迅速行动，于 19 日下午 4 时、20 日上午 8 时 30 分接连召开了全市防汛救灾紧急调度会议，20 日上午 11 时应急响应由 Ⅳ 级提升至 Ⅱ 级，下午 4 时由 Ⅱ 级提升至 Ⅰ 级。7 月 19 日，郑州地铁第一时间启动了防汛应急预案、恶劣气象应急预案，组织保障客运、车辆、供建等资源的应急抢险队伍驻守车站和相关安全关键点，并安排专业技术人员加大对车站内外的巡察力度。郑州市政府紧急提醒市民，此次郑州遭遇的是多年不遇的强降水，形势严峻，请市民尽量待在家中或者安全的地方，注意观察周边环境，提高防水、防电、防灾、避险、自救能力。郑州市气象台"郑州气象"微博连续发布了 7 个暴雨红色预警信号，提示需关注城市内涝，注意防范。7 月 21 日，郑州市气象台发布了暴雨红色预警信号：预计未来 3 小时内，郑州市区、巩义、荥阳、新密、新郑降水持续，累积降水量将达 100 毫米以上。

（三）各媒体平台的救助信息蜂拥而至

由于救援电话被打爆，越来越多的被困群众开始在自媒体平台上发布求助信息，希望通过网络得到帮助，一时间，微博、微信朋友圈等平台上大量的求助信息蜂拥而至。

"我在这里，求救，被困。"7 月 20 日 19 点 39 分，小夏在郑州市经开万锦城附近发了一条朋友圈，并附上自己当前位置的定位截图。一个多小时前，乘坐 5 号线地铁回家的她被告知因车站出现紧急情况，需要迅速离开，"当时站里还没进水，但出来发现外面的水已经几乎齐腰深"。小夏环顾四周，所有商场、酒店都停电了，黑漆漆一片。时间一分一秒过去了，还没有人能赶来帮忙。雨越下越大，天越来越黑，人越来越少，小夏不想再等下去。这里离家还有 6 公里，她决定冒险蹚水往回走。22 点 39 分，小夏拖着疲惫的身躯回到家里，又发了一条朋友圈："感谢各位的关心，

终于平安'着陆'了。"

另一位名叫小宇的男生则相对幸运。"当时手机已经没有信号，大家都在找信号。"在一家酒店门口，小宇找到了免费的 WiFi 信号，他用微信联系上了朋友，发出求救信息。很快有朋友帮助小宇发出了求救信息，并在微博上传播开来。有热心人联系小宇，表示可以提供帮助。最终，小宇和其他受灾群众被安顿在酒店餐厅过夜。①

发布在网络平台上的求助，少部分幸运儿得到了帮助，大部分由于缺少有效的资源衔接和精准传递，依然只能依靠自救。

二、施为：千钧一发之际，救命文档横空出世

（一）大学生自发组建救命文档

正在河南老家过暑假的大学生小李忍受着刚拔完牙的疼痛，决定晚上早点睡觉，但当小李在网络上看到了很多被困者发布的求救信息后，她决定为他们做点什么。"有人在车上，车外面有泥石流，还有人在洪水中抱着树……"她回忆，自己当时想做点事，为家乡出力，于是她打开腾讯文档，建立了一个"待救援人员信息"的文件，并敲下了第一行字：求救人员信息，救援人员信息。接着，她组建了一个拥有 32 名成员的"河南远程救援小分队"微信群，有人搜集、整理网络求救信息，有人筛查、核实条目，有人专门负责这个微信群的运转和管理。她将文档发到微信群里，启用了"开放编辑"功能，意味着任何收到它的人，都能同时修改和增减信息。这份文档很快被微信群成员转出，经过他们的朋友、同学、家人……传递的范围越来越广，里面的信息越来越详尽。后来，它被人们称为"救命文档"（图1）。

（二）开始收集求助信息

文档发出的第一个小时里，新增了 2 名编辑者，他们开始从各个渠道收集各种求助信息。之后，表格的内容逐渐增多，且用了不同颜色进行区分，求助信息里开始出现"地铁 5 号线""5 号线隧道"等信息，被困的

---

① 《郑州暴雨中，很多被困者的求助信息是这样被传出来的》，载《北京晚报》2021 年 7 月 23 日，https://new.qq.com/rain/a/20210723A0C7FJ00。

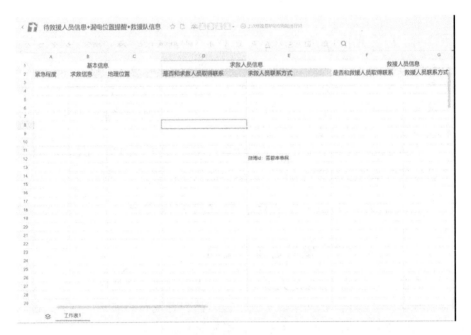

图1 "救命文档"创建开始阶段

人越来越多，且陆陆续续有关于老人、小孩和即将分娩的孕妇的求助信息。1个小时过去后，表格已经更新了12版，4个小时后出现了近200条求助信息。在此后的24个小时内，这个文档更新了超过450个版本，浏览量超过了250万次，保守估计有数千名志愿者对文档进行了编辑，成为众多民间救援组织进行救援信息收集的在线表格。①

（三）出现特殊标记的条目

随着时间推移，"救命文档"还多了不少新的"表格"。其中，名为"可支援"的表格中，包含了许多志愿提供服务的公共场所，有彻夜不闭馆的图书馆、提供方便面的科技馆、提供水上器材的俱乐部，市民可以根据需要和所处位置自行前往寻求帮助。雨越下越大，漏电隐患愈发突出，新增的第三个工作表——"漏电风险地区"，提醒大家避免出入有漏电风险

① 《这份"救命文档"，带来什么启示？》，载《光明日报》2021年7月23日，https://baijiahao. baidu. com/s? id = 1706079355484174448&wfr = spider&for = pc。

的场所。"官方救援队信息""民间救援队信息"也陆续在表格中出现，希望来了。

（四）首个"成功救援"振奋人心

将近凌晨3点，又有人维护了一遍表格，经过核实，第一个坐车回家的家庭已经脱离了险境。他们成为表格里出现的第一个"已成功救援"（图2）。随着一位发高烧的女生和一位84岁的老人被成功救援，第二个和第三个"已成功救援"陆续出现。第8个小时，表格上出现了许许多多振奋人心的消息，"我们的救援队到了""制氧机来了""发电机有消息了""我朋友加入了救援队，快联系她""库房有一两万条防汛沙袋""已成功救援""问题已经不大"开始一个个出现。7月21日，天亮后，"救命文档"的信息更多了。有人尝试标注城市里每一处漏电、塌方的位置，有志愿者挨个拨打文档里的电话号码，询问救援进展。由于访问量变大，有人在表格旁用大字标注："别乱搞文件"。"成功救援"的条目越来越多，不同颜色的文本和格子堆积在了一起，有人核实了已被成功救援的信息，就用删除线划掉。

图2 "救命文档"出现首个"已成功救援"

（五）文档可同时编辑人数达上限

然而，一款产品总是有容量上限的，至 21 日早上 8 点 10 分，"救命文档"有 254 人同时在线填写信息。9 分钟后，同时在线编辑的人数达到了上限，但查看文档不受限制。此时，人们汇聚成的志愿服务热情和在线文档技术所设置的容量上限壁垒撞了满怀，文档的自我进化迫在眉睫。随后，越来越多的在线文档服务提供方的工作人员和各具专业能力的志愿者们开始加盟到这场在线文档的爱心接力中，一个小小的链接，逐渐发展为大型的信息中转站。

三、进化：专业力量加盟，发展成大型信息中转站

随着时间一分一秒过去，加入小李善举的社会各界人士越来越多，不同专业背景的个体也在聚沙成塔，帮助"救命文档"实现一步步迭代。小李最初做的是 Excel 表格，发现更新不便，改成了可多人实时处理和编辑的在线文档；起初靠人工收集、整理各平台信息，数据庞杂、容易重复，擅长编程的同学花 10 分钟改成了自动抓取模式；围绕信息核实、区分紧急程度、联系救援，志愿者们逐渐建立、运行了 4 个群，每群 200 ~ 400 人，比如"待救援 or 信息同步群""线下志愿者→救援人员匹配群"。他们广泛收集实时新增的求助需求，并打电话、私信联系，核实情况，编辑整理进文档，将文档信息按地区发到志愿者和救援人员群里，就近救援。小李和同学们原来考虑在线文档传递，可能会造成个人信息泄漏，哪怕为了紧急救人也要尽量避免；没想到，"救命文档"聚集了那么多热情、善意和智慧，人们自发维护、调整格式，分类、筛选，并主动核实。许多电话一出现在表格里，小李和同学们还没打过去，已经标注了"已核实"标签。只有求救信息、救援者信息的表格文档，后来有了首页，可以跳转链接，有了多种新子表、新功能。

越来越多的人加入了维护文档的大军，在某种意义上，这份文档写下的是一场民间自救的史诗，也是无名氏的传记。被录入的信息大多没有姓名，只有地点、联系方式、即时状态、救援方式等。一对经营吊装公司的夫妻，发朋友圈说要开吊车救援，半小时内接到了几千个来电。他们在雨中、水中奔波了两天两夜，运输抽水设备、发电机，却始终不愿透露姓名："叫我们普通市民就可以了。"

（一）线上医生问诊群出现

在这群"普通市民"中，有一个群体格外显眼，他们就是线上问诊的医生。在表格建立的第九个小时之后，又一个新的子表出现了，标签上明明白白的"医疗信息"为急需医疗援助的受灾同胞带来了帮助与慰藉。来自天南地北的医生们自发组织起了线上问诊群，并提供专业的自救自卫医疗知识，甚至有产科医生提出了"特殊情况下怎么自己在家生孩子"的建议。第 10 个小时，"待产孕妇生产指南"被大字加粗放到了首页，里面明白地写着如何自娩、可能产生的情况和需要注意的事项等。这张表在 11 个子表当中，成了为数不多的专注于医疗卫生服务的子表。另一方面，各类、各地的心理疏导服务也将其联系方式贴到了子表中，来自河南本土的 8 家心理咨询公司、心理协会和来自北京、内蒙古、江苏、浙江、湖北、广东、甘肃等地的 19 家心理援助单位都将自己的热线号码、工作时间和依托机构放到了表格当中，为需要心理辅导的人送上贴心的温暖。①

（二）技术人员加盟，紧急扩容供服

在深圳，救命文档的爆发流量涌入引起了开发者团队的注意。在线文档的容量有限，提供供给的爱心人士和需要帮助的受灾群众却越来越多，文档的访问人数也随之增多。在文档创建第 12 小时之后，经历了 254 人同时编辑和无数人先后进入查看，编辑的救命文档的容纳同时操作的能力终于达到了上限。有程序员从睡梦中被叫醒，有人不得不在高速路紧急停车，操作笔记本电脑，对文档进行"技术守护"。一位刚入职腾讯文档的河南籍姑娘，主动提出要通宵守在电脑前，维护那份"救命文档"。她关心每一条求助信息旁新增"成功获救"的备注。她和约 30 位同事一起更改配置，30 分钟内，把在线编辑人数提升了 2 倍。到第 19 个小时，表格里又多了新的功能。程序员在自主挖掘需求之后，自发制作了可以标记求助地点的地图小程序，并将小程序的二维码贴在了互助介绍的子表当中。

---

① 《待救援人员信息＋漏电位置提醒＋救援队信息》，腾讯文档，https://docs. qq. com/sheet/DUG9pRWRsSlRyeHVn? tab＝3q1hyc。

（三）出现首页，文档编辑有序化

初生的文档是野蛮生长的，是有生命力的，是快速膨胀的。仅仅 20 个小时，文档中就已经出现了数千条信息、数张表格，同时在线人数达到了数百人。文档的编辑越来越无序，文档系统的熵也越来越高，系统正在逐渐走向混乱和低效率。第 20 个小时，更新的速度逐渐慢了下来，有一些希望更完善的网友已经开始在努力把表格内的格式调整得更加清晰，如救援物资的表已经开始有了分区、重点色、高亮、校对等。但是这还远远不够有序。

在文档野蛮生长了 22 个小时之后，这个由网友们自发建立的表格，终于有了一个正式的独立首页（图 3）。从开局的单独一张表，到具有 10

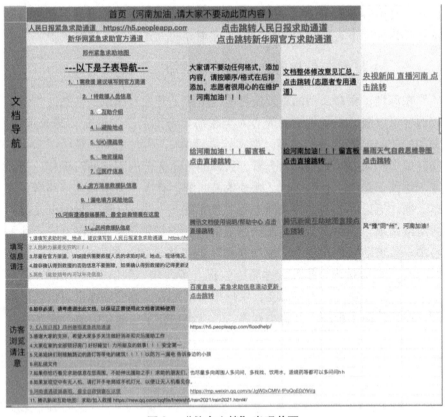

图 3　"救命文档"出现首页

余张子表和独立首页的复杂表单，文档的编辑愈发分门别类，信息的对接也走向有序与方便。文档的首页被分为三个部分，并在标签页清楚地写着"（河南加油，请大家不要动此页内容）"。从文档导航到填写信息注意事项再到访客浏览注意事项，文档首页里颜色不一的区块和链接，构成了跳往满足不同需求的"生命之门"的跳板。

首页从各个官方的紧急救助通道，到郑州紧急救助地图，到指标导航，再到自救指南，最后到让文档打开和提供服务效率更高的注意事项栏，救命文档正在从无序走向有序和高效。

（四）供需资源理性对接

俗话说，"一方有难八方支援"，但是，蜂拥而至的需求和蜂拥而至的供给在紧急情况下结结实实撞了个满怀，存在有需求找不到供给和有捐赠去不到有需求的人那里的情况，成了供需资源难以平衡和对接的典型样貌。在求助信息统计表中，自 20 日晚 10 点起，出现了拥有物资、想要捐赠的爱心人士发出的信息，也出现了缺乏物资、急需社会各界人士捐赠的防汛抗旱指挥员发出的信息。他们的需求，在表格的查找功能下得到了初步的精准匹配（图 4）。

但这张表格，能做的远远不止于此。经过 20 多个小时，270 余版的迭代，一个最初的需求表格生长为多用途的民间抗洪资源对接平台。第 12

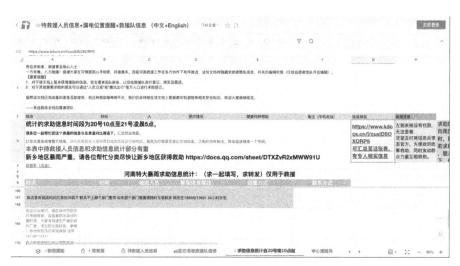

图 4　"救命文档"对接供需资源

个小时的时候，盒马集市河南仓出现在了避险地点里；第23个小时，"河南地区所有小米之家"出现在了避险地图上。在这个平台上，资源的对接远远不仅限于物资的供需对接，更重要的是，它为民间抗洪资源的高效利用提供了可能。

（五）创访问量记录，成为救援模板文档

和时间的赛跑还在继续。求助需求还在不断增加，有的小区断电断水断网，急需排水和救援，连消防员都缺少物资食物……救援信息也在不断增加，提供便携式净水壶、16吨随车吊、女性用品……过去24小时内，不止一个文档在流转。愈发多的受灾群众被救命文档带来的便利所惠及，也有越来越多的人受到了救命文档的启发，创建了新的救命文档的模板文档。根据腾讯文档统计，两天时间内，1800余个救命文档的模板文档被创作出来，随后，腾讯文档也根据相关文档上线了"救援互助信息登记模版"。①无法预知的是，一个文档到底能够帮助多少人。但是就访问量的记录来看，数百万人参与和见证了这场救援模板文档的共创。

在这24小时里，越来越多的"救援成功"和"安全"信息逐渐出现，越来越多的救援队联系上了受灾群众。大量的供给和大量的需求在这里点对点、多对多地实现了匹配（表1）。正如发起人小李所言，她建立在线救援文档是因为"所有信息都特别混乱，就想能不能做点什么"，在线救援文档成了一种新的提高救援效率的手段。小李所说的"我想帮大家一下"在众人拾柴火焰高的合力下，一定程度上冲破了灾害的阻隔，为受灾群众送去了爱，也为未来的应急救灾提供了新的思考。

表1 救命文档发展脉络

小时进度	文档更新
第1小时	文档创建、开始收集求救信息、出现信息核实者
第2小时	求救出现"孕妇""地铁五号线""手机快没电"
第3小时	出现脱离险境信息
第4小时	新增表格"可支援"

---

① 《一个救命文档的24小时》，https://mp.weixin.qq.com/s/nxHrvg_mg7e7VRmolW0_Tg。

续表1

小时进度	文档更新
第 5 小时	新增表格"漏电风险地区"；待救援需求等级出现越来越多"强""紧急""高""急"
第 6 小时	第一个"已成功救援"
第 7 小时	新增两个表格"官方救援队信息""民间救援队信息"
第 8 小时	越来越多"我们的救援队到了！"
第 9 小时	信息量过载，有责任心的网友大字提示："别乱搞文件！！！！"
第 10 小时	医生们自发组织的线上问诊群
第 11 小时	待产孕妇生产指南被大字加粗放到了首页
第 12 小时	254 人同时在线编辑，可编辑人数已达上限
第 13 小时	表里被划掉的求助信息越来越多
第 14 小时	救援在加速
第 15 小时	出现表格"郑州可充电地点"
第 16 小时	可充电地点，停电了
第 17 小时	整张表已成为一个大型信息中转站，子表也逐渐具备规模
第 18 小时	有人失去了联系
第 19 小时	网友建立了更多微信和企业微信互助群，程序员自发制作可以标记求助地点的地图小程序
第 20 小时	更新速度慢了下来，网友努力把表格格式调整得更加清晰
第 21 小时	出现新表"互助信息快速反馈通道"，避险地点接近 100 个
第 22 小时	表格有了正式的独立首页
第 23 小时	求助信息超过了 1000 条，需求方和供给方对接上
第 24 小时	求助需求、救援信息还在不断增加

四、尾声：灾害结束了，但是带来的思考却刚刚开始

众包是从商业领域引用过来的概念，最初是媒体将一些工程量巨大、参与门槛相对较低的任务分配给网友，比如内容的整理。后来众包的概念延伸到了内容生产领域，传统媒体通过公民记者进行内容众包，比如在众

包新闻网站上，具备各种专门知识的人可以从选择新闻题材时就提出意见，在新闻生产过程中提供自己所拥有的素材，只有在收尾阶段才由专业新闻人负责编辑。小李的"待救援人员信息表"经过了270余次众包迭代，在社会各界爱心人士和志愿者的帮助下，实现了从单一功能到多项任务同时处理的飞跃，提高了抗击灾害的效率，也带来了新的思考。到底什么样的方式才能更好地满足抗击灾害、维护稳定的需要呢？又是什么能够精准地为身处困境的人送去一丝他人的温暖呢？这个答案，需要我们去思考和探索。

思考题：

1. 在郑州特大暴雨灾害的危急时刻，"救命文档"是如何出现的？相较于传统的救援方式，"救命文档"有什么优势？

2. "救命文档"有哪些参与主体？"救命文档"如何助力对接应急供需资源的协同？

3. "救命文档"对应急协同的赋能效果表现在哪些方面？从郑州特大暴雨"救命文档"的案例中可以得到什么启示？

案 例 分 析

根据数字平台能够通过赋能实现与被赋能者的信息共享、流程再造、价值共创，以提升应急协同治理效果的理论逻辑，本研究将数字平台为应急协同的赋能过程解构为资源赋能、结构赋能和心理赋能三个层面，三个层面依次呈现递进关系，并结合救命文档在此次郑州暴雨中的发展过程即诞生阶段、发展阶段和进化阶段，剖析救命文档在为应急协同赋能过程中的内在机理。

一、救命文档诞生阶段：数字平台通过资源赋能应急协同

资源赋能旨在为被赋能者提供充足的物质资源与能力，使得组织与资源能够更好地结合，发挥出应有的赋能效益。救命文档在诞生阶段开始发挥"信息桥梁"的作用，为信息共享、资源对接、提高应急响应速度和应

急救援效率作出了巨大贡献。本次郑州暴雨灾害应急协同中的资源赋能主要体现在以下三个方面。

（一）数字技术促进应急信息公开共享

数字技术在突发公共事件管理过程中，无论是事先预警、灾害救助还是灾后恢复，都发挥着不可替代的作用。中国作为互联网大国，在新一轮的科技信息革命中一直走在前列，数字技术作为国家战略性基础设施的重要部分，在国家安全、经济运行和社会稳定等方面都受到格外重视。救命文档在发展阶段及时将各类求助信息分类汇总，为灾情应急协同赋予了强大的信息资源能量。救命文档本质上是一种在线的大数据服务，其优点是用户数量可以接近无限大，并且边际成本会随着人数使用量的上升而不断递减。在线编辑文档的用户越多，文档内的信息就越丰富，而且这一文档几乎不具有排他性，能上网的个人终端都能及时了解到文档内的信息，外加朋友圈和微博等社交媒体的转发，这就极大促进了信息内容的传播和共享，打破了信息传递的时空隔阂。

（二）数字平台推动应急资源理性对接

数字平台一般是由企业提供给社会，公众可以在平台上进行生产生活、购买和分配物资，平台提供网络化服务，协调价值创造与成本分担等功能，并且能够在一定程度上改变社会生活方式和经济运行效率。救命文档也是一种典型的数字平台。文档诞生阶段，里面的信息大部分都是求救信息，求助者在表格内填写自己的地理位置、联系方式和现场险情状况等。随着救命文档的不断转发扩散，文档里的内容也逐渐丰富起来，出现了诸如提供救援地点的图书馆、提供食品的科技馆和提供水上器材的俱乐部等信息。以往我们在应急协同的过程中总能看到的是先有需求，后有供给，供给和需求总是处在不平衡的动态变化过程之中。而救命文档将求救者与救援者二者之间的信息有机整合起来，在较短的时间里优化了应急资源的供需匹配，实现了应急物资的理性对接，使得越来越多的求救者得到了救援，脱离了险情。

（三）数字产品助力应急响应和应急救援

数字产品是指包含数字原件、应用、媒体内容等产品构成，为终端用户提供具体功能或价值的新产品（服务）。腾讯文档是腾讯旗下的在线大数据服务，属于数字产品的一部分，虽然平时只是作为一种常用的办公产品，但当危难来临之际，河南籍大学生的创新举措很好地发挥了其作为数字产品的先天优势，为应急协同提供了强大的工具支撑。在救命文档的诞生阶段，通过求救者、救助者、官方平台和志愿者等社会各界的多方互动，救命文档里的内容不断扩充，信息更加丰富和完善，为政府应急管理部门及时了解受灾人员的基本情况提供了充足的信息资源。同时，救命文档作为一个中介平台，为提供充足的救援物资以及科学的自救指南作出了巨大贡献，为应急协同的科学化、有效化治理，提高了应急响应速度和应急救援效率，实现了应急协同的高效治理。

二、救命文档发展阶段：数字平台通过结构赋能应急协同

结构赋能旨在通过强化外部客观条件（如组织、制度、经济和社会等条件），为公共管理赋予更多力量。从应急管理来看，结构赋能可以帮助各方扫清应急协同中的信息沟通不畅，打破信息壁垒，获得更多的应急资源，从而提升应急协同效率，保障人民生命财产安全。救命文档对此次郑州暴雨应急协同的结构赋能作用主要体现在组织结构和制度结构的优化上。

（一）促进多元主体参与应急管理的组织结构

救命文档促进了社会多元主体参与应急管理的治理结构。随着社会治理多元化趋势的出现，越来越多的社会力量参与到灾害救助、危机管理等公共事务中。现阶段，从公共治理角度看，我国应急管理体系呈现出了多层次、系统化、全过程管理、多主体参与等新特点。在此次的郑州暴雨洪涝灾害中，如图5所示，救命文档为发起人、志愿者、求助方、救助方、官方平台搭建起了一个彼此信任的"信息虹桥"。发起人自发创建救命文档，求助方在救命文档上编辑求助信息，志愿者核实信息真伪，救助方对接救援资源，官方平台则负责救命文档的技术维护。求助方向志愿者请求救援，志愿者通过短信、电话等方式联系求助方核实信息，信息为真则由救助方对接配送救援资源。各方主体通过救命文档这个"中间平台"，实现了碎片化信息的及时汇总整合，促进了信息公开共享和应急管理的"去中心化"，有利于救援资源供需双方的理性对接，形成了快速响应、接力援助的强大合力，极大地缩短了实施救援和自救的链接路径，推动了社会多元主体参与应急管理的全过程。

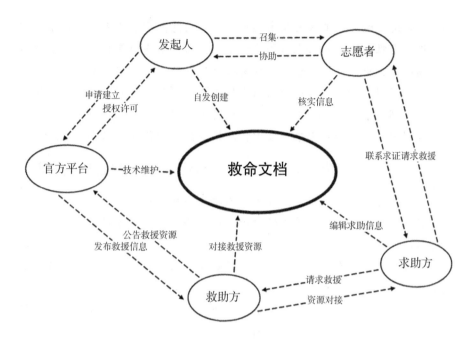

图5 救命文档各方主体的互动过程

（二）优化应急管理信息报送的制度结构

救命文档优化了应急管理信息报送的制度结构。完整有效的应急措施体系是在行为主体建立的制度结构基础上完善的，行为主体彼此间互动生成的制度结构指导了应急事件的行动方向。合理有效的制度结构主要涉及制度本身的内部控制。内部控制，是组织为保障各项业务有效开展、避免舞弊与欺诈行为和实现运营管理目标而制定并实施的一系列具备控制职能的措施、方法及程序。在此次郑州暴雨灾害中，在救命文档诞生之前，政府发布了《关于强化防汛救灾监督执纪工作的紧急通知》，并紧急启动了《国家防汛抗旱应急预案》，但主要强调的都是政府公职人员的工作职责、政治纪律、问责监督等，对如何强化应急协同的内容涉及不多。应急管理并不是政府单方面的事情，它涉及社会的方方面面，包含了在政府管辖范围内的企业、第三方部门以及公民个人，如果只让政府唱"独角戏"，而社会各界袖手旁观，那么应急管理的效果绝对不会尽如人意。救命文档诞生后，一份简单的文档将救援中的发起者、求助方、救援方和官方平台等各方主体全都纳入了本次郑州暴雨应急协同的范围中。它不同于政府部门内部信息逐级传递、层层上报的沟通方式，而是采用自身信息共享、多人在线编辑和去中心化的特性，为救援人员提供了充足的信息空间，避免了政府应急部门人手不足、短时间内调度缓慢等问题。同时，其也符合国家应急管理制度中"信息公开、即时全面透明"的基本原则，在暴雨灾害的救援过程中强化了国家应急制度中信息报送制度的科学性与合理性。

三、救命文档进化阶段：数字平台通过心理赋能应急协同

人是社会劳动中最活跃的因素。本次郑州暴雨灾害中应急协同的效果好不好，归根结底还是要看灾情中所有人的努力。不同于结构赋能和资源赋能强调实际发生的行为，心理赋能关注的重点在于被赋能者的心理状态，即险情发生后个人是否在救援或者被救援的过程中产生了存在感和效能感，是否得到了心理满足以及对他人的影响力等。相较于传统的应急手段，可以说救命文档在本次郑州暴雨中的贡献非常巨大，这主要体现在救命文档进化阶段对群众心理扶持的作用上。

（一）疏解负面情绪

受灾地区民众及需要帮助的个体不仅可以通过社交媒体及时自救，还可以通过社交软件及社交媒体进行情绪宣泄，通过人际沟通、网友支持与点赞获取抚慰，提升情绪复原能力。对于其他民众来说，在面对承受着巨大苦难的灾区同胞时，会产生一种力不从心的焦虑。利用社交媒体转发与互动一方面可以让民众觉得自己参与到了实际救助中来，减少无力感；另一方面，利用数字平台获取信息可以让另一部分掌握资源或有意愿加入行动的人开展更加切实有效的帮助行动，进一步减少负面情绪。在救命文档诞生的进化阶段，遭受暴雨灾害的民众不仅仅是在救命文档上编辑求助信息和对接救援资源，而且会写下一些鼓舞人心的话语，缓解灾区人民的恐慌情绪和沮丧心情。有一位在郑州的网友因为工作的事情而感到失望，在文档内编辑了一句丧气的话，没想到被人发现后，网友们纷纷在其留言的那一格的上下左右部分用加油打气的话语把他"包围起来"，让其他看到这段消息的网友也感到无比温暖。

（二）增强自我效能感

自我效能感指的是个人对于自己利用各种知识技能来实现某项目标或

完成某一项工作的自信程度。在面临重大灾害或突发事件时，民众的信心对整个事件的走向和掌控发挥着至关重要的作用。数字技术在应用于此次郑州暴雨灾害中起到了良好作用，使得灾情可在短时间内控制住，促使社会秩序有条不紊地恢复，进一步增添了民众及灾区人民打赢这场战役的信心。抗洪过程中，志愿者们奋不顾身，社会各方力量精诚合作、无私奉献，相关事迹经社交媒体发酵后广泛传播，极大地鼓舞了人心，弘扬了社会正能量，同时也起到了良好的社会劝说与情绪唤起作用，吸引更多人自觉自愿地加入抗洪斗争中，同时吸引了越来越多的社会组织参与进救援恢复过程。这样的正向循环为打赢本次郑州暴雨战役注入了强劲动力，为夺取抗洪攻坚战最后的胜利贡献了力量。

（三）提升社会公信力

信任作为当代最珍贵的社会资源之一，对应急管理的效果影响巨大，一般而言，信任程度越高，就越有可能产生合作行为。信任作为一种无形的社会资本，对政府及其他主体的社会救助与灾害治理效果具有重大作用，甚至比有形的救援物资更加有效。数字技术的最大特点在于能构建信息流动、资源共享、多主体参与的数字生态网络，促进群体协作，这种协作氛围本身就有助于信任的建立。救命文档是一种去中心化的数字产品，能够及时将各类救援信息与社会各界共享和传播，为政府应急管理部门统筹开展应急协同，体现政府行政能力，增强政府合法性和权威性，进而为灾害损失最小化提供了有效工具。同时，在线文档也使得救灾物资的来龙去脉等信息更加透明和开放，为公众更好地进行社会监督提供了有效的观察工具，进而提升了对救灾主体的信任程度，支持各项主体的救灾恢复工作。

四、救命文档赋能应急协同的赋能效果

救命文档赋能应急协同的赋能效果在现实中已有了充分的证明，社会媒体也有广泛的报道，这里结合救命文档在郑州暴雨中的诞生阶段助力资源合理配置、发展阶段推动应急高效协同以及进化阶段强化社会集体认同三个方面进行了具体阐述。

（一）救援资源合理配置

救命文档诞生之初即灾情的初始阶段中，救援资源的供给与需求是严

重不匹配的，文档内求救信息是多于救援信息的，而且政府和社会组织的救援资源并不能快速送达真正急需这些救援物资的灾民手中，存在资源错置的情况。但随着时间的推移，人们逐渐意识到本次暴雨灾害较为严重，单靠政府应急管理部门的力量可能难以应对，因此越来越多的民间志愿者和组织以及医护人员纷纷在文档中更新物资信息，为求救者提供物质和心理帮扶，为救援物资的合理分配提供了正向指引，一改救援配置失效、救援效率低下的现实困境，为救援资源供需的理性对接贡献了较大力量。

（二）应急协同高效治理

在应急管理过程中，秩序是重要的一环。杂乱无序的应急协同非但不能减少灾害损失，还可能会增加社会成本。在数字技术革新社会治理的进程中，市场与政府产生了更加紧密的联系，作为社会力量的社区与公众，也有了进一步参与公众事务管理的渠道。救命文档仅用一天时间，就搭建出了一整套民间抗洪的资源对接平台，并利用微信群、QQ群、智慧社区客户端等社区信息平台，动员广大社会力量加入郑州抗洪战役中。更有司机、快递员、志愿者等通过数字平台自发组织公益团队，产生了比政府更及时、更有效的救助效果。救命文档在郑州水灾应急协同的发展阶段中充当了重要的信息媒介，连接了政府、企业、社会团体等多元社会主体，推动了应急协同的高效治理。

（三）社会公众集体认同

当代中国社会是陌生人社会，与几十年前相比，人们彼此间的沟通联系方式已有了很大差别。只有当重大事件发生时才能形成对国家和社会的集体认同，而认同意味着个体能够积极融入集体，遵守集体的规则和秩序，是个体社会行为的潜在驱动力。此次救命文档在郑州暴雨灾害中起到的信息桥梁作用，也使人们认识到了数字技术在应急协同中的巨大潜力，数字技术虽然极大地改变了人们的生活，但仍有部分人对数字技术的发展持悲观态度。此次救命文档为郑州洪涝受灾人民作出的巨大贡献，也让人们对数字技术的未来产生了更加积极的期望。应急管理体系的数字化转型是大势所趋，未来会有更多的社会公众力量借用数字平台参与到应急全过程管理。

齐心"鲁"力何以共护未来？

——山东省"希望小屋"儿童关爱项目合作网络分析

[山东财经大学]

于　泽　沙舒欣　王克宇　刘思彤　邵一丹

指导老师：姜玉贞　王　超

【摘要】儿童是国家的未来、民族的希望。"十四五"是儿童事业建设的窗口期。宏观层面上，在新时代，我国儿童福利制度不断创新发展，儿童事业迈向了新阶段；中观层面上，地方各层积极探索儿童工作方式，儿童救助与福利蓬勃发展；微观层面上，以希望小屋为代表的儿童关爱项目不断深化拓展，引领了儿童关爱潮流。本研究中的"希望小屋"是由多主体参与的形成，多主体间具有耦合性，其特征集中表现为相互协作的网络治理。希望小屋所包含的社会福利与救助工作既是一个前后咬合的链式过程，也是一个平行交错的网式结构，但是其耦合方式之中存在着大量"准合作"治理的问题以及一系列具体的主体间资金协调管理、人员分工统筹问题等。本研究围绕如何解决以上相关问题，以及如何进一步提升困境儿童治理的整体效果和小屋主人的满意度进行了具体分析。

【关键词】希望小屋；困境儿童；社会福利

案 例 正 文

一、引言

"希望点亮黑暗，小屋承载梦想。"共青团山东省委联合多个部门，在延续"希望工程"的基础上，重磅发起了"希望小屋"儿童关爱项目。"希望小屋"儿童关爱计划是共青团重点工程之一，它积极引导爱心企业、社会人士参与儿童公益事业，成为使困境儿童享受共同富裕成果的有效探索。在此模式中，政府、社会、家庭、学校四方联动发力，多主体参与治理，政府发挥主导作用，社会公益组织参与，建筑公司建设小屋，学校老师也会定时辅导。看起来各方协调合作、井井有条，颇有成效。但随着"希望小屋"项目实施的时间变长、规模扩大，各种问题接踵而至："碎片化"治理严重影响各类资源的利用效率，明明提供了资源，但下发至困境儿童时资源却不足；主动要求进行小屋建设的家庭较少，甚至有些家庭碍于面子不愿接受小屋建设；在行政主导型发展规划中，只有政府在"唱主角"；等等。由此可见，现阶段如何促使"希望小屋"项目进一步完善成为难题。

二、响应号召：用实际行动为孩子建起一片天

（一）新时代我国儿童福利制度创新与发展

在 2021 年党和国家颁布的《中国儿童发展纲要（2021—2030 年）》中明确指出，国家要实现"保障儿童权利的法律法规政策体系更加健全，促进儿童发展的工作机制更加完善，儿童优先的社会风尚普遍形成，城乡、区域、群体之间的儿童发展差距明显缩小。儿童享有更加均等和可及的基本公共服务，享有更加普惠和优越的福利保障，享有更加和谐友好的家庭和社会环境。儿童在健康、安全、教育、福利、家庭、环境、法律保护等领域的权利进一步实现，思想道德素养和全面发展水平显著提升，获得感、幸福感、安全感明显增强"。历史新方位之下，推动我国慈善事业与社会保障制度以及儿童福利与救助制度相衔接是十分必要的。

中国是儿童人口大国，儿童数量位居世界第二位。受经济社会发展水

平的制约，我国儿童事业的发展仍然存在不平衡、不充分问题。贯彻儿童优先原则的力度需要进一步加大，儿童思想引领需要进一步增强，保障儿童权利的法治建设需要持续推进，儿童发展的城乡、区域和群体之间的差距需要进一步缩小，基层儿童保护和服务机制需要进一步健全，而且科技进步和生活方式变革给做好儿童工作带来了新挑战。儿童事业发展使命艰巨、任重道远。

（二）新时代地方层级儿童关爱活动持续推进

未成年人需要真情陪伴，需要安全守护。各地民政部门、社工站、社会组织等聚焦"儿童困难有人帮、儿童成长有人带、儿童成才有人助"，统筹各类资源，强化关爱服务，合力构筑未成年人健康成长的优质环境。各地政府、民政部门全力守护儿童安全，利用专项服务弥补留守儿童的监管缺失，如启动各社会组织联动关爱提振困境儿童生活信心，寒暑假大学生返乡引领研学之旅助力少年儿童勇敢追梦。

"关爱就像一盏明灯，照亮前行的路，给人向上的力量。"这是风筝之都——山东潍坊"心心向荣"困境儿童心理陪伴项目受助儿童在采访中所说。日前，该项目开展了第三次小组活动，通过音乐心理剧进行创伤疗愈，帮助原生家庭存在问题的孩子释放情绪、打开心结。项目主办方潍坊市基本民生保障服务中心的工作人员介绍："7 月以来，该项目共开展 4 次主题活动，由专业社工和心理咨询师为困境儿童提供多元化、专业化的心理服务。"

事实表明，随着我国经济的不断发展，对于儿童工作不断加强重视，目前新时代中国儿童关爱服务正由宏观转为微观，在各省各市进一步加强落实，开展各种专项活动，使儿童健康状况持续改善，受教育水平不断提高，福利水平稳步提升，成长发展环境进一步优化，保护儿童的法规体系和体制机制进一步健全。

（三）希望小屋工程不断深化拓展

山东希望工程自 1990 年实施，总共援建希望小学 1195 所，资助困境青少年 60 多万名。在此基础上，2020 年 6 月，共青团山东省委等面向全省原建档立卡的贫困家庭中无独立居住和学习环境的 8 ～ 14 岁困境儿童启动实施"希望小屋"儿童关爱项目。截至目前，该项目累计募集公益资金超过2.1亿元，已建、在建希望小屋超过1.5万间，惠及1.5万余名儿童。2021年，根据困境青少年的实际需求，项目重点延伸到了残疾儿童、残疾人家庭儿童、事实孤儿等特殊困境儿童，确定了3年2万间的建设目标，探索公益慈善助力共同富裕的有效路径。除面向本省外，山东共青团还认真做好东西部协作和对口支援工作，为西藏、青海、甘肃、重庆等地建设200间希望小屋，公益触角向全国延伸。

从"校内"到"校外"，从"单一助学"到"全面发展"，从"普惠"到"更加精准"，"希望小屋"成为山东共青团助力脱贫攻坚、助力全面小康的有力抓手，同时也是在实现"两不愁三保障"之后，山东共青团深耕青少年需求、切实服务青少年成长的示范工程。下一步，山东共青团将持续深化"希望小屋"儿童关爱项目，进一步扩展帮扶范围，保质保量完成3年2万间"希望小屋"建设任务，让使命之光照亮困境儿童的希望之路。

三、稳步推进：辐射扩散实现前期目标

（一）前期目标基本完成

团队走访了L市H区团委（图1）。"省里今年开团代会的时候我们的建设任务已经完成了，就是全省3万间的建设目标已经完成了。"H区团委在访谈时这样说。"目前我们区有400间希望小屋，400个小屋儿童，已经完成了建设目标。"在采访中团队得知整个山东省的前期建设目标已经基本完成，各个区县也已经达标完成了前期的建设工作。H区团委说从启动希望小屋建设以来，全区就开始摸底排查、联系残联等："我们从扶贫班、残联、民政局和教体局这四家摸排出全区6到14周岁困境儿童的建档立卡的信息，在残联摸排出残疾人、残疾人家庭儿童和残疾儿童，把这些数据导出来之后，我们再根据全区11个镇与街道，把每个镇与街道的孩子信息发到该镇街团委书记，要团委书记联合各界的志愿者进行一次摸排。他们评估哪些孩子家适合建，哪些孩子家不适合建，把适合的孩子情况再反馈给我们团委。我们团委班子成员总共4个人，我们四个会到实际场地进行一次实地察看。"具体分三步走：首先确定出具体的帮扶对象范围，统筹分析出困境家庭的具体情况，针对每个家庭是否需要帮扶进行评估。其次，将已确定的困境家庭信息再发放至各个街道，由各个街道的

团委联合志愿者再进行一次实地摸排。最后，将信息汇总至区团委，再由区团委进行实地摸排，了解实际情况，保证"不落下一个孩子，不让一个孩子掉队"。该过程由多个主体进行统筹合作，以团委为核心点，后续做散射状的信息收集与分析；这样能够提高处理该事件的行政效率并进行动态管理，工作内容完成后还会将具体的信息反馈返回至团委中央。但是，在此过程之中也发现了部分问题，即信息反馈并非阶段性的，极易导致整体工作周期过长。团委主体作为核心领导者并不能及时把控项目进度，也不能快速地对相关问题进行针对性处理。

图 1　团队成员对 H 区团委进行采访

同时，在建设希望小屋时也注重孩子的身心发展，H 区将"小屋焕新"和"精神焕彩"落到了实处。"我们在前期建设时，向孩子们征求了一些微心愿。六一儿童节时，让孩子们表达想要什么东西。有的孩子就提出来要智能手机，或者要一个小平板。但是我们和教育局以及学校的班主任老师深入交流后，觉得给孩子买了手机，家里没有无线网络，也无法使用；即使家里有无线网络，但是孩子一旦接上无线网络，情况就不可控了。所以说基于这一点，我们也在考虑一个问题，希望小屋的孩子一般是缺少父母监管和关爱的。假如我们给他配了手机，那么闲余的时间，家里的爷爷奶奶或姥姥姥爷很难防止他晚上在被窝里玩手机，如果一玩就是一个晚上，不能保证他第二天的学习。所以说对于手机，我们选择了很委婉地去处理这个问题。这也侧面证明了咱们区的希望小屋工作不只是关注儿童的物质困境，也关注他们精神上的需求。"2021 年六一儿童节的一件事也侧面反映出目前希望小屋的物质建设已经完成，需要转而注重孩子的精神建设与扶持工作，不能只有物质建设，还得有后期的精神陪伴，从多方面对希望小屋儿童进行帮扶与陪伴，实现由"小屋焕新"到"精神焕彩"的转变。在团委主体的帮扶工作中对困境儿童智能手机的分发和使用问题进行了具体的分析，不是只考虑物质帮扶，还关注儿童的精神世界。在案例研究过程中我们也发现，多数困境儿童家庭缺乏对儿童的监督与引导，困境儿童处于"放养"的状态。针对困境儿童的非物质帮扶问题，本研究建议组建帮扶的跟踪小组，对困境儿童进行定期回访，以提升困境儿童的帮扶效果。

（二）宣传、资金管理体系创新推进

H 区的希望小屋建设在宣传方式与资金管理方面都有一定的创新。首先，在宣传方面提出了一个新思路。"我们先拍了一个微电影，是根据 Z 家姐弟俩龙凤胎的真实故事拍了一部微电影。他们从开始连住的地方都没有，到后来每个人都有自己单独的房间。这个三分钟的短片叫《姐弟变形记》。各大商超、政府机关、公交车都播放了希望小屋的宣传片。H 区融媒体中心也对希望小屋进行了系列报道。我们还联合了 L 市电台、S 省电台、中央电台进行全方位的宣传，并把宣传延伸到了 H 区的每一所学校。微电影下面有我们的捐款二维码。"该宣传片在多地大屏幕投放，以 Z 家姐弟自身的真实故事打动人心，用事实说话。通过宣传片或微电影的方式宣传希望小屋，展现希望小屋为孩子们带来的真实改变，能吸引更多社会组织和爱心人士参与到希望小屋的建设中来。

其次，在资金的管理方面也有独特的方式，可以充分利用资金，确保每一分钱都用在希望小屋的建设上。"资金的管理首先是从底层规范资金的来源。机关单位、普通民众、企业、青年企业家、爱心家长，是我们资金的来源。那么钱募集了以后都到哪里去了呢？全部都到了山东省青少年发展基金会。钱到了基金会以后，我们再申请建设小屋；经费申请下来之后，放到我们 H 区慈善总会的账户里。其他地市都是把申请的钱放到社会组织，这样资金是不可控的。但我们把钱放到了 H 区慈善总会，开始建设时，前期拨付 70%。建成之后，根据审计局价格再申请拨付后期的尾款，这样资金从省里到我们 H 区后一直在公家单位。并且装修公司的门店发票需要我们这边盖章，如果我们不盖章，那边不会拨一分钱。不见我们的审计报告，也不拨钱。这是非常稳妥的资金管理。" H 区的资金管理分为三个层级，与其他区县的不同之处在于，H 区的资金由慈善总会管理而不是直接存放于社会组织中。首先由省里拨款，拨下来的款项放置在 H 区慈善总会；建设前期先预付 70%，后期在审计局、税务局都完成审查，且验收成功后才会支付尾款，这样就能有效避免豆腐渣工程威胁希望小屋主人的安全。这种资金管理模式能使账款一直处于公家账户的监管下，可以有效防止挪用滥用情况的发生。案例中有完整规制的资金管理申请流程，资金的上下游各环节链条透明化。既有具体的管理政策进行统筹安排，也有具体的管理机构和组织进行统筹管理，双向审核机制进一步减少了资金滥用和错用情况的发生，还对施工方起到了监督的作用。引入市场竞争机制之后，可以提高第三方施工方的施工效率，进一步减少公益捐助治理的成本。

四、困难重重：一个个问题接踵而至

（一）个别家庭不理解，或条件差

通过实地访谈得知，希望小屋的建设并不是一帆风顺的，存在许多问题。特别是与小屋建设顺利推进密切相关的家庭问题。"前期有一些家庭是不愿意和工作成员交流的，就算是一些符合条件的家庭也会存在不愿意建设希望小屋的情况。这时，我们就会给他们看建成的希望小屋的照片，并和他们沟通。只有在得到他们的同意之后才进行后续的建设。有一些家庭条件不是很好，家里建小屋的环境不足，所以投入会比较大。家里的一些东西可能需要重新归置，建成的东西也可能需要处理，建成小屋的成本将会很高，这种问题比较棘手。因为建设小屋的资金也有限，如果投入太大的话，也做不到。" H 区团委这样说道。

首先，在前期联系时，个别家庭对希望工程不了解、不理解。大部分困境儿童的家庭环境比较封闭，因此，在前期推进希望小屋建设时有些家庭不配合。需要与相关家庭进行深度沟通，在征求家庭的同意后才能进一步开展小屋建设，耗费了很多的时间、人力及物力。

其次，部分家庭居住环境太差，无法顺利改造。J家姐弟的小屋改造就十分困难——原有线路老化、线路安排不合理。建筑公司需要对J家小屋重新规划线路，处理线路问题。在此过程中投入成本过高，导致预算不够，造成建筑公司赔本建设。

H区团委工作人员积极寻找解决办法，注重村落基础设施建设与群众思想工作建设。当然，相关工作还需要依靠更多力量才能完成，尤其需要小屋孩子家长的配合。所以，"我们还是要团结各方面力量"，H区团委负责人做出了最后总结。

（二）后期维护寸步难行

希望小屋建好后，后期的维护也是大问题。H区团委在访谈中说："希望小屋的孩子，大都是没有爸爸妈妈，或者爸爸妈妈是聋哑人，或者爸爸妈妈常年在外面打工的，从而跟爷爷、奶奶、姥姥、姥爷一起生活。有的家庭因为车祸、大病导致家庭贫困，父母生活不能自理，孩子还得反过来照顾父母。这些孩子，他们的学习习惯、生活习惯以及与人沟通的语言表达能力，都有欠缺。即使给他们建好了希望小屋，过一个月回去再看，可能就三个字：脏、乱、差。我们的志愿者需要每星期去一趟孩子家，看孩子的变化，看看孩子屋里什么样了，教孩子打扫卫生，帮助孩子养成一种好的卫生习惯。但是，志愿者自己也有工作，时间也比较有限。"

建成的希望小屋怎样维护成了一大难题。这个维护不只是物质上的维护，还包括精神上的维护。"我们的志愿者数量有限，而且很多都是三四十岁的，与小屋儿童存在代沟。"说起后期维护问题时H区团委书记愁容满面。这确实是所有参与希望小屋工程建设的工作人员都要面对和解决的难题。现阶段希望小屋建设的前期工作一切向好，全省各地市也如期完成了任务，此时后期的跟踪与维护显得尤为重要。目前，与希望小屋工程开展有关的措施与政策还不够完善，这个难题还没有完善的解决机制。小屋的生存需要人力物力的维持，仅靠政府的力量是不够的，要进一步寻求更加高效的合作治理模式。

思考题：

1. "希望小屋"项目建设过程中，政府、社会、家庭及学校联动发力，四个主体分别扮演什么角色？

2. H区推进"希望小屋"项目发展的过程中，有哪些值得借鉴的做法？

3. "希望小屋"建设的前期及后期可能出现的问题分别有哪些？

案 例 分 析

一、绪论

（一）研究背景

儿童是国家的未来、民族的希望。当代中国少年儿童既是实现第一个百年奋斗目标的经历者、见证者，又是实现第二个百年奋斗目标、建设社会主义现代化强国的生力军。促进儿童健康成长，能够为国家的可持续发展提供宝贵资源和不竭动力，是建设社会主义现代化强国、实现中华民族伟大复兴中国梦的必然要求。"十四五"是儿童事业建设的窗口期，我国正面临以下现实情况。

1. 宏观层面：新时代我国儿童福利制度的创新与发展

中国是人口大国，也是儿童人口大国，儿童数量位居世界第二位。根据第七次全国人口普查结果[1]，0～14岁人口为253383938人，占17.95%，比重上升了1.35个百分点。党和国家高度重视儿童事业的发展，先后制定实施了三个周期的中国儿童发展纲要，为儿童生存、发展、受保护和参与权利的实现提供了重要保障。国家统计局曾根据《中国儿童发展纲要（2011—2020年）》监测指标数据和相关资料，对纲要内容的实

---

[1] 国家统计局：《第七次全国人口普查公报（第五号）——人口年龄构成情况》，http://www.stats.gov.cn/tjsj/tjgb/rkpcgb/qgrkpcgb/202106/t20210628_1818824.html。

施情况进行了终期统计监测。① 其中，在社会环境方面，儿童生活环境逐步改善，儿童生存生活环境更为健康，儿童社会环境不断优化。截至2020年年底，全国共有社区服务中心（站）44.8万个，是2010年的7.9倍；共有儿童之家（或儿童中心）32.1万个，是2012年的6.7倍。

党的十八大以来，以习近平同志为核心的党中央把培养好少年儿童作为一项战略性、基础性工作，坚持儿童优先原则，大力发展儿童事业，保障儿童权利的法律法规政策体系进一步完善。受经济社会发展水平制约，我国儿童事业的发展仍然存在不平衡不充分问题。贯彻儿童优先原则的力度需要进一步加大，儿童思想引领需要进一步增强，保障儿童权利的法治建设需要持续推进，儿童发展的城乡、区域和群体之间的差距需要进一步缩小，基层儿童保护和服务机制需要进一步健全，科技进步和生活方式变革给做好儿童工作带来了新挑战，儿童事业发展使命艰巨、任重道远。

2. 微观层面：希望小屋工程不断深化拓展

新时期全国各地响应国家号召，积极探索儿童事业的创新发展与实践。其中，山东省在相关领域起步早、发展快、模式新、变化活，取得了累累硕果。山东希望工程自1990年实施，共援建希望小学1195所，资助困境青少年60多万名。在此基础上，2020年6月，团省委等面向全省原建档立卡贫困家庭中无独立居住和学习环境的8—14岁困境儿童启动实施了"希望小屋"儿童关爱项目。截至目前，项目累计募集公益资金超过2.1亿元，已建、在建希望小屋超过1.5万间，惠及1.5万余名儿童。2021年，根据困境青少年的实际需求，重点延伸到了残疾儿童、残疾人家庭儿童、事实孤儿等特殊困境儿童，确定了3年2万间的建设目标，探索公益慈善助力共同富裕的有效路径。除面向本省外，山东共青团还认真做好东西部协作和对口支援工作，为西藏、青海、甘肃、重庆等建设了200间希望小屋，公益触角向全国延伸。

2022年是中国共青团建团100周年，"希望小屋"儿童关爱计划是共青团重点工程之一。2022年1月23日，山东省第十三届人民代表大会第七次会议开幕。山东共青团"希望小屋"儿童关爱项目、沿黄青年经济社会创新力论坛两项工作写入省政府工作报告。从"校内"到"校外"，从

---

① 国家统计局：《中国儿童发展纲要（2011—2020年）》终期统计监测报告，http://www.gov.cn/xinwen/2021-12/21/content_5663694.htm。

"单一助学"到"全面发展",从"普惠"到"更加精准","希望小屋"成为山东共青团助力脱贫攻坚、助力全面小康的有力抓手,同时也是在实现"两不愁三保障"之后,山东共青团深耕青少年需求、切实服务青少年成长的示范工程。下一步,山东共青团将持续深化"希望小屋"儿童关爱项目,进一步扩展帮扶范围,保质保量完成3年2万间"希望小屋"建设任务,让使命之光照亮困境儿童的希望之路。

(二)研究目的

在多元主义视角下,福利供给主体已呈现出多元协作的特点,但是,目前依旧是非制度化的碎片化治理,有待进一步完善。本研究主要围绕以服务链为基础的治理路径探究优化方式,为"希望小屋"项目的进一步完善与发展提供参考。本项目中的服务链可以看作由主体耦合网和功能耦合网两部分构成。主体耦合是指服务链中困境儿童福利供给各方的角色及互动关系,功能耦合是指服务链三环节的对应任务及衔接方式。在服务链中,不同的供给主体承担着不同的职能,彼此间在各环节相互合作构成完整的服务链。下面对服务链两个构成部分进行更深入的阐述。

"希望小屋"工程中,政府、社会、家庭、学校四方联动发力,多主体参与治理,各主体都在尽力发挥自身作用。政府主导,社会公益组织参与,建筑公司建设小屋,学校老师也会定时辅导,看起来各方协调合作、井井有条,也确实取得了一些不小的成绩。但随着时间变长、规模扩大,各种问题接踵而至:"碎片化"治理严重影响各类资源的利用效率,明明提供了资源但下发至困境儿童时资源却不足;"强国家,弱社会,弱家庭",由政府主导统筹,也是由政府来向外宣传,吸引社会志愿服务组织参与,由政府通过"520公益日"等活动向社会募集资金,主动要求进行小屋建设的家庭较少,甚至有些家庭碍于面子不愿接受小屋建设,在行政主导型发展规划中只有政府在"唱主角"。

所以,梳理服务链中各主体的角色定位以及配合协作关系尤为重要。政府应该"搭台"而不是"唱戏";政府应搭建政府购买平台,但不应掌控资源、具体实行。政府可改变自上而下的严格层级关系、转变态度,通过制定规则实现社会、家庭、学校的优势互补,多主体间合作共治。社会和学校要做好"唱戏者";政府发挥宏观指导作用,社会与学校就要充分发挥主观能动性,为困境儿童提供相应资源。但社会、学校不能做"提线木偶",要能唱、会唱,更要唱好,根据实际情况与政府宏观政策,进行微观转化,把为困境儿童提供福利落至细微处。由社会承担主要任务,学校起辅助作用;学校主要提供专业辅导,社会统筹把握具体措施。家庭更像"戏本",在绝对贫困已经消除的今天,我国面临着更难消除、只能缓解的相对贫困问题,"授之以鱼"已经不适用于现在家庭。原生家庭是造成儿童困境的根本原因,戏本怎么写、怎么改直接影响到健康小屋项目的成效,家庭应积极响应号召而不是抵触救济,应该辅助社会与政府,从根本上承担起困境儿童脱困的责任。

二、调研研究概况

(一) 研究区概况

本研究的调研地聚焦在山东省域内的 16 个地市,根据实际的研究要求,对调研区按照"多角度多层次多方面"的原则进行了实际调研。调研区上至整体地市,下至基层的村域单位。访谈对象广泛,囊括了领导"希望小屋"整体进程的共青团委员会主体、志愿者协会、第三方承建人员、社会爱心组织、政府内其他部门等多个主体。研究对象是经过团队成员了解情况后的困境儿童。

如表 1 所示,山东省大部分地市"希望小屋"覆盖率超过了 90%,其中济宁市、临沂市、淄博市等 7 个地市"希望小屋"覆盖率达到了95% 以上。山东省各个地市的"希望小屋"项目建设成效显著。同时,结合实际情况还可以了解到以下两点。

表 1　山东省各地市希望小屋覆盖率统计

地市	小屋数	惠及困境儿童	希望小屋覆盖率（%）
济南市	1100	1200	91.67
济宁市	1068	1092	97.80
淄博市	710	741	95.82
青岛市	248	260	95.38
泰安市	683	794	86.02
烟台市	483	690	70.00
枣庄市	349	389	89.72

续表1

地市	小屋数	惠及困境儿童	希望小屋覆盖率（%）
滨州市	303	336	90.18
东营市	96	102	94.12
菏泽市	4007	4400	91.07
临沂市	4034	4113	98.08
潍坊市	1121	1149	97.56
威海市	223	278	80.22
德州市	800	820	97.56
聊城市	1435	1680	85.42
日照市	429	447	95.97

（1）各地市本身的政治经济发展水平对"希望小屋"覆盖率存在影响，突出表现为综合发展水平高的地市"希望小屋"的覆盖率较高，综合发展水平较低的地市"希望小屋"的覆盖率较小，但是其中也受到地市本身"需要帮助的困境儿童数量"这一内生变量的影响。

（2）在实际调研过程中团队了解到，各个地市大部分的"希望小屋"多存在于县域及以下尺度内，很大一部分原因是县域及以下尺度的经济发展水平较低，生活成本相较于城区更低，同时困境家庭相较于县域以上尺度更多。

（二）调研流程思路

本团队的调研流程的总体思路是：多线同时进行，多主体展开。团队分为多个分队，分散到各个地市进行调研活动，并且各个分队的调研对象根据实际情况进行具体的分配。团队调研流程详见图2。

（三）可视化文本云分析

1. 词频分析

访谈共整理出近10万字的材料，用谷尼舆情图悦热词分析工具分析后，人为筛选排错，得到了144个热词。计算各热词的"词频"并赋予"权重"，其中词频表示该词在材料中出现的次数，权重表示该关键词在材料中的重要性，详见表2。

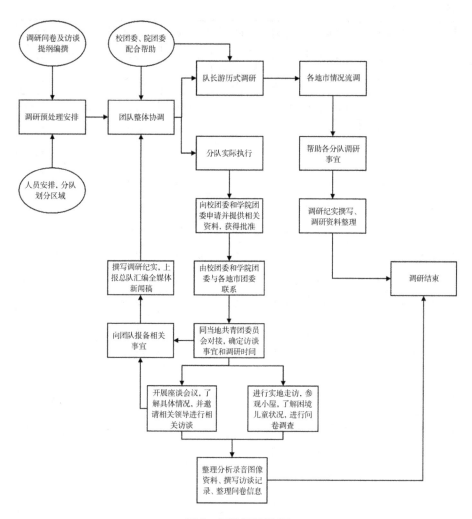

图2 团队调研流程

表2 访谈资料热词词频权重

热词	词频	权重	热词	词频	权重	热词	词频	权重
小屋	352	1.0000	机关	19	0.6862	牵手	9	0.6421
孩子	263	0.9234	福利	16	0.6821	居住	11	0.6418

续表2

热词	词频	权重	热词	词频	权重	热词	词频	权重
建设	195	0.8836	协作	16	0.6809	心愿	10	0.6418
儿童	132	0.8697	筛选	15	0.6795	在建	10	0.6398
志愿者	88	0.8536	陪伴	15	0.6787	街道	10	0.6389
组织	96	0.8194	事业	18	0.6782	装修	12	0.6382
资金	79	0.8096	感受	17	0.6744	检测	11	0.6379
帮扶	49	0.8049	特色	17	0.6742	协调	11	0.6378
家庭	63	0.7905	联合	17	0.6737	主人	10	0.6368
团委	39	0.7790	物质	16	0.6735	发动	10	0.6359
访谈	39	0.7775	团市委	12	0.6727	用品	11	0.6352
爱心	44	0.7746	城市	18	0.6712	大学	12	0.6346
学校	53	0.7721	手机	17	0.6702	学堂	8	0.6343
大学生	45	0.7714	监督	16	0.6682	低保	8	0.6343
团县委	26	0.7701	覆盖	14	0.6651	青学联	8	0.6337
公益	39	0.7673	学院	16	0.6640	探索	10	0.6330
学习	48	0.7576	难题	13	0.6621	亲情	9	0.6328
项目	47	0.7572	青少年	13	0.6618	验收	10	0.6324
企业	49	0.7557	贫困	13	0.6614	企业家	9	0.6323
困境	34	0.7555	标准	16	0.6614	受访者	7	0.6317
困难	42	0.7554	疏导	11	0.6592	质量	11	0.6312
募集	29	0.7539	入户	11	0.6576	协会	10	0.6309
走访	32	0.7531	募捐	10	0.6571	乡镇	9	0.6309
青年	38	0.7530	培养	14	0.6567	家具	9	0.6288
老师	40	0.7518	运行	14	0.6564	筹钱	6	0.6269
关爱	33	0.7512	号召	11	0.6538	筹集	8	0.6268
辅导	30	0.7381	安全	15	0.6536	路线	9	0.6263

续表2

热词	词频	权重	热词	词频	权重	热词	词频	权重
宣传	35	0.7373	地市	11	0.6532	内心	9	0.6252
学生	37	0.7367	机构	14	0.6529	假期	8	0.6249
团队	31	0.7329	周期	12	0.6529	实践	10	0.6249
书记	26	0.7220	区委	10	0.6510	职能	9	0.6240
成绩	27	0.7161	乡村	11	0.6506	民政	8	0.6238
心理	26	0.7130	家长	12	0.6502	团区委	6	0.6232
环境	27	0.7067	招募	10	0.6496	团组织	7	0.6232
政策	25	0.7060	社工	8	0.6494	社会化	8	0.6230
调研	22	0.7058	残疾	10	0.6487	改造	9	0.6226
合作	26	0.7052	精准	10	0.6487	腾讯	8	0.6223
村里	18	0.7026	跟进	10	0.6480	成果	9	0.6222
政府	25	0.7023	教育	13	0.6472	卫生	9	0.6213
结对	16	0.6999	扶贫	10	0.6471	义工	7	0.6210
沟通	22	0.6992	经验	13	0.6455	年龄	9	0.6207
区里	14	0.6983	建档	11	0.6452	学业	8	0.6202
慈善	17	0.6976	捐建	7	0.6447	专业	10	0.6201
家里	20	0.6968	互联网	12	0.6440	孩子家	6	0.6193
基层	19	0.6927	课业	8	0.6433	贡献	9	0.6184
精神	22	0.6909	优异	10	0.6424	领导	9	0.6177
建成	18	0.6870	残联	8	0.6422	需求	9	0.6174
认领	6	0.6169	残疾儿	6	0.6170	溺水	6	0.6173

2. 词云分析

根据词频分析结果，绘制词云图，其中汉字的大小代表词频或者权重的大小，汉字越大，表示该关键词出现的次数越多或者权重越大，详见图3。

图3　词云图

图3中，突出显示的有"小屋""孩子""建设""志愿者""组织""资金""帮扶"这些关键词，其词频最高、权重最大，表示出共青团委员会主体的关注点所在。

（四）模型构建："希望小屋"公益模式运行理论模型

1. 开放编码（open coding）

开放式编码是将资料分解、检查、整理、比较、概念化和范畴化的处理过程。该阶段基于对原始资料的分析挖掘初始概念，通过打散原始材料内容、重新赋予概念、重新总结的操作过程提炼概念。项目组将实地调查过程中山东省九地有关"希望小屋"相关情况的访谈记录导入NVIVO12软件，按照编码原则逐字逐句进行分析，从中发现概念类别，通过剔除重复、合并同类等方法归纳出394条原始语句及对应的60个初始概念，聚拢形成38个初始范畴。

2. 主轴性编码（axial coding）

在一级编码完成之后，对编码的初始概念进行斟酌、比较、归纳、提炼，形成了"困难识别""资金筹集""资金去向""资金管理""小屋建设""志愿服务""帮扶情况""服务规范""结果反馈""困境难题"10个主范畴，分别进行编码并且给出副范畴，比如"困难识别"的副范畴设定为"基层摸排—区委核查—管区报备—多部门联合评估—家庭回应"。

3. 选择性编码（selective coding）

研究主题："希望小屋"困境儿童关爱项目的责任主体与管理过程。

核心范畴："网格化管理与组织的准备阶段""多主体参与、多方位供给的服务落实阶段""结果验收与自下而上的反馈调节阶段"（见表3）。

表3　选择性编码及核心范畴

主范畴	核心范畴	
困难识别	层层核查、多方组织协调的筹集阶段	网格化管理与组织的准备阶段
资金筹集		
资金去向	区团委主导、责任层层落实的建设阶段	
资金管理		
小屋建设		
志愿服务	多主体参与、多方位供给的服务落实阶段	
帮扶情况		
服务规范		
结果反馈	结果验收与自下而上的反馈调节阶段	
困境难题		

主要关系：从责任主体看，各级共青团委员会起到了领导统筹作用，上级共青团委员会对下级共青团委员会起到监督作用，共青团委员会与各方组织在资金筹集与管理上相互监督。同时，共青团在众多主体中起到了核心引领作用，以共青团为中心，逐渐与其他组织建立合作网络，形成具有管理重心的治理网络。从管理过程看，希望小屋工作由志愿群体支持，由六类群体——高校、爱心企业、教师、个人志愿者、社会组织、网格员，通过实地考察和资料核实来确定小屋帮扶对象，并在建设过程中兼顾物质需要和精神需要（见图4）。此外，"希望小屋"具有跟踪监督机制，项目具有一定的连续性，可为困境儿童提供持续性帮扶并保证小屋长期顺利运行。

进一步围绕核心范畴，可以得出三条路线：自上而下的管理与责任落实机制路线、多主体参与全方位供给服务的治理路线、自下而上的结果验收与反馈调节路线梳理模式的总体运行机制。

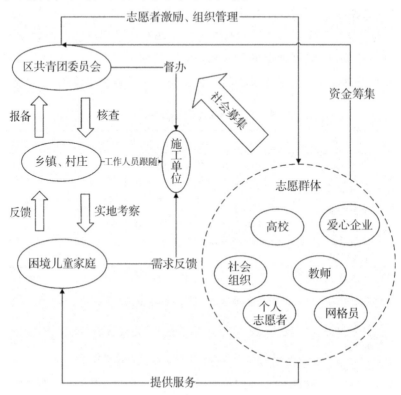

图 4 困境儿童治理责任主体和管理过程模型

三、守正创新：构建崭新网络合作治理新模型

（一）打破"准合作"困境，加强多方协同

"希望小屋"儿童公益模式涉及多方主体，其内在耦合机制为多元主体的协同。针对此过程中出现的"准合作"治理问题，应从多个主体的角度分别制定优化方式。

1. 政府宏观调控，多方协作共治

首先，政府作为宏观调控者居于核心地位。政府从宏观层面为儿童福利体系赋能，调控整个儿童福利社会保障体系中的治理途径、力度，为儿童事业的整体布局树立基准、指引方向。其次，在"希望小屋"这一儿童公益模式中，针对其财务方面，政府应当以合理资金投入来保障儿童福利的充分和平衡。尤其针对部分发展不充分、教育资源不发达、儿童福利设施薄弱的地区，应当合理设置资金投入的规模，为不同地区儿童活动开展、设施完善、福利均衡提供坚实的保障。最后，政府也应给予其他主体部分自主权，使各主体间相对关系对等，加强与其他主体的实时协商与紧密合作。政府应当加强各角色间的联系，改善治理过程中政府单方面管理时出现的不足，提高治理效率，改变自上而下的严格层级关系，转变态度，通过制定规则实现社会、家庭、学校的优势互补，多主体间合作共治。

2. 打造合作网络，增强治理能力

政府发挥宏观指导作用，社会应充分发挥主观能动性，为困境儿童提供相应资源，打好多角色、多路径的"配合战"。社会的各主体应积极响应政府号召，组织公益活动，发展慈善事业，承担起社会责任；各主体还应扩大社会影响，鼓动更大规模的自发性社会参与，营造积极良好的有利于发展儿童事业的社会氛围，扩大政策影响力。社会中，多样的角色蕴含着多样的发展潜力，共同建设、维护儿童友好型社会，保障儿童福利，发展"希望小屋"儿童公益模式，需要挖掘社会中各主体的潜能，加强各主体间合作密切程度，拓宽合作路径，打造合作共赢的社会治理合作网络。

3. 实现家校互联，护航儿童健康成长

家庭是儿童成长的基础环境单元，对儿童成长的影响不言而喻。一方面，家庭应当形成对自身状况与整体社会环境的正确认知，面临困难时要积极寻求解决方法而非一味逃避问题。家庭应积极响应相关政策，自觉参与相关活动，为健康和谐的家庭环境而努力。另一方面，除了物质上的支持，家庭应当担负起教育子女的责任，使其接受正确的价值观、人生观、世界观，使儿童对于善恶是非等基本概念具有一定判断，帮助其成人成才、融入社会。家庭应当关爱儿童的内心世界、保护儿童不受伤害，保障每个孩子都能健康快乐地成长。

学校是每个人成长过程中必不可少的环节，不仅承担着传授基本知识的责任，也承担着育人明理的责任，某种意义上，还是联结家庭与社会的一道桥梁。学校应在坚持其基本职能的基础上，积极承担起其在儿童福利事业治理中的责任，如普及相关知识、保障福利公平、牵头家校互动、响应活动承办等。学校应当扩大其教书育人的社会影响力，从主观存在感上提高其在儿童福利体系建设这一过程中的地位。家庭、学校、社会三方互动配合，可提高治理能力，打通碎片化壁垒，巩固整体福利网络。

（二）引入新型组织，提升综合效率

"枢纽型社会组织"是近年来社会治理领域出现的一种创新的组织形态，旨在实现对社会的整合与凝聚。将枢纽型社会组织概念引入"希望小屋"困境儿童救助模式中，可有效改善共青团委员会与第三方组织之间合作、集合程度低与治理效率受限等问题。

四、结论与建议

（一）结论

本研究的重点是对"希望小屋"多主体治理模式进行评估。"希望小屋"的治理过程由多主体多方面共同协调完成。"希望小屋"多元主体的内在耦合方式为多元主体的协调合作。"希望小屋"中困境儿童的救助系统是一个动态复杂的过程，也是一个完成的系统。但是耦合方式之中也存在着"准合作"治理的相关问题，有如下困难：①相关政策重指导性轻操作性，给执行及操作带来困难。②政府资源投入受诸多因素影响，可持续性还不稳定。③政府作为规制者，主要通过契约及审计来发挥规制职能，而这两种工具的使用又过多流于形式化。④多元主体间关系不对等，协商、合作、利益表达机制都不成熟。

（二）优化治理路径归纳

1. 政府宏观调控，多方协作共治

在"希望小屋"这一儿童公益模式中，政策上，依然要坚持政府作为核心把控者、宏观调控者的根本地位。政府从宏观层面为儿童福利体系赋能，调控整个儿童福利社会保障体系中的治理途径、力度，为儿童事业的整体布局树立基准、指引方向。与此同时，各主体间应加强联系，改善治理过程中政府单方面管理时出现的不足，提高治理效率。改变自上而下的严格层级关系，转变态度，通过制定规则实现社会、家庭、学校的优势互补，多主体间合作共治。政府发挥宏观指导作用，社会与学校就要充分发挥主观能动性，为困境儿童提供相应资源，打好多角色、多路径的"配合战"。

2. 挖掘社会潜能，打造共建网络

从社会层面来看，社会的各主体应当积极发挥其主观能动性，由上积极响应政府号召，积极组织公益活动，发展慈善事业，承担起社会责任；向下延伸社会影响，鼓动更大规模的自发性社会参与，营造积极良好的、有利于发展儿童事业的社会氛围，扩大政策影响力。各社会主体要挖掘潜能，密切合作，形成合作共赢的社会治理网络。

3. 家庭积极配合，护航健康成长

家庭是儿童成长的基础环境。家庭应当积极响应相关政策，自觉参与相关活动，为健康和谐的家庭环境而努力。家庭还应当担负起教育子女的责任，使其接受正确的价值观、人生观、世界观，使儿童对于善恶是非等基本概念具有一定判断，帮助其成人成才、融入社会。家庭还应当关爱儿童的内心世界、保护儿童的不受伤害，保障每个孩子都能健康快乐地成长。

4. 家校社会互联，强化治理能力

学校承担着传授基本知识的责任，也承担着育人明理的责任，某种意义上，还是联结家庭与社会的一道桥梁。学校在坚持其基本职能的基础上，也应当积极承担起其在儿童福利事业治理中的责任，如普及相关知识、保障福利公平、牵头家校互动、响应活动承办等。家庭、学校、社会三方互动配合，可提高治理能力，打通碎片化壁垒，巩固整体福利网络。

渡人者何以渡己？
民办特殊教育机构的
"夹缝求生"之路

——以青岛市西海岸新区东方聋儿语训中心为例

［中国海洋大学］

周　畅　李　欣　李　林　刘宇桐　顾　璐

指导老师：陈　霞

【摘要】特殊教育容易被忽视，而民办特殊教育机构因其非官方性的限制，更容易受到资金、设施、师资、政府支持度等多重因素的制约。青岛市西海岸新区东方聋儿语训中心是青岛市一家集残疾儿童教育、康复于一体的民办特殊教育机构，从创办到发展至今，它经历了重重困难，面临着民办特殊教育机构的典型难题，机构现状难以满足社会对其组织角色的期待。本案例通过梳理东方聋儿语训中心的现实状况，探究机构与政府、社会、特殊儿童家庭的多重互动关系，并结合资源依赖理论和组织角色理论，分析语训中心的非对称性资源依赖、组织角色期待和角色实践偏差，为民办特殊教育机构"跳出夹缝"提出对策建议，以促进民办特殊教育机构更好地服务社会。

【关键词】特殊教育；特殊儿童；民办特殊教育机构；组织角色

案 例 正 文

引言

特殊儿童是指在精神、生理、人体结构上，某种组织、功能丧失或障碍，以致影响其日常生活和社会参与的儿童，包括视障、听障、智力障碍、脑瘫、自闭症儿童等。据统计，我国共有 0 ~ 14 岁的特殊儿童 800 多万人，占儿童总数的 2.67%。与普通儿童不同，特殊儿童十分需要制定和执行"一生一案"的个性化教育方案，对教师素养、教育场景乃至社会环境要求更高。而特殊教育资源的不足与特殊教育易受忽视的现状，使特殊儿童长期处在边缘化的境遇中。

党的二十大报告中指出，要"强化学前教育、特殊教育普惠发展"。目前，公办特殊教育机构（简称"特教机构"）的优质资源处于紧张状态，催生了民办特教机构的"入场"。例如，坐落在青岛的西海岸新区东方聋儿语训中心①，由石清娟出于对特殊儿童的关爱创办，是一家集残疾儿童教育、康复于一体的民办特教机构。然而，东方聋儿语训中心在实际运作中遭遇了重重困境。这些困境，究竟为何产生？这些困境和语训中心同政府、社会、特殊儿童家庭的关系是否有所联系？身为"渡人者"的民办特教机构，究竟该如何"渡己"？总结东方聋儿语训中心的困境及其成因，有助于分析民办特教机构在特殊教育发展现状下的根源性束缚所在，为探索机构的良性发展要素、找寻"破局"之路积累经验。

---

① 本文中"胶南市""黄岛区"均为今青岛市西海岸新区所在地前行政区划名称。为表述清晰，在无时间段特指时，语训中心名称统一采用"西海岸新区东方聋儿语训中心"或"东方聋儿语训中心"，简称"语训中心"。青岛市西海岸新区东方聋儿语训中心（原胶南市聋儿语训中心）位于西海岸新区珠海街道办事处辛庄村，由石清娟校长在青岛市残联和相关政府部门的支持下一手创办，始建于 2003 年 3 月，于 2005 年 3 月正式注册成立。该中心是一家民办非营利性、集特殊儿童教育和康复作用于一体的综合性机构，是全区最早的聋儿语训开拓者，也是民政部门批准的青岛市残疾人定点康复机构。该机构接收听障儿童、脑瘫儿童、智力障碍儿童、自闭症儿童等，教学形式分为日托班和全托班，并为儿童设置听力、语言评估方案和针对性训练方案，面向不同类型的特殊儿童开展一对一教学。东方聋儿语训中心曾荣获"青岛市'十五'残疾人康复工作先进集体""青岛市残疾儿童之家""感动胶南十件好事"等荣誉称号。

一、东方聋儿语训中心的诞生

（一）悯人之心：孤立无援的特殊儿童

2002 年的秋天早晨，石老师照常来到自己开办的小灵通幼儿园，准备开启一天的工作。

"叩叩叩——"幼儿园的大门此时被突兀地叩响。打开门，一位牵着孩子的家长窘迫地问道："请问这边方便再收个孩子入园吗？"

石老师让家长先进办公室，进门后，家长突然抽噎起来："老师，我们家小晨，先天智力不高……跑了很多医院都没办法。好多幼儿园知道这个情况后，都拒绝了，我们真没办法了……"

幼儿园从未招收过这样的儿童。石老师拿不准主意，可看到家长恳求的眼神，话到嘴边还是变成了："您别担心，那先让小晨入园，试着教几个月再说……"叫小晨的孩子低着头，令人心疼。

三个月过去，除了上课时总坐不住，和其他小朋友交流比较难，小晨大多数时间看上去和普通孩子无异。直到那一天——

教室里两个孩子厮打在一起。一个叫乐乐的孩子被扯掉了一缕头发，扯着嗓子大哭。另一个则是涨红了脸大声叫喊的小晨。石老师赶来后连忙安抚孩子们，并让其他老师联系孩子的家长。不久后，乐乐妈妈匆匆赶来，凌厉的目光对准了石老师："石老师，把这种智障孩子放进来是什么意思？早点劝他回家吧，别出来祸害人！"石老师来不及反应，乐乐妈妈便领着乐乐径直出了幼儿园。

两个星期过去，已有十几个孩子因此陆续转园。石老师几乎崩溃——小灵通幼儿园当初是贷款 80 万开办的，是她唯一的经济来源……石老师狠狠心，拨通了小晨妈妈的电话："您好，今天下午方便来幼儿园聊一下吗……"

如同第一次来时，小晨妈妈不安地走进了办公室。石老师一阵难过，但想到沉重的贷款负担，还是说道："小晨妈妈，要不，让小晨去更适合的地方吧——"

话音未落，小晨妈妈"扑通"一声跪了下来，"石老师，求求您千万别让小晨走……三个月来，小晨的情况好多了，我们叫他名字他会有反应，也不会动不动扔东西了，我们终于像一个正常家庭了，求求您……"

石老师的眼眶红了。她想起了小晨在这里的点点滴滴，小晨现在会听老师的话，会学着把自己弄乱的玩具收起来，仿佛在努力证明自己不是一个"特殊"的孩子。石老师答应会继续留下小晨。可是，幼儿园的教育模式终究是面向大多数健全孩子的，特殊的小晨，幼儿园究竟该怎样对待呢……

（二）落地生根：特教机构的灵感落地

某个夜晚，石老师仍在为小晨发愁，于是打开了客厅的电视机，想要缓解疲惫。本地频道正播放着一期节目：主人公都是残障人士，早期在生活上完全不能自理。然而，此刻的节目上，脑瘫患者可以行走，听障人士佩戴人工耳蜗后可以与人交流，智障人士找到了谋生的工作……节目展现了他们战胜人生的故事。石老师了解到，有一类教育正是面向这样的人群，帮助他们康复、学习——这就是"特殊教育"。这样的教育可以让小晨这样的孩子不再格格不入、受人歧视……

石老师无比激动。第二天，她直奔青岛市残联，想要讨论出一套实际的方案。听完石老师的叙述，残联理事长和蔼地笑了，他表示，特殊教育的缺口很大，但始终未得到社会重视。现在，如果石老师愿意开办特教机构，残联愿意提供支持。

可是，特殊教育究竟要怎么搞呢？光凭幼师的知识够吗？聆听了石老师的疑惑后，理事长建议石老师前往北京的一家特教机构学习一段时间。于是，石老师自费前往北京。在那里，她学习到了如何同特殊儿童交流、相处，如何评估特殊儿童的康复效果，如何培训特教教师等一系列专业知识。学习得愈多，石老师愈心潮澎湃，身边特殊儿童们的希望就在眼前……

两个月后，石老师回到了青岛。接下来的几天，石老师先是联系到了附近一片弃置不用的技校场地负责人，计划将该场地改造成特教机构。随后，就是招募教师。挂出的招聘广告久久无人问津，石老师却不愿放弃。她踏上了开往济南、潍坊等地的火车，在一所所师范院校门口挨个询问："哎，同学，你是学特教的吗？我们青岛马上要开一家特教学校，还没找工作的话，考虑一下呀……"兜兜转转了两个多星期，石老师终于拉到了几个特教专业的应届生，她们同意前来实习看看。

还有一个问题——这家特教机构，主要面向哪类特殊儿童呢？像小晨这样的智力缺陷孩子，康复训练可能很难起效……思来想去，石老师最终选择了康复难度相对较低的听障儿童作为主要服务对象。但她同时也决定，凡是来到自己门前的孩子，她都会尽可能收下，给他们更好的生活。

在石老师的努力下，一天，写着"胶南市聋儿语训中心"的牌子挂上了大门。没几天，已经有一大群家长领着孩子上门。石老师十分震惊，小小的胶南，居然有这么多特殊儿童——有的孩子听力微弱，有的孩子是自闭症儿童，有的孩子患有脑瘫，由家长搀扶着艰难地走进来……震惊之余，石老师无比心酸。自己的工作，能否照亮孩子们的前路？特殊教育的黎明，能否如期而至？不知柳暗花明之处，是否就在前方……

（三）不虚此行：机构发展中的收获

1. 新芽初生：机构初期的发展起色

"石老师，我家小孩有听力障碍，去正常学校人家也不要，都十岁了还一直在家待着，我听说你们这开了特殊教育学校，我娃能来吗？"

"我孩子也是，我们都是来城里打工的，没本事，交不起其他特殊学校的费用，这儿的学费要收多少钱呀？"

"俺娃情况不一样，自闭症，从小一直不说话，这些年钱花完了病也没好……"

2003年3月底，胶南市聋儿语训中心（今西海岸新区东方聋儿语训中心，简称"语训中心"）建设完毕即将投入使用之际，迎来了很多家长的询问。看着家长们殷切的面容、孩子们懵懂的目光，石老师内心思绪万千。语训中心接收的孩子年龄、残障程度和家庭条件不一，为了进行更专业的康复教育，石老师自己出钱带老师们外出学习，制订康复计划、评估方案，开展一对一教学，很多孩子的情况有所好转，语训中心也逐渐发展起来。

在一次偶然的机会下，一家青岛本地的电视台前来采访，希望帮助宣传语训中心，以获得更多社会爱心人士的帮助。听到石老师创办语训中心的历程和特殊儿童们的情况后，记者深受感动，潸然泪下："如果不是来这里采访，我不会知道，原来社会上还有那么多困难的特殊儿童和家庭。这些父母们走投无路，带孩子来到您这里。您哪怕自己苦着累着，也要给孩子们提供最好的教育和照顾。石老师，您不仅是一位好老师，您更是这些孩子们的好妈妈。"

2. 倾囊相助：重赋特殊儿童生命的意义

"石老师，我的孩子叫小杰……"

一天，一位绝望的母亲找到语训中心。小杰幼年患上脑积水，引发认知障碍和行动障碍，导致了脑瘫。

"他只能待在床上，很胖，大小便都解决不了，每次我抱他下来特别费力。这些年我费尽心思求医问药都没有用……"

提起心酸事，小杰母亲不断抹眼泪。她拉着石老师几近哀求地说："我没办法了，小杰身边缺不了人，我边带着他边赚钱，可很多地方都不要我们。我一天就吃一顿饭，就为了省下钱来给小杰看病，苦点累点没关系，只要小杰好好的。可这看不到尽头和希望的日子，我好像快坚持不下去了……"

听完小杰母亲的哭诉，石老师深受触动，却没办法立即答应下来。机构刚成立不久，在专业度和康复率上都无法保证。如果康复没有效果，对一个已经绝望的母亲会是多大的打击？然而同样身为母亲，如果换作自己，也会拼尽全力抓住哪怕一丁点希望。种种理由，都抵不过对孩子的爱。石老师握紧小杰母亲的双手，坚定地说："最终结果可能没法保证，但你放心，我一定尽全力帮助小杰。"

石老师专门了解了脑瘫相关知识，为小杰制定了个性化训练方案。受脑积水的影响，小杰患有偏瘫，康复训练中容易摔倒，搞得脸上都是伤痕，令人心疼。但在日复一日的强化康复训练下，小杰的情况逐渐好转，后来学会了独自走路，说话也清楚了不少。最终在小杰母亲的辛苦工作和社会爱心人士的帮助下，小杰接受了脑积水手术，他的病情不断好转。听到小杰第一次唱出一首完整的儿歌时，小杰的母亲热泪盈眶："石老师，是你给了小杰第二次生命，我和小杰一辈子都会感谢你。"

这次收获坚定了老师们继续从事特殊教育的决心。但此时，语训中心的弱势也日益显露。民办、位置偏远的特点，吸引来的多是交不起学费的困难家庭，机构收取的学费根本不足以支撑日常运转，很多康复和教学设施无法得到补充，新老师不愿意留下；政府给予的资助只针对听障儿童，机构托管的其他特殊儿童得不到资助；一些企业认为援助民办机构带来的社会声誉少，也停止了针对语训中心的援助……

二、民办特教机构的困境

（一）自身因素的困境

1. 捉襟见肘：收支不平衡下的财力微薄

语训中心坐落在远离西海岸新区中央活动区的村庄，这似乎注定了它不被大众关注的命运。不远处另有两家特教机构：一是残疾儿童康复指导中心，它是西海岸新区唯一一家依托医疗机构开展的综合性定点康复机构。该机构师资好，器械先进齐全，目前正逐步建立起康复训练网络，但招生名额有限。二是启音聋儿语训中心，这是一家依托于自闭症家园网建立的民办机构，在为特殊儿童设立针对性辅导计划上较为专业。

与上述两家特教机构相比，东方聋儿语训中心的相对弱点突出：位置偏远、师资专业度不足、康复设施配置不齐全等，这使其处于家长选择的次序末端，一些经济条件不太乐观的家庭可能迫于无奈才选择东方聋儿语训中心。

语训中心很多孩子的父母也是残障人士，来自农村贫困家庭，难以支付全额学费。出于对特教事业的热爱与坚持，石老师为他们实行学费减免。作为一家运营资金没有额外来源的民办特教机构，减免学费使运营资金进一步紧缩。房租、水电费、工资等刚性支出不可减少，机构无法通过"节流"缓和压力；疫情时期物价上涨、用人成本提高，另外增加了支出。面对这样的情况，石老师只能从自己经营的小灵通幼儿园的收入中抽取资金进行补贴。

2. 独木难支：工作条件限制下的人力匮乏

语训中心的师资基本都是石老师最初招来的老教师。"这么多年，老师们任劳任怨，工资也没办法涨，真是在做公益……"石老师心中有愧。此外，师资质量与孩子们的康复质量紧密相连，这让石老师陷入了困境。

在语训中心工作多年的张老师坦言："我从学校毕业后，就来了石老师这里，凭着对孩子的爱才坚持下来。"新教师招聘受限于教学环境和待遇而变得十分困难。教师培训机会有限，往往要借助于网络学习特教知识。对于难以教学的自闭症儿童等，语训中心只能起到托管作用。

作为民办机构，语训中心既不像公立特教机构那样可给教师提供稳定的岗位和工作保障，也没有像商业化连锁机构那样的引流广告等服务带动的稳定的收入，加之特教本身的工作困难，教师数量与教学质量便成了阻碍机构发展的又一大因素。

3. 蓬门荜户：资源不稳定下的物力维艰

语训中心的前身是所废弃技校，类似一个农村小院，有些孩子寄宿在此。桌椅由企业捐赠，如有破损会修补继续使用，无故不换新。石老师希望有一天语训中心能装上多媒体设备丰富教学形式，不再止步于口授与教材教学。

虽然逢年过节会有一些志愿者来到语训中心，但多为志愿服务或补充米面粮油等日常物资，难以缓解语训中心资金短缺的窘境。石老师感激中仍怀无奈，没有资金就没有办法按需采购。残联和社会虽然支持民办特教机构，但无法彻底解决资金短缺的问题。

（二）社会因素的困境

1. 屡遭猜疑：合法身份与信任获取不易

获取合法身份是民办机构必须要走的一步，但办理营业执照的过程十分艰难。早期的语训中心定位模糊，具备康复、医药、民生、教育四重属性，营业资格的行政审批过程复杂曲折。直到 2003 年，语训中心才终于在民政局完成登记，确立了自身的合法身份。

合法身份获取后，机构又陷入了信任危机。语训中心附近有个孩子，快五岁了，近日被确诊为听力障碍，无法与人正常交流。石老师从残联了解到了这家人的情况，上门拜访，但家长并不相信这家没听说过的民办机构。第二次拜访，石老师准备了机构成立的资质证明和相关材料，感受到石老师的良苦用心后，孩子父母终于缓和了态度，决定将孩子送往东方聋儿语训中心。民办特教机构获取政府、社会的信任之路，任重而道远。

2. 寂寂无闻：社会影响力较低

2018 年，东方聋儿语训中心在年末总结信中感谢了全年参与捐助的24 家企业，但对石老师来说，这个名单却代表着另一种心酸。为了塑造具有社会责任感的形象，不少企业前来接触东方聋儿语训中心。石老师欢天喜地地为企业工作人员介绍语训中心的详细情况，然而企业好像仅能捕捉到一点——"你们是民办机构啊？不是残联办的？""那我们再看看，之后联系……"这些所谓"之后联系"的企业，其实再也没有回来联系过石老师。民办特教机构的影响力相对较低，无法为企业带来政府与社会各界的赞扬和认可。

除去企业的差别对待，社区和街道对于语训中心也不重视，对语训中心的支持不足。多次尝试无果后，石老师只能不断奔走于各种慈善募捐活动去筹集资金，但东方聋儿语训中心很难得到大企业的青睐，因而无法获得大额资金。可无论面临怎样困难的状况，石老师从未放弃，她一直带领语训中心坚持自己的康复教育之路，使其获评"青岛市'十五'残疾人康复工作先进集体""市残疾儿童之家""感动胶南十件好事"等荣誉。

3. 杯水车薪：社会援助作用有限

自语训中心建立，机构就十分重视社会各界的帮助。独木难支，机构的维系少不了各类志愿组织、慈善组织和基金会的支持。对于一些社会援助，石老师也是爱恨两难："志愿服务我们需要，但是我们是有选择的，比如有耐心教孩子学画画、带孩子玩游戏的，我们就很需要。有些学生只是为了攒志愿服务工时过来的，不认真陪孩子，效果就很不好。尤其是和特殊儿童待在一起，如果不注意，局面就会很混乱。"同时，语训中心和援助提供方未能形成长期稳定的结对关系。不少社会组织只来做过一两次志愿活动，目前机构也没有建立稳定可持续的资金募集渠道，社会援助的作用十分有限。

"周边也很少有人特别重视我们。"语训中心所在农村社区的村民对于公益并不热衷，他们或许每天都会走过那扇大门，却很少在此驻足。对于普通村民来说，那是他们生活之外的事情。2020年暴发的新冠疫情是对全社会的一场大考，对于语训中心来说尤甚。"本来说好过来的企业，突发疫情就过不来了，这样的情况出现了好多次。"这三年以来，许多企业原本同语训中心约定了志愿活动，但因突发疫情就只能延后，最后不了了之。

三、困境现状下的艰难前行

（一）机构深陷多重困境

经营的压力让语训中心一度陷入难以为继的境地，为了不让孩子们无校可去，石老师向多方求助以改善机构的经营状况。在已有的合作基础上，石老师与中国石油大学（华东）签订了长期结对帮扶合同，将语训中心设立为中国石油大学（华东）社会实践与志愿服务基地，由其学生定期来开展义工服务（图1）。

图1　中国石油大学（华东）学生在东方聋儿语训中心社会实践与志愿服务基地开展服务

此外，通过与希尔顿酒店等当地企业及当地基金会等结成长期合作关系，东方聋儿语训中心的资金匮乏、物资不足问题得到了一定程度的缓解。

但机构发展所需的资金仍存在较大的缺口。比如，目前语训中心的校舍破败，已经严重影响了师生的学习和生活（图2），但机构拿不出修缮校舍的资金。除此之外，语训中心所使用的康复设施也需要更新。入不敷出的经济现状下，机构面临着沉重的负担。

为了得到政府的政策支持，石老师多次与政府沟通，但尚没有得到明确回应。青岛市目前尚未形成关于特殊儿童教育的系统管理体系，难以为语训中心提供相应的政策支持。

没能得到政府的回应，石老师又尝试寻求残联的帮助，但残联作为事业团体，本身职权有限，更多仅是起到一种技术指导与业务指导的作用。

现在遇到这么个问题 确实非常无助

图2　黄岛区（今西海岸新区）广播电视台前往东方聋儿语训中心采访时所拍摄的校舍画面

没有政策的支持或相关部门的规定，残联难以直接向特定的特教机构施以援手。

尽管石老师带领机构尝试了种种可能的"破局"路径，但受限于机构的民办性质与自身资源，这些路径要么落了空，要么仅是杯水车薪。

（二）民办特教机构如何"渡己"

面对机构发展前进道路上的重重"拦路虎"，石老师陷入了迷茫。要想带领机构渡过生存难关，石老师需要去思考如何寻找到足够的可支撑机构运行与发展的内外部资源以实现"突围"。语训中心未来的发展，离不开多方力量的共同支持。对于政府而言，其需要更好地厘清在特教机构管理上的职责划分，推动相关民政工作机制和政策的出台及落实；对于社会组织与民众而言，如何更好地实现与机构的长效合作，如何让更多热心的、有能力的民众参与到特教事业中是一个关键问题；而对于机构本身来说，正所谓"打铁还需自身硬"，机构的长久发展离不开全面完善自身的系统性建设。

尽管前方笼罩着浓雾，但石老师初心不改，对特殊儿童的关爱之情亦未变。她带领着语训中心坚毅前行，始终坚信会有柳暗花明的那一天！

四、结束语

发展特殊教育是推进教育公平、实现教育现代化的重要内容。探究民办特殊教育机构发展的影响因素和其中各方主体间的沟通协调，可使特殊教育事业的未来发展得到更科学的理论指导。东方聋儿语训中心所面临的资金不足、师资招聘困难、设施维护无力、合法性存疑等方面的困境迫切需要得到审视，并进行有针对性改进。如何为折翼的孩子们创造出一片属于他们的天空，为迷途的"渡人者"寻找到可以"渡己"的一叶扁舟，需要全社会共同反思和努力。峰回路转的光明，仍在遥遥前路之上。

思考题：

1. 机构的定位、身份的限制给语训中心的发展带来了怎样的问题与影响？合法性对于语训中心的长远发展来说又有着怎样的意义？

2. 民办特教机构需要获取怎样的资源以供其生存与发展？民办特教机构与政府之间形成非对称性依赖的动因机制是什么？

3. 民办特教机构的实践为何难以满足自我和社会的期待？为了满足自我和社会的期待，民办特教机构未来的"求生"之路需要何方主体以何种姿态参与？

案 例 分 析

一、案例背景

（一）备受重视的特殊教育

特殊教育是指对有视力、听力和智力残疾等生理或心理发展缺陷者实施的教育①，是我国国民教育体系的重要组成部分，也是帮助残疾人融入社会的必要途径。近年来，党和国家日益重视特殊教育的发展，从

---

① http://www.gov.cn/banshi/2012-11/20/content_2270794.html.

2014 年至 2020 年，国家先后实施了两期"特殊教育提升计划"。在党代会报告中，从党的十八大的"支持"到党的十九大的"办好"，再到党的二十大的"强化"，党和国家对特殊教育发展提出了更高要求，对办好特殊教育的决心更加坚定。

但目前我国特殊教育仍处于发展的初级阶段，尚存在特殊教育资源有限和特殊教育需求隐匿的困境。一方面，随着特殊教育的普及，参与其中的特殊儿童日益增多，生源结构日趋复杂，但教师队伍数量、质量都相对不足，师资有限，部分学校缺少资金支持和稳定的创收来源；另一方面，特殊教育发展呈现出区域不平衡的态势，不同地区的特殊教育发展差距较大。很多特殊儿童生活在偏远地区，家庭经济条件差，很难获得专业的特殊教育。这导致社会对多数特殊儿童的关注度、知晓度严重不足。

（二）特殊教育机构的发展状况

根据近两年教育部发布的全国教育事业统计可以看出，特殊教育的学生不断增多，但专任教师和特殊教育机构的增速却远低于特殊教育学生的增速，导致特殊教育机构出现学生多、老师少的尴尬局面。此外，教学资源匮乏、课程体系及评估标准不完善也是特殊教育机构经常面临的情况。受限于资金、政策的支持力度不够，许多地区的特殊教育事业发展不成熟，教学设备配备匮乏、课程设置及康复标准模糊。

二、理论基础

（一）组织角色理论

组织角色理论认为，社会是一个由各种各样的、相互联系的位置或地位所组成的网络，其中每个个体、组织都在这个系统中扮演着各自的角色。因此，组织能否良好发展，主要取决于组织是否能够满足外在的公众期待与组织内部的角色冲突。①②

但是在我国，社会组织的角色期待与其角色实践不尽一致。

第一，社会组织与政府的关系尴尬。目前我国社会组织的发展离不开

---

① 毛丹：《赋权、互动与认同：角色视角中的城郊农民市民化问题》，载《社会学研究》2009 年第 24 卷第 4 期，第 28 - 60，243 页。

② 文军：《中国社会组织发展的角色困境及其出路》，载《江苏行政学院学报》2012 年第 1 期，第 57 - 61，67 页。

政府的推动和影响，在某种程度上，社会组织必须依附于政府，否则便无法"生存"。

第二，社会组织面临信任危机。就政府而言，由于社会组织集聚社会力量并且具有一定的公益性与自发性，故其发展可能影响政府的社会基础。就社会大众而言，由于绝大多数社会组织由政府建立而非自愿结社，加之目前社会组织的服务仅限于公益领域，因而难以获得大众的普遍认同。此外，一些社会组织缺乏自律机制，社会公信度、运作透明度低，也影响了政府、社会大众对于社会组织的信任。

第三，社会组织的运作策略市场化偏向严重。一些社会组织以营利和避税为目的，在建立之初打出了公益名号，成立后便开始追求自身利益的最大化，服务对象仅限于组织成员，普遍表现出在提供公共物品时的"公益性不足，互益性有余"现象。[1]

组织角色理论的运用不仅能有效解释社会组织的社会角色的产生、扮演及转换等过程，而且能清晰地呈现社会组织与政府、大众的互动过程与影响因素。[2] 民办特教机构承担着补充特教行业、发挥社会服务功能的角色期待，但在角色实践中，民办特教机构极易因资源匮乏而导致自主发展受阻，因学校效能未充分实现及社会公信力不足而导致信任危机，因此与角色期待产生偏差，逐渐演化为合法性危机。从东方聋儿语训中心组织角色的角度展开研究，可以从其与政府、社会、特殊儿童家庭之间的角色期待和角色实践的关系来剖析其发展困境及出路。

（二）资源依赖理论

资源依赖理论研究的集大成者费弗尔和萨兰奇科提出了四个重要假设：①组织最重要的是关心生存；②为了生存，组织需要资源，但组织自己通常不能生产这些资源；③组织必须与它所依赖的环境中的因素互动，而这些因素通常包含其他组织；④生存因此建立在一个组织控制它与其他组织关系的能力基础之上。整体而言，组织所需要的资源包括人员、资

---

[1] 文军：《中国社会组织发展的角色困境及其出路》，载《江苏行政学院学报》2012 年第 1 期，第 57－61，67 页。

[2] 邓涛：《角色期待与实践：社区建设中的社区社会组织》，华中师范大学 2017 年博士学位论文。

金、社会合法性、顾客，以及技术和物资投入等。①

资源依赖理论解释了外部资源对组织内部运作的深刻影响：所有组织都必然与其他组织、外部环境存在资源交换。这种资源依赖是相互的，一个不能提供相应资源作为交换物的社会组织，无疑会更加依赖为其提供资源的组织和环境。②

民办特教机构在发展过程中，很大程度上受到政府资金、政策支持程度等因素的影响，同时还会受社会公益文化、志愿资源等因素的制约。从以上因素切入，可以分析东方聋儿语训中心对不同资源的依赖程度，及其与政府、社会、家庭主体在资源供应方面的互动情况，从而分析其当前面临的资源困境成因，并探索民办特教机构普遍困境的出路。

（三）学校效能理论

学校效能是指学校合理地利用教育资源实现教育目标，并能不断满足系统内其他各方面的要求，进而使学校及其成员和社会得到相应发展的特性和有效作用的能力③。

学校效能具体可分为三方面内容：一是优质的教育教学成果；二是高效率的学校内部组织和高素质的学校人员；三是通过自身变革提升的环境适应能力，学校既能从外部环境中汲取更多资源，又能通过自我完善更多地回馈社会。就效能评估方面，有学者提出了四项评估指标：①目标和其他有利的结果，即以学术性的目标、社会和创造性的发展目标等方面来评估；②教职员的态度和行为；③适当的组织构架；④环境因素，即家长和社区的满意与参与，以及政府官员的支持与沟通。④

学校效能理论可作为分析民办特教机构在社会服务、特教质量、组织系统等维度上的发展目标的理论基础，从而为有针对性地分析其发展所需资源状况和当前的困境成因提供参照。

根据以上三种理论，本案例的分析框架如图3所示。

---

① 马迎贤：《资源依赖理论的发展和贡献评析》，载《甘肃社会科学》2005年第1期，第117页。

② 张茂元、黄玮：《资源依赖中的社会组织同构分析——以社会组织党建实践为例》，载《湖南师范大学社会科学学报》2022年第3期，第84－93页。

③ 孙绵涛、洪哲：《学校效能初探》，载《教育与经济》1994年第3期，第1－5页。

④ 谌启标：《学校效能研究论纲》，载《教育理论与实践》2001年第6期，第25－28页。

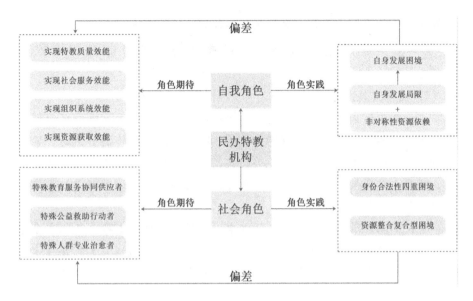

图3 案例分析框架

三、东方聋儿语训中心的自我角色期待与实践困境

（一）自我角色期待：实现组织的四重效能

任何组织都有自己特定的角色定位，组织发展便是实现特定组织效能和角色期待的过程。东方聋儿语训中心自成立之际便具有双重自我角色期待：一是实现其作为特殊教育学校的社会服务效能和特教质量效能，二是达成一般社会组织发展所需的组织系统效能和资源获取效能。

第一，特教质量效能。特教机构应随着社会的发展和需要拓宽教育内容，更应该提高教师素质、加强科学管理，以保障特殊教育的质量。第二，社会服务效能。特教机构应使受教育者的身心尽量全面康复和发展，提升受教育者的自理能力、知识水平，帮助其融入社会，从而达到为特殊儿童服务、为社会服务的目标。第三，组织系统效能。特教机构作为封闭的组织系统，具有内在的发展期待。除了特殊儿童的全面发展和康复教育外，教师也有自身的物质和精神需要。特殊教育机构的运营也要求设施齐全、环境优美、管理科学化等。第四，资源获取效能。特教机构需要获得可用于受教育者康复学习和学校自身发展的人力、物力和财力资源，提升资源利用效率，促成高效的康复训练和知识、技能教育。

（二）自我角色实践偏差：自身发展局限与非对称性依赖关系

1. 自身发展局限

东方聋儿语训中心位置偏远、周边环境经济条件较差，难以吸引到家庭情况较好的特殊儿童。所收学费较低，有时还为部分特别贫困的家庭减免学费，使语训中心难以获取足够的收入。而且特殊教育需要更专业的设施、师资，需要投入更多的资金。自负盈亏的办学状况让语训中心长期面临资金欠缺的困境。

受民办属性限制，东方聋儿语训中心所得到的政策支持比其他公办特教机构少，社会公众也更愿意资助公办属性的特教机构。由于民办特殊教育机构本身的资质情况难以核查，特殊儿童家长更倾向于选择有政府背书的公办特教机构。

2. 非对称性依赖关系

在上述语训中心的四种效能期待中，资源获取效能是达成其他效能的重要前提。因为无法有效获取外界资源而不得不依赖政府，东方聋儿语训中心与政府形成了非对称性的依赖关系。

首先，民办特教机构因能力有限，希望向政府寻求物资、合法性、信息等资源；政府则因有限的财政资金无法满足社会多元化的需求，需要其他社会资源来补充服务。[1] 东方聋儿语训中心自主发展能力有限，只能依赖政府和社会。从资源依赖理论的视角来看，政府与非政府组织都掌握着对方所需要的资源，形成了某种形式的相互依赖关系。[2] 但东方聋儿语训中心在社会层面的认可度较低、影响力较小，无力要求政府必须予以资源支持，而政府却因掌握民办特教机构生存发展所需的资源而掌握了主动权，两者间形成了非对称性依赖关系。

其次，政府在一定程度上控制着资金、师资等资源的配置方式与资源的流动方式，兼之政府拥有关乎语训中心是否能有效汲取社会资源的政策

---

① 徐宇珊：《非对称性依赖：中国基金会与政府关系研究》，载《公共管理学报》2008年第1期，第38页。

② 虞维华：《非政府组织与政府的关系——资源相互依赖理论的视角》，载《公共管理学报》2005年第2期，第35页。

资源，东方聋儿语训中心难以跨越政府寻求到来自社会的充分的资源支持，这进一步加剧了语训中心和政府之间的非对称性依赖。

3. 自我角色期待与现实实践的偏差

资金困境是导致语训中心难以实现自我角色期待的最重要原因。语训中心所得到的政策支持和资金较少，又难以通过经营获得足够的收入。而且在社会认知度较低的背景下，语训中心难以实现公开集资。社会仅能给语训中心提供志愿者和部分物资，这难以解决语训中心面临的根本性问题。

资源不足也导致语训中心面临着教学、师资、设施等问题。语训中心难以招募到充足且优质的师资，教师们除承担教学工作外，还要负责部分住宿儿童的饮食起居，工作效能感不高。为提升教学质量，东方聋儿语训中心资助教师外出培训，并对一些身心有严重障碍的孩子进行一对一康复训练，这些努力取得了一定的效果。但教学资源的匮乏使语训中心难以持续提高教学质量，这制约了语训中心实现社会服务效能的角色期待。而且当前机构的设施状况更是难以保障机构内部系统的良好运转，语训中心无法有效满足组织系统的效能期待。

四、东方聋儿语训中心的社会角色期待与实践困境

（一）多元主体视角下的社会角色期待

组织的社会角色期待，是指与组织在社会中所占据的位置相一致的一整套权利、义务的规范与行为模式，是其他主体对具有特定身份的组织的行为期望。政府、社会（群众和其他社会组织）、特殊儿童家庭均对东方聋儿语训中心寄托了特定的角色期待。东方聋儿语训中心能否满足这些角色期待，一定程度上决定了其能否同上述主体顺利进行社会交往。

1. 政府的期待：特殊教育服务协同供应者

党的二十大报告指出，要"强化学前教育、特殊教育普惠发展"。政府对民办特教机构的角色期待是，民办特教机构是特殊教育服务的协同供应者，可以作为社会治理的补充。我国的社会组织通过联结政府与公众，充分利用自身的社会资源和专业技术优势为社会服务[①]，成为优化政府行

---

① 范如国：《复杂网络结构范型下的社会治理协同创新》，载《中国社会科学》2014年第4期，第98－120，206页。

为的重要协调和辅助力量。

特殊教育事业投入高但回报率低，无法单纯依靠政府或市场来解决特教行业出现的问题。在目前公办特教机构的优质康复资源、教育资源紧张的情况下，政府乐见民办特教机构不断涌现，与其共同分担供应特教资源的任务。此外，相较于公办特殊教育，民办特殊教育在办学特色、课程设计和资源分配上有更大的自主性和灵活性，并可以通过非强制的方式动员社会资源，在一定程度上缓解了政府管理的压力。

因而，在设定共同目标的基础上，政府期待民办特教机构参与到协同治理过程中，提供社会所需的特教资源，提高特殊教育的整体供应水平。

2. 社会的期待：特殊公益救助行动者

民办特教机构旨在通过有效的康复教育，使特殊儿童在最大程度上恢复正常社会生活，因此，公益性是民办特教机构的显著特性。在公益性的感召下，许多群众、企业及社会组织有意愿为其提供物质、人力及社会信任资源。这种资源动员的本质是一种信托关系，即基于信任、志愿和公益的资源支持与委托代理关系。公益性是民办特教机构立足于社会并取得社会公信力、身份合法性的基石，要获取来自社会的志愿性、无偿性的公益或共益资源，民办特教机构必须能提供充足高质量的公益服务，这是它的社会期待。机构应将所获取的资源用于开展公益性的特殊教育服务，在应对有关特殊教育和特殊儿童的社会问题时，应通过提供服务拓展公共空间，维护并增进社会公共利益。只有满足这一社会期待，机构才能保证自身的公信力与合法性。

3. 特殊家庭的期待：特殊人群专业治愈者

特殊儿童家庭是特殊教育中不可缺少的重要主体，其对特殊教育发挥的康复治疗作用抱有高度期望。家长对机构专业性的要求，体现在三个方面：一是师资专业化。特教机构的师资应当数量充足且教学专业，为此，民办特教机构需要设置明确的师资培养目标，建设数量足、质量高的师资队伍，形成科学的教师管理机制。二是教学专业化。民办特教机构需要开设优质课程，配置教学书籍、教学器械，构建完整的教学体系。三是托管专业化。部分特殊儿童缺乏自理能力，需要机构提供食宿，因此民办特教机构应为在训儿童提供优质的膳食及保健服务，建设在卫生、空间等条件上达标的住宿环境，满足无法分配时间照顾特殊儿童的家长的需求。

（二）社会角色的实践偏差：组织身份合法性与资源整合困境

民办特教僵局的本质是其社会角色的实践同政府、社会、家庭三方对其角色的期待存在巨大偏差，体现为组织的身份合法性困境与资源整合困境，二者存在相互催化的作用。

1. 组织身份合法性的四重困境

社会组织存在的合法性，需要法律制度的完善、文化制度的认可、被社会所期待并满足社会期待。[1] 民办特教机构的角色期待与角色实践的不匹配呈现出许多合法性困境。[2]

第一，政策合法性困境。民办特教机构有效履行党和政府赋予的某些功能，为公众提供社会服务；依法取得相应资格，其合法权益受到法律保护；其运作和项目被纳入政府相关部门的行政监督管理范围，得到政府的认可和支持，因而获得合法性。[3]

《残疾人教育条例》等有关特殊教育的专门法律虽已出台，但是民办特教并没有专门的立法。例如，近 10 年里，青岛市政府、民政局、教育局、残联的门户网站上新出台的特教相关政策寥寥无几。特教相关法律、政策上的相对空白削弱了民办特教机构存在的政策合法性，难以支撑三方主体（政府、社会和家庭）对它的信任，民办特教机构凭其合法性从政府获取及时救济、从社会获取资源的能力弱，这加剧了民办特教机构的资源困境。

第二，社会合法性困境。社会合法性指机构具备满足社会需要的价值，其满足社会需要的手段和方式符合社会的一般标准，得到广泛认可。[4] 民办特教机构拥有社会合法性毋庸置疑，然而多重因素导致其社会合法性被削弱。

一是政策支持与政府行动的不足。地方民政部门事务繁杂，难以充分覆盖到残疾人教育领域，更何况民办特教机构。

---

[1]　祁洁：《社会组织参与社会治理的困境研究》，黑龙江大学 2015 年博士学位论文。

[2]　张淼：《重庆市主城区民办学前特殊儿童教育康复机构生存现状与解决策略的个案研究》，重庆师范大学 2010 年博士学位论文。

[3]　吴江：《民办非企业单位合法性的构建》，南京理工大学 2013 年博士学位论文。

[4]　吴江：《民办非企业单位合法性的构建》，南京理工大学 2013 年博士学位论文。

二是对外宣传和沟通机制的不足。特殊教育领域受社会关注度低，民办特教机构往往缺乏可用于社会宣传的资源和平台，缺乏与政府和其他特教机构进行常规化沟通的信息渠道。

三是自身办学质量不高。政府拨款和学费收缴难以满足东方聋儿语训中心及同类机构的需要；专业师资弱，难以保障教学质量；缺少体系化的康复方法和评估计划，难以取得家长的信任。

如未能及时补充支持民办特教机构社会合法性存在的要件，民办特教机构将面临社会合法性和社会信任的崩塌。

第三，市场合法性困境。市场合法性指在遵从社会主义市场经济规律和政策规定的同时，充分了解社会需要，准确定位机构的服务范围和服务项目，发掘和创造社会资源，为机构发展提供便利。[①] 民办特教机构虽然属于非营利组织，但亦受市场经济规律的影响，其市场适应能力不足的原因在于以下几方面。

首先，外部环境的影响。民办特教机构外部筹措资金困难，难以与公办特教机构及民办连锁机构展开竞争。

其次，自身在适应市场方面的主动性和积极性不足。民办特教机构多对市场需求缺乏认识，很少主动联系慈善基金会及企业搭建捐助合作关系，多为被动等待联系与援助。

最后，其在对外进行市场资源交换方面的价值不足。民办特教机构自身的性质，导致其无法在社会声誉、社会资本等方面给予捐款对象充分的价值回报，形成了非对称性的资源依赖，无法建立稳定的市场合作关系。

第四，技术合法性困境。"技术"是指关于劳动工具的规则体系，其目的在于提高劳动工具的效率性、目的性与持久性。民办特教机构的技术合法性具体表现为机构本身的架构设置、日常运作、人员管理、财务管理模式等合理有效。[②]

当前，东方聋儿语训中心的工作人员没有明显的分工，人员管理规章制度不完善，教学规范性与制度性不强。这并非个例：民办特教机构普遍面临着特有风险，包括管理决策风险、财务风险、教育质量风险等。[③] 民

---

① 吴江：《民办非企业单位合法性的构建》，南京理工大学 2013 年博士学位论文。
② 吴江：《民办非企业单位合法性的构建》，南京理工大学 2013 年博士学位论文。
③ 李钊：《民办高校办学风险防范研究》，华中科技大学 2008 年博士学位论文。

办特教机构的技术合法性困境，根植于其政策合法性、社会合法性、市场合法性的缺失；而其机构架构、日常运作模式的缺陷又削弱了其政策合法性、社会合法性与市场合法性。

2. 组织复合型资源整合的困境

由于民办特教机构难以在政府政策、社会志愿、家庭支持等方面进行复合型资源整合，多种因素的叠加进一步加大了民办特教机构的角色偏差。

第一，政策资源难以整合。地方政府未能贯彻落实中央特殊教育行动计划，未能给予民办特教机构税收减免等支持。民办特教机构的管理涉及多个政府部门，各部门之间的职责划分不甚清晰，有关民办特殊教育的政策文件也模糊笼统。

第二，社会资源难以汇聚。民办特教机构通过公益平台对接社会援助、寻求社会捐款，但社会捐款缺乏规范的管理。目前青岛市社会捐款规则混乱，政府对于社会援助态度模糊，个人捐款和社会捐款无法得到官方的保障，未设置鼓励捐款、奖励慈善等长效推动机制。社会捐款呈现出分散化、零散化、短期性的特点，机构所接受的社会援助无法为其长期发展提供保障。

第三，家庭信任难以培育。民办特教机构的发展需要家校双向互动，但因其本身的民办身份，难以获得家庭的信任。在选择特殊教育机构时，家长天然更倾向于选择具有官方和权威性质的公立机构，对于民办特教机构的资质证明、师资力量、专业能力信任不足。

五、民办特殊教育机构良性发展出路建议

（一）强化政府主导能力

民办特教机构的发展需要政府长期关注并提供政策支持。

第一，完善政府资源供应机制。将特殊教育水平纳入教育督政指标，对地区特殊教育机构的发展情况进行考核；定期审查并提出有针对性发展对策，对难以维持的特教机构进行整合；提高重视程度，确保特殊教育资金投入。

第二，畅通多元主体信息交互途径。建设特殊教育数字服务平台，依托平台对机构运营和发展状况进行认证；搭建线上线下社会援助平台，通

过多元资助保障特教行业发展；街道、社区定期组织募捐活动，推动当前的募捐途径、捐助去向进一步透明公开化。

第三，出台相关政策支持。出台相关政策，明确民办特殊教育机构从职人员的职称、待遇等，提升教师存留率；还可以出台政策提高义务教育阶段特殊教育生均用经费的补助标准，鼓励金融机构与民办特教机构合作。另外，规范特教行业的各项相关规定，明确制定民办特教机构的审批程序，扫清民办特教机构的登记障碍。

（二）完善机构自身建设

受限于自身固有发展模式，民办特教机构存在较多缺陷，亟须改进。

第一，主动寻求政府合作，提高公共服务水平。民办特殊教育机构应当提升对当地特殊儿童情况的了解，从而精准提供教育康复服务。可主动与民政局、卫生局等政府部门接洽，搭建多主体合作平台，形成特教行业发展合力。

第二，主动"走出去"，树立对外交流意识。可与周边特教机构建立长期稳定的友好合作关系，定期走访学习特教先进成功经验，定期更新丰富课程体系，完善康复评估机制，不断提升自身专业能力。

第三，"变"中求"破"，打通社会宣传路径。民办特殊教育机构需要不断变革对外宣传方式，例如通过打造创始人个人 IP、制作公益宣传片、开展家校座谈会等方式提升特教机构的社会影响力。同时，利用当地电视台、影响力较大的自媒体运营者进行社会面宣传。

第四，加强自身建设，提升机构能力。在基本解决资金缺口问题后，机构后续建设应重点放在教学质量提升和设施健全上，及时完善各类设施，倾斜资金用于教学、医疗设施购置。

（三）凝聚社会整体合力

当前社会民众对民办特教行业的认知度和参与度远远不足，基于此，提出以下两点建议。

第一，聚合多元力量支持，建立长效合作机制。社会组织可与民办特殊教育机构建立定点合作伙伴关系，定期组织志愿服务活动，阶段性提供特教机构所需的物资、资金等支持；多家企业可联合设立公益资金，改善民办特殊教育机构的物质条件。

第二，培育公益文化，塑造社会价值观。可在全社会加强对扶助弱小、关心弱势群体的价值理念的宣传，通过表彰"优秀公益个人""公益之星"等方式，在全社会营造公益文化氛围。

（四）发挥家庭支持作用

针对特教家庭对民办特教机构配合度低、主动性差、信任不足等问题，提出以下两点建议。

第一，重视家庭责任，化被动为主动。家庭必须强化自身的主体意识和责任意识，承担起特殊儿童的养育义务。家长要主动关心特殊儿童的恢复状况，定期询问机构特殊儿童的动态，及时与学校教师保持联系，积极主动介入特殊儿童教育。

第二，完善家校合作机制，构建家校协同模式。家庭应积极参与学校举办的各项活动，机构应主动联络特教家庭，定期举办家校座谈会向家庭汇报特殊儿童的恢复情况。

"破窑洞"华丽蜕变"民宿园"："人钱"两难困境下闲置宅基地的改革之路

新疆农业大学

史彦松　许倩倩　罗佳琪　祁佳宁　程京龙　李　婕

指导老师：王承武　阿依吐尔逊·沙木西

【摘要】随着乡村振兴战略的全面推进，农村发展与土地利用之间的矛盾日益突出，如何激活农村宅基地的资产价值成为近年来热议的话题。综合开发利用农村闲置资源是保证贫困地区脱贫后不返贫、稳定发展的重要任务，合理开发利用农村闲置宅基地成为当今农村发展建设的关键。河南省三门峡市马坡村曾为省级贫困村，在脱贫攻坚战取得阶段性胜利后，马坡村充分挖掘特有的台塬地貌自然环境、古朴的村落、淳朴的民风等资源优势，实施"田园马坡"美丽乡村建设，建设"窑洞民宿文化园"，打造"田园会客厅"，为广大村民脱贫后不返贫和壮大集体经济提供有效保障。本案例以河南省三门峡市马坡村闲置宅基地的综合开发利用为例，通过实地考察与访谈、发放调查问卷，收集第一手数据资料，运用定性和定量分析的方法，总结三门峡市马坡村闲置宅基地的改造利用情况，探索农村闲置宅基地有效利用难题的破解之道，实现闲置宅基地的综合开发利用助力脱贫攻坚和乡村振兴稳固推进。

【关键词】乡村振兴；闲置土地；宅基地；三门峡市马坡村

案 例 正 文

引言

马坡村窑洞民宿园建成了！

马坡村总面积为 4.7 平方公里，下辖 3 个自然村、4 个村民组，共有 330 户，1286 人，是省级贫困村。截至 2020 年，有建档立卡贫困户 81 户，303 人。① 现阶段，马坡村村级活动场所面积有 1300 余平方米，党员活动中心、党群服务中心、图书阅览室、文化活动场所配套设施齐全。马坡村组织开展了集体产权制度暨"三变"改革工作②，成立了股份经济合作社，建立健全管理制度，对全村人口进行身份认定、清产核资、股东核定和股权配置。经过核查可知，集体可用资金账面余额为 31 万元，资产折价为 304 万元，资源总量为 7635 亩。

马坡村党支部重视党建、情系民生、大胆探索、有益尝试，紧紧围绕"五好支部"创建目标，按照"强基础、建机制、促发展"的工作思路，准确审视村情，深入开展创先争优活动，充分发挥支部引领和党员的示范带头作用，紧紧依靠项目带动，突出产业配套，不断加强新农村建设，着力改善群众生产生活条件。村党支部以精准扶贫为契机，把建设"文化马坡、田园马坡、生态马坡、和谐马坡"作为发展的终极目标，整合各方面的资源，强力推动村集体经济发展，极大地改善了马坡村的生产、生活条件。马坡村将沿黄（河）休闲旅游产业发展和美丽乡村建设紧密结合，依托马坡村梯田式地势，打造了一批具有浓郁传统文化和地方特色的"田园马坡"古村落群，使天鹅观赏③和庭院休闲餐饮等产业成为群众致富和壮大集体经济的重要支撑。

2019 年，马坡村开始对全村闲置宅基地逐户进行核准，并以租赁方式将闲置房屋推向市场，建设马坡村"窑洞民宿园"，打造"田园会客

---

① 数据来源于马坡村"村情简介"公示栏。

② 农村"三变"改革是指通过市场化运作方式，深入开展农村资源变资产、资金变股金、农民变股东等三项改革。

③ 三门峡市每年有上万只天鹅在黄河湿地栖息越冬，天鹅观赏成为三门峡市一道靓丽的风景，因此三门峡市也被誉为天鹅之城。

厅",为村民增加财产性收入。马坡村窑洞民宿园从最初的提出意见到项目施工再到现如今的初具雏形,经历了5年时间。功夫不负有心人,马坡村窑洞民宿园一经建成,就受到了《三门峡日报》、大河网和三门峡西部在线等媒体的争相报道,带来了一波窑洞民宿热。马坡村窑洞民宿园项目还被三门峡市文化广电和旅游局以"湖滨区马坡村——租个院子过上向往生活"为题进行乡村旅游特色村展示。马坡村以深入农村精神文明建设为切入点,实施美丽乡村建设,推进移风易俗,推动了民风村风逐渐形成。马坡村先后获得了美丽乡村建设"市级优秀精品村"和"区文明村"等多项荣誉称号。

马坡村现阶段取得的优异成绩源于对闲置宅基地改造利用改革的艰难探索。本案例通过实地考察与访谈、发放调查问卷收集第一手数据资料,运用定性和定量分析的方法,总结了三门峡市马坡村闲置宅基地的改造利用情况,探索农村闲置宅基地有效利用难题的破解之道,助力脱贫攻坚和乡村振兴稳固推进。

一、"民宿园"破局"破窑洞"

2015年,马坡村为省级贫困村,在生产、生活等方面无法满足村民的需求。马坡村距市中心有着近十公里的距离,村子里面道路狭窄,村里仅有的一条主干道实现了水泥硬化,从市区到马坡村的班车每日运营时间较短[①],距马坡村最近的站点需要步行30分钟左右才能到达,村民出行十分不便。由于离市区较远,马坡村村民每年种植的粮食销售成为问题,大多数情况下村民只能将粮食卖给收粮的粮贩子,每年的经济收入大打折扣。马坡村仅有的一座小学也因为教育质量较差、师资力量匮乏、学生没有体育运动场所等问题而最终关闭,村子里面的孩子接受教育成了问题。而且,马坡村的医疗水平比较落后,只有一位上了年纪的乡村医生和一间卫生室[②],村民如果生病,治疗比较困难。"以前我们村的村民主要以外出务工为主,日子过得并不富裕。"谈起以前的光景,马坡村党支部书记马建红颇为感慨。村子里面的年轻人都想去城里打工,不愿意留在村子里

---

① 班车仅在每天11:00—17:00运营,且半小时左右才发一班车。

② 新医改以后,国家将村级医疗机构统一称为村卫生室。由于资源有限,马坡村卫生室现设在村民委员会院内。

种地，留在村子里的大多数是老年人，年龄在 55～59 岁、60 岁及以上的人分别占调查总人数的 25.93%、24.07%，村子里面闲置的耕地占调查总耕地面积的 31.21%，户均闲置耕地 0.75 亩。① 这威胁了我国"18 亿亩耕地保护红线"，既不利于耕地保护，也不利于马坡村未来长期的发展，极易导致现阶段已经脱贫的村民再次返贫。村子里留下来的不仅仅是老人，还有一孔又一孔空落落的窑洞。外出的村民为了生活、工作的方便，大多选择在城里买房或租房，在马坡村留下了一座座空院子。

窑洞是中国西北黄土高原上居民的古老居住形式，一般有靠崖式、下沉式、独立式等形式，其中靠崖式窑洞（靠山窑）应用较多。这一"穴居式"民居的历史可以追溯到四千多年前。我国人民巧妙地利用高原有利的地形，凿洞而居，创造了被称为绿色建筑的窑洞建筑。在过去，一位农民辛勤劳作一生，最基本的愿望就是修建几孔窑洞，有了窑娶了妻才算成了家立了业。窑洞是黄土高原的产物，它沉积了古老的黄土地深层文化，凝结了这片土地劳动人民的智慧和情怀。

如何巧妙地将村子里现有的资源综合利用起来，带动马坡村集体经济发展，壮大村集体经济，让还没有脱贫的村民脱贫致富，让已经脱贫的村民巩固脱贫攻坚成果，为马坡村的经济发展注入新鲜血液，使村民的生活水平进一步提高，这成为马坡村党支部的重要课题。马建红书记经常骑着他的电动车在村子里转来转去，尽管这里的每一寸土地他都已经无比熟悉，但他还是不愿放过每一个能够让马坡村脱贫致富的"犄角旮旯"。马书记经常召开村支委会、村民委员会进行讨论，让村委干部提意见，让党员同志出主意，让村民群众一起为村子的发展提建议。

马书记在村子里面转的时候，一座座荒废的院子引起了他的注意。这些院子大多是荒废了许多年的窑洞，门楼破旧不堪，门扇还是老式的木门，也早已关不严了，有的房屋甚至已经没有门窗，破败不堪。窑洞有一个特点：越是有人住，越有烟火气，就越不会倒塌；一旦荒废那么几年，就会濒临倒塌，很难再住人。村子里面这么多闲置的宅基地——窑洞，极具有当地的农村特色。俗话说"物以稀为贵"，窑洞这种房子，住在城里的人不能天天见到。马书记想到：为什么不能把这些废旧的窑洞装修改造一下，做成田园农家乐呢？这样既提升了村集体的经济收入，也解决了一

---

① 数据来源于笔者问卷调查数据整理。

部分村民的就业问题，更改善了村容村貌，这简直是一举多得的好事啊！

有了这个想法，马书记开始反复和村委其他干部开会讨论，并且积极征求部分村民的意见，了解村民们的想法（图1）。村里讨论完，觉得方案可行，又向区政府打报告、提建议。三门峡市湖滨区区政府经过多次开会讨论，觉得这是个带动农村经济发展的好办法。相关部门经多次讨论研究，终于拍板，决定以马坡村为试点村，如果成功的话便让区里面有类似资源的村子都这样办，以带动湖滨区的经济发展。同时，区政府决定将马坡村周围的几个村一同进行建设，打造沿黄旅游特色景点。在豫西这片黄土地上，窑洞是人们的传统民居，马坡村这里的房子很有特色，一座连一座，一层重叠一层，错落有致。整个村子依山就势、顺山势而行，与自然相连，层层而上的房屋形成了一级级的台阶，层层叠叠、错落有致，古朴无华、别有韵味。

图1　马坡村"两委"① 干部讨论

———————————

① "两委"指村党支部委员会和村民委员会。马坡村"两委"干部6人，其中村党支部委员4人，村委委员3人，交叉任职1人。全村党员48人。

就这样，湖滨区的一座座古村落纷纷转型，摇身一变，成了"网红"民宿或者田园农家乐。当地在尊重和保护传统遗存的基础上，对废弃民居进行设计改造，整合为不同主题的特色院落，打造成"田园会客厅"。如今，村里发展了乡村旅游和民宿窑洞，旧窑洞焕发出勃勃生机，再次改变了当地人的生活。村子如何发展的问题算是初步解决了。

二、"民宿园"建设遭遇"人钱"两难

（一）"人"——村民意愿难协调

马坡村修建"窑洞民宿园"的消息一出，村民们便议论纷纷，众多问题随之而来，其中最为突出的就是村民意愿难协调。村子里有那么多闲置、废弃的窑洞，先修谁家、后修谁家呢？将哪些院子作为"窑洞民宿园"第一批建设点呢？这些问题让马书记和马坡村的村民都犯了难。

每户村民的情况不同，村民们也都有自己的想法。有的村民想让村子里修，但是地理位置不好；地理位置好的窑洞吧，村民又想自己住，交给村集体去修，自家便没了住的地方。同时，村民对于"窑洞民宿园"建设项目还心存顾虑。"村子里每家每户都有的'破'窑洞，改造修建之后，就有城里人来住吗？到时候窑洞修好了，租不出去怎么办？这不是白白浪费钱么……"不少村民发出这样的疑问。修建"窑洞民宿园"当然要秉持村民自愿的原则，要征得闲置宅基地使用权所有者的同意才行，但村民的意愿却难以协调。

为了解决这个问题，村委经过多次讨论，提出了两种方式。一种是村集体出钱，修建破旧窑洞，但是修好之后村集体要无偿使用20年，20年之后，将使用权归还；另一种是村民自己出钱修建，修建好之后，可以选择租赁给村集体，也可以选择自己居住。如果不修建的破烂窑洞较多的话，就会影响村容村貌，不利于"窑洞民宿园"的建设。城里人来到村里一看，窑洞修得挺好，但环境属实令人难以接受，长此以往，便再也没有人来这里消费了。这样的话，"窑洞民宿园"的经济效益必然会受到影响。所以，村里大多数窑洞都需要修建改造。

有的村民已搬迁到了市里居住，并且以后也没有回村养老的打算，这部分村民非常愿意将自家的窑洞交给村集体去修建。有的村民虽然在市里面买了房，但是觉得村里的环境更加适合养老，还是想以后回村养老，居

住自家的窑洞。一方面，他们想交给村集体去修建，但又觉得20年租期未免过长，不符合自己的时间规划以及对宅基地的使用计划；另一方面，觉得自己近几年不回村居住，如果现在就修建改造，毫无用处。这部分村民陷入了修与不修的两难境地。还有一部分村民，家中的年轻人在市区买了房，老年人却留恋故土，选择住家里的窑洞，但没有经济支撑修缮窑洞，而家中的年轻人又觉得修建窑洞没有价值，不值得去投资。这部分村民家庭内部产生了矛盾，也陷入了修与不修的困境之中。

（二）"钱"——建设资金筹措难

除了村民意愿难协调之外，还有一个棘手的问题，那就是建设"窑洞民宿园"的钱从哪里来？马坡村作为省级贫困村，每年村集体的经济收入仅有9.03万元，进行闲置宅基地改造，钱从哪里来成为一大问题。改建废旧窑洞，打造"窑洞民宿园"，这可不是一个小项目。修建一孔窑洞容易，但是修建这么多孔窑洞可不是容易的事情，需要的资金也绝不是村集体每年的这点经济收入可以支撑的。村子刚刚脱贫，大多数村民每年的收入也只是刚刚能够满足日常生活开销，哪里还有闲钱拿去修这些破旧窑洞？

村子里面的基础设施也比较落后，就算修成了"网红"民宿，不说别的，单是泥泞的村道这一条便会让人望而却步，村里面道路的宽度也只能允许一辆汽车经过。"村子里面没有专门的文化活动场所，难道城里的人来了只住在窑洞里面吗？没有相关的配套游玩设施，也就没有吸引力，最后这些窑洞建了也是白建，根本不能为村集体带来收益，反而还需要一大笔费用去修缮。"马坡村党支部书记马建红十分激动地说。"我们不仅仅要修建窑洞，还要打造成为'窑洞民宿园'。既然是一个园子，那光有窑洞肯定不行。我们还要修建一系列我们马坡村特有的旅游景点，要形成自己独特的吸引力。"

马坡村虽然自然环境优美，但尚缺乏合理的规划整治，整体环境显得杂乱无章，村子里面卫生状况也极差，修建改造这些，还需要一笔不小的数目。

三、试点先行——除"人"难调之障

在筹资建设"窑洞民宿园"的同时，马坡村村委鼓励现阶段仍住在村子中且有一定经济能力修建窑洞的村民进行自我修建,既可以改善自家居住环境,又能使村容村貌焕然一新。村民的自我修建可以为建设马坡村窑洞民俗文化园营造一个良好的环境基础。

不同的村民有不同的需求,对农村宅基地的依赖度也不同。马坡村"两委"干部经多次开会讨论,提出了多种闲置宅基地的修缮方案,决定先选择3座院落进行试点建设,由村集体和宅基地的现使用者签订宅基地使用权转让合同,以确定宅基地使用权流转的合法有效。同时,鼓励村民进行自家房屋修建,并自愿选择把窑洞承包给村集体、自行修建或暂不修缮。

选择3座院落进行试点建设,既能有效地打消村民"修好了窑洞,没人来住怎么办"的顾虑,也减少了马坡村"窑洞民宿园"建设的风险,使村集体和村民的利益得到了一定程度上的保障。目前,最先修建的3座院落已经投入运营,并且取得了可观的经济效益。2021年,帮扶企业三门峡灿兴建筑材料有限公司对村内2座窑洞进行了整体民宿化改造,到年底打造完成了9处特色民宿小院。现在越来越多的村民愿意将自家闲置的宅基地使用权流转租赁给村集体,这减少了村民自我经营窑洞的风险。

一部分村民想对自家的窑洞进行修建,却受困于资金不足,向银行贷款又面临利息高、周期长等问题。对刚刚脱贫的马坡村村民来说,贷款的金额少了,对修建房屋无济于事;贷款的金额大了,以后能不能还上又成了未知数。后续,这部分村民由村集体作为担保人,以个人名义向银行借贷,银行为村民提供了低息贷款,延长了还款周期,还简化贷款流程,缩短了到账时间,切实为村民的利益考虑。

还有一部分村民有修建窑洞的经济实力,但是因为打算过几年进城买房,认为投资修缮自家窑洞没有意义,但如果现在将宅基地使用权交给村集体,就没地方住。对于这部分村民,马坡村"两委"干部也表示理解,并且不强求其进行房屋修建。

四、多方融资——解"钱"难筹之困

(一)巧遇时机

马坡村借力美丽乡村建设、环境整治等契机,加强村内基础设施建设,为村民们营造干净、整洁的宜居环境,切实提高了群众生活的幸福指数（图2）。从2021年1月至今，村内道路绿化约3600米，主要栽植红叶李、国槐树、黄杨球、粉黛草等总计20000余株。同时打造了2亩景观游园1处，园内栽植玫瑰花、黄杨球、鸢尾、樱花、碧桃等4500余棵，安装喷灌设施1套；村民房前屋后种植果树如石榴、樱桃约2000棵。村庄道路绿化和景观游园项目共计投入了25万余元，完成后与村内参天古槐美景交相辉映，有效提升了村内的人居环境。同时，通过废旧物品利用，打造特色文化，在村内回收村民磨盘、水缸、碾滚等旧物件，变废为宝；打造入村道路文化墙200余米，入村道路梯田护坡栽植黄花菜、迎春花1万余株；打造农耕长廊一处80余米，共17个隔间，总计投资60余万元。为节省资金，村党员干部全员上阵，自给自足，从施工地拉来废弃道路道牙2000余块，用于村内道路景观提升。"现在的环境真是好，我和老伴在游园里早上晨练，晚上散步。"村里刘大爷谈起村内的变化，笑得合不拢嘴。

图2 马坡村建设现况缩影

村内的基础设施建设,极大地改善了村容村貌,使"窑洞民宿园"的环境得到了质的飞跃,也为"窑洞民宿园"的建设提供了坚实基础。

习近平总书记在黄河治理问题上提出:"强调扎实推进黄河大保护,确保黄河安澜,这是治国理政的大事。"近年来,三门峡市湖滨区立足生态宜居的发展定位,围绕黄河流域生态保护和高质量发展战略,挖掘沿黄观光、自然山水、田园风情等要素,完善乡村旅游布局,促进了文旅、农旅、体旅融合。借三门峡市黄河治理的契机,马坡村凭借优越的地理位置,把从市区到马坡村的道路全面扩建,拓宽为原来的两倍。同时,又借三门峡市大力发展黄河流域乡村旅游产业之机,马坡村着力打造"田园马坡"乡村旅游建设项目。

(二)财政支持

为了解决资金问题,村党支部马建红书记隔三岔五地往区政府跑,申请项目经费。但是政府财政压力大,同时又赶上 2020 年以来疫情暴发,在疫情防控方面投入了大量的资金,所以没有较多的资金投入到马坡村"窑洞民宿园"的建设中。不过,区政府十分重视马坡村乡村振兴的建设与发展,相关部门在认真讨论后,批准了马坡村的项目经费。马坡村在此项目上前前后后申请了 467.75 万元经费,但最终有 172.45 万元未获批准。

马坡村是省级贫困村,村里的基础设施比较落后,村民们没有活动场所,缺少文化活动空间。马坡村申请了财政扶贫资金 30 万元和乡财政资金 5 万元,打造了马坡村文化舞台(图 3),以加快农村旅游资源进入市场,建立以城带乡、以旅助农的长效机制,丰富群众的文化生活,培育农村经济的新增长点。文化舞台不仅承载着丰富村民文化生活的任务,在农收期间,这里还成为打谷场、晒粮地,实现了资源多元化、集约化利用。

图3　马坡村文化舞台

（三）企业帮扶

自 2020 年 6 月 18 日与马坡村结为帮扶对子以来，三门峡灿兴建筑材料有限公司的总经理马坤祥和三门峡兴隆混凝土有限公司的总经理吴振坤先后多次到村了解情况，与村委干部进行了深入交流。在了解到马坡村基础设施建设比较薄弱、影响群众生产生活时，马坤祥和吴振坤经过短短 5 分钟的商量，便当即决定分别捐资 3 万元，用于改善马坡村人居环境的基础设施。

马坤祥和吴振坤帮扶马坡村的故事，还被选为三门峡市湖滨区社会扶贫 10 大感人故事。

（四）引进资本

村集体通过引进资本投资，与专业的旅游开发公司合作，建立了"企业（合作组织）＋支部＋农户＋基地"的合作社，由合作社负责资源整合和统一开发，把项目变为资产，把资产盘活，实现集体增收。通过合作社对窑洞民宿进行统一经营管理，村集体按照经济效益和入股比例分配红利，共享发展成果。

企业的进入为马坡村解决的不仅仅是资金的问题，更带来了创新性的"窑洞民宿园"管理措施与经营模式，解决了马坡村"两委"领导班子不懂乡村旅游业管理的问题，也解决了马坡村"窑洞民宿园"的园林设计和室内装潢的问题。"目前我们共打造了3个院落，村里的园林设计和室内设计都由我的团队负责，整个设计贴近自然，保持田园生活的原汁原味，力求让游客看得见山，望得见水，记得住乡愁，感受到光阴的故事。"民宿设计和经营负责人张彦辉说。这为马坡村的发展引入了人才资本，使民宿在更加贴合现代人的审美与生活需求的同时又不失乡村该有的韵味与风土人情。"我们的最终目的是形成带动示范效应，让更多的人参与到乡村旅游民宿发展中，形成特色乡村民宿集群。同时进一步深挖湖滨区当地的文创、民俗、非遗等文化，推动经济和文化融合发展。"张彦辉说。

马坡村现阶段按照政府引导、群众自愿、大户带动、循序渐进、流转有偿的原则，在明晰产权归属的基础上，采取租赁、股份合作等形式，推进民宿园的建设。目前，村内有2座窑洞在进行整体民宿化改造，2021年底打造完成了9处特色民宿小院。

五、结束语

依托于独特田园风光、窑洞文化和近郊位置优势，马坡村大力发展乡村"民宿+农家乐"。2020年以来，马坡村积极动员个人或公司以租赁方式进驻，将"沉睡"的古村"唤醒"成民宿。村前有黄河；村里老树林立，老井如初；房屋外观维持豫西传统窑洞的灰瓦石墙。"回不去的乡愁"在这里被具象化成"方便到的民宿"。

现阶段，已有部分特色民俗窑院对外营业，但马坡村不仅仅依靠窑洞民宿增长经济收益，如今还增加了垂钓、烧烤和村史馆三大板块，以切实增加村集体收入，确保村民真正地脱贫、不返贫。马坡村努力实现产业、人才、文化、生态、组织五大振兴齐头并进，打造一个"醉美马坡，畅想你我"的城市居民节假日休闲娱乐的好去处。

2021年，马坡村谋划建设两个农业蔬菜项目。其一是芽苗菜及盆栽蔬菜种植项目，占地1000平方米，建设冬季保温房1栋，主要种植销售豌豆苗、空心菜、芽苗菜、紫叶生菜、奶油快白等盆栽蔬菜共计20多个品种。该项目建设完成后，可直供三门峡市火锅店、酒店、超市及菜市场。该项目获得收益后预计每年可增加村集体经济收入5万余元，同时带动 8 名村民务工。其二是日光温室蔬菜大棚项目，占地 40 亩，种植面积 12500 平方米，计划投资 180 万元。建设 6 个大棚，每个大棚标准长 130 米、宽 16 米，种植反季节蔬菜。该项目建设完成后，预计年销售收入 150 万元，可带动周边农户 20 余人长期务工，带动村集体增加综合收益预计年收入 10 万元。同时，马坡村依托独特的地理位置优势，引入了资本活水，建成占地 500 亩的臻萃园葡萄庄园和占地 300 亩的天赐蓝莓特色农业种植基地，每年为村集体增加 10 万余元的集体收入，真正实现了农产品"火"起来。

如今的马坡村，吸引着四面八方的来客，以其质朴的美，勾勒出一个市郊山村乡村振兴的梦。展望未来，马坡村将会在湖滨大地的乡村振兴之路上尽情华丽蜕变。但是马坡村"窑洞民宿园"的建设才刚刚起步，我们不能仅限于眼前的成就，还应有长远的目标与规划。

乡村振兴，我们一直在路上！

思考题：

1. 对于马坡村"窑洞民宿园"这类缺乏资金的建设项目，扶贫攻坚是遵循国家扶贫大方针，还是要因地制宜呢？二者之间如何界定？

2. 在扶贫攻坚过程中，村里少数贫困人口脱贫动力不强，我们应注意哪些因素？可以选择哪些方法提高其内生动力？

3. 对于缺乏经济实力的村户，如何规避因少数个人而妨碍村子整体发展的问题？

4. 集体经营性建设用地入市尚处于起步阶段，法理与实务皆需进一步发展完善。对于企业以及个人，如何权衡机遇与风险？

案 例 分 析

一、马坡村宅基地流转创新分析

一直以来，宅基地是农民的基本生活资料和重要财产，也是农村发展的重要资源。从一个省级贫困村到贫困摘帽，马坡村用时 5 年。马坡村取得的成功无疑是脱贫攻坚政策成功的缩影。作为一个省级贫困村，马坡村的青壮年劳动力大量流失，宅基地大量闲置。从当时的情况来看，马坡村内古槐森然、鸟语花香，同时还存在大量的闲置宅基地——窑洞。有企业想要进入马坡村发展乡村旅游产业，这为马坡村"窑洞民宿园"建设的成功奠定了基础。马书记常说："要想做到脱贫、不返贫，就必须依靠土地政策来实现。"

（一）"土地入市"初尝试

随着我国城镇国有土地使用制度改革，党的十七大首次提出了"集体土地入市"。起初，"集体土地入市"仅仅是为了构建一个统一开放、竞争有序的现代市场体系，完善反映市场供求关系、资源稀缺程度、环境损害成本的生产要素价格形成机制。但在之后，"集体土地入市"被不断完善，在提高资源配置效率的同时也要发展要素市场，建立城乡统一、开放、竞争有序的土地市场，完善社会主义市场经济，发挥市场在土地资源配置中的基础作用，加快经济发展方式的转变。2018年，十三届全国人大常委会第七次会议表决通过了关于修改《农村土地承包法》的决定。

马坡村党支部书记马建红对村里现有资源进行整合，在明晰土地产权归属的基础上，采取租赁、股份合作等形式，解决了宅基地的闲置问题，最大限度地利用村落中的乡土资源，配合现代休闲理念，建成了极具乡土性的特色民宿。马坡村还运用集体土地入市的方法开始对全村闲置宅基地进行审核，以租赁的方式将闲置房屋推向市场，将闲置的宅基地提供给那些有意愿进入马坡村发展旅游产业的企业，与其合作建立"企业（合作组织）＋支部＋农户＋基地"的合作社，进行资源整合和统一开发，把资产盘活，实现集体增收，共享发展成果。项目建成后，将带动周边其他村民发展庭院经济和休闲餐饮产业，为村民增收致富和壮大村集体经济提供支撑。

"集体土地入市"为马坡村引入企业奠定了一定的基础。市场管理人员将马坡村的宅基地集结汇总，然后对企业方进行合法性审核（集体土地入市的经办人是否有集体经济组织的委托，提供的集体土地是否有合法的产权，土地用途是否符合土地用途分区的用途管制规则）。

（二）"三权分置"指方向

"三权分置"在马坡村"窑洞民宿园"项目上也起了关键性的作用。

所有权确保了马坡村村民可以自己决定闲置宅基地的使用方式，如自己开发、租赁。使用权明确了马坡村村民对闲置宅基地的支配方式。资格权清晰了马坡村村民和企业之间的权利。实施"三权分置"，重点是放活资格权，核心要义是明晰赋予资格权应有的法律地位和权能，放宽准入路径，准许企业或合作社的进入，是继家庭联产承包责任制后又一重大制度创新。"三权分置"是农村基本经营制度的自我完善，符合生产关系适应生产力发展的客观规律。

马坡村的大胆革新使马坡村成功脱贫。到 2021 年为止，马坡村在产业项目上的贫困人口有 60 余人，年人均增收 8000 元以上；辐射带动 12户贫困户种植葡萄 20 余亩，每年增收 6000 元；产业覆盖贫困户 81 户，每户每年分红 700 元，且贫困户就近务工，日均工资 100 元左右。

"集体土地入市"和"三权分置"同为与宅基地相关的土地政策，但在马坡村旅游产业中各自起着不同的作用。综上所述，利用闲置宅基地脱贫，是一种脱贫的新方式，马坡村的成功是可供借鉴的。

二、"窑洞民宿园"建设融资创新分析

在我国全面推进乡村振兴战略的进程中，如何解决乡村建设资金短缺的问题，成为众多乡村发展所面临的难题。回顾马坡村"窑洞民宿园"的建设，项目建设前期也同样面临了建设资金筹措难的问题，但经过多方融资、引进资本，难题得以化解，最终马坡村在乡村振兴的康庄大道上一"马"当先。

马坡村每年村集体的原有经济收入仅有 9.03 万元，村民的经济收入也仅仅足够家庭的一年开销，几乎没有余留的钱可以拿出来去修建自家窑洞。同时，马坡村的基础设施不够完善、"窑洞民宿园"的相关配套设施不健全、自然环境尚未进行规划、卫生状况较差，这些方面的建设都需要大量资金的投入。作为一个刚脱贫的省级贫困村，面对资金短缺这一难题，马坡村通过以下四种方式进行多元集资，保证了"窑洞民宿园"建设稳步推进。

（一）财政资金定基调

马坡村人居环境建设是马坡村脱贫攻坚建设的重要工作。这种农村公共基础设施建设具有公益性和政府性，因而政府必须配置资源。乡村人居

环境建设具有投资大、建设周期长、效益回收困难等特点，具有较大的公益性。政府主管部门通过立法以及出台一些乡村振兴的扶持性政策、法规，加大了对乡村发展的支持力度，为乡村发展资金筹措提供了市场化融资的制度和法律保障。

从理论上说，乡村人居环境建设资金大部分应该来自国家的财政投入，但由于资金需求巨大，中央和地方财力有限，无法提供乡村人居环境建设所需的全部资金。

（二）企业帮扶助发展

2019年是打赢脱贫攻坚战的关键一年。为了广泛凝聚合力，助力脱贫攻坚有实效，区工商联持续深化"百企帮百村"精准扶贫行动，推行"一企帮一村""一个爱心人士帮一户"的工作机制，充分调动全区广大非公有制经济人士的积极性。马坡村的帮扶企业三门峡兴隆公司和灿兴公司为改善马坡村的人居环境分别捐款了3万元，为助推贫困村、户经济发展做出了积极贡献。马坡村是这两个公司的帮扶对象，马坡村的脱贫攻坚和乡村振兴也为两公司产生了经济效益。另外，企业通过合作社的形式对窑洞民宿进行了统一经营管理，村集体按照经济效益和入股比例分配红利，企业和村集体就能共享发展成果。"企业帮扶"有效地解决了资金问题。

（三）引进资本谋长远

第一，集体土地入市试点地区的项目大体具有"区位融合、规模优势、功能复合、带动力强"四大特征。首先，"区位融合"。马坡村地理位置良好，附近有天鹅湖国家城市湿地公园、三门峡虢国博物馆（虢国公园）、三门峡大坝、宝轮寺塔、三门峡相传砥柱、三门峡黄河古栈道等旅游景点，还有雏鹰、黑猪、虢州澄泥砚、三门峡猴头等特产。马坡村因地制宜，彰显当地特色，实现了农村荒废土地资源的有效整合，节省了资金。其次，"规模优势"。马坡村全村总面积为4.7平方公里，耕地面积为1610亩，紧邻马坡水库，集体可用资金账面余额为31万元，资产折价为304万元，资源总量为7635亩，规模宏大。再次，"功能复合"。马坡村不仅可以发展旅游业，还可以发展产业，如生产葡萄、蓝莓、核桃、花椒等，为乡村发展提供了一定的经济基础。最后，结合"区位融合、规模优势、功能复合"，可以激发农业农村内生增长、促进乡村振兴、促进新型旅游高质量发展、盘活农村存量土地资源、吸引农村人口返乡创业，从而具有"带动力强"的特点。

第二，充分利用资本市场的融资功能，打造有效的多元化融资体系，促进乡村振兴全面发展。首先，宅基地的"三权分置"，既可以利用闲置的土地资源，又可以给农民带来直接的经济效益，使闲置农村宅基地成为乡村振兴产业的载体、农民增收的资源。改革的目的就是进一步盘活宅基地，为农民扩展增收渠道。在"三权分置"政策的影响下，马村党支部书记马建红带领村民在明晰宅基地产权归属的基础上，采取租赁、股份合作等形式，最大限度地利用好了马坡村中的乡土资源。

2020年以来，马坡村积极动员个人或公司以租赁方式进驻，将"沉睡"的古村"唤醒"成民宿，将马坡村的闲置宅基地改造为田园农家乐。乡村"民宿＋农家乐"的格局提升了游客的度假情致。

其次，引入资本活水，马坡村将闲置土地规划了起来，引入农业类企业前来发展各类庄园。目前，建造了臻萃园葡萄庄园和天赐蓝莓特色农业种植基地，每年可为村集体增加10万余元的集体收入。

（四）经营模式多元化

1. 城乡融合发展模式

在马坡村，众多青壮年背井离乡外出务工，村中宅基地闲置，平时村里只有老人和留守儿童。这一现象造成土地资源的浪费，增加了乡村社会安全隐患，隔代教育也容易导致孩子成长问题。为了解决这些问题，马书记带领村委小组提出了城乡融合发展的模式，即将城镇的资源与乡村打通，让乡村居民能够享受到城镇的资源与服务。为此，马坡村建立了乡村振兴与新型城镇化的联动机制。在推进新型城镇化的过程中，鼓励城市资金、技术、人才等要素向农村流动，推动城市基础设施和公共服务向农村延伸，充分发挥城市对农村的带动和辐射作用，推动马坡村城乡融合，促进马坡村全面振兴。

2. "合作社"发展模式

农村合作社在乡村振兴发展体系中发挥着重要的作用。马坡村通过引进资本，与专业的旅游开发公司合作，建立了"企业（合作组织）＋支部＋农户＋基地"的合作社管理发展模式。合作社主要负责资源的整合和统一开发，将一个个项目变为资产，然后将资产盘活，实现集体增收。通过合作社对窑洞民宿进行统一经营管理，企业和村集体按照经济效益和入股比例分配红利，共享发展成果。"合作社"的模式相比于分散的方式，更加符合农村经济的发展。马坡村的"合作社"模式既能够让窑洞得到统一高效的管理，又能够提高马坡村村集体的经济收益，带动了马坡村的经济发展。

3."互联网＋"发展模式

马坡村积极运用好了"互联网＋"、电商、大数据等网络资源，探索新型乡村旅游，创新乡村旅游管理。为什么要进行"互联网＋"的创新发展模式？其一，马坡村的旅游品质虽好，但市场知名度和占有率较低，提升马坡村乡村旅游特色产业的开发质效是当务之急。其二，马坡村新型旅游产业起步较晚、规模小，特色农产品加工业块头小、发展严重滞后。其三，田园综合体、农村电商等新业态刚刚起步，辐射带动不够。而在"互联网＋"的协助下，马坡村可以更快速、简便、高效地将马坡村的特色"窑洞"宣传出去，提高马坡村在旅游行业的知名度。

三、"窑洞民宿园"建设民意协调创新分析

村集体是调节的"中间人"，也是行政处理的"裁判员"。"窑洞民宿园"建设，情况复杂，协调村民意愿、让闲置窑洞充分发挥其最大价值，颇为关键。马坡村通过宅基地改革试点、引进资金和差异化处理等办法有效协调了民意。

（一）试点先行——妥善消除村民忧虑

村集体决定先选择3座院落进行试点建设，由村集体和宅基地的现使用者签订宅基地使用权转让合同，以确定宅基地使用权流转合法有效。此次试点先行让部分村民愿意将闲置宅基地交与村集体管制与经营，宅基地使用权转让合同的签订提高了村民对"窑洞民宿园"建设政策的信任度，保障了村民的宅基地资格权。在征得宅基地所有权人同意的前提下，鼓励农村村民在本集体经济组织内部向符合宅基地申请条件的农户转让宅基地。

（二）资金保障——切实解除村民顾虑

部分村民资金不足，无法修建窑洞，村集体与区政府、银行交涉，银行给予了优惠贷款政策。村集体建立了风险保证基金，鼓励村民把宅基地

租赁给村集体，并向村民保证，若这个项目不赚钱，村民无须承担风险，既减少了村民担心亏本的顾虑，也保障了村民的财产安全。村集体对借贷合同进行担保，村民作为借款人无须承担信用风险，加大了金融支持乡村旅游经济的力度。

（三）窑洞处理——一切尊重村民意愿

村集体鼓励村民盘活利用闲置宅基地和住宅，通过自主经营、合作经营、委托经营等方式，依法依规发展农家乐、民宿、乡村旅游等。城镇居民或村集体租赁村民窑洞开展经营的，必须严格遵守《合同法》的规定，租赁合同的期限不得超过二十年。合同到期后，双方可以另行约定。在尊重村民意愿并符合规划的前提下，鼓励村民积极开展特色窑洞修建，建设出满足村民宅基地需求、村庄建设和乡村旅游产业发展共存的"窑洞民宿园"。村民闲置窑洞的所有权、资格权和使用权"三权分置"，明确了宅基地国家/集体所有、地上建筑农户个人所有、经营收益经营者所有，增加了村民财产性收入。

对进城落户的农村村民，可通过多种方式鼓励其自愿有偿退出宅基地。但不得以各种名义违背农民意愿强制流转宅基地和强迫农民"上楼"，不得违法收回农户合法取得的宅基地，不得以退出宅基地作为农民进城落户的条件。深入调查窑洞闲置现象，可了解窑洞闲置的数量、类型和分布特征，分析其成因。在此基础上，考虑农户意愿，还可从理论、技术、政策与制度等方面深入探索对策与措施。

四、优化建议

（一）盘活闲置宅基地

集体经营性建设用地入市，一直是健全城乡融合发展体制机制、推进新型城镇化的关键措施，允许进城落户的村民依法自愿有偿退出宅基地，鼓励农村集体经济组织及其成员盘活利用闲置宅基地和闲置住宅。《土地管理法》和《土地管理法实施条例》为集体经营性建设用地入市清除了法律障碍，是完善和健全土地管理制度的重大举措，不仅有利于建立城乡统一的建设用地市场，还有利于增加农民财产收入，推动乡村振兴。但集体经营性建设用地入市尚处在起步阶段，法理与实务皆须进一步发展完善。对于企业以及个人来说，既要抓住机遇，也要深刻理解制度规定，规避风险。

（二）拓宽资金投入渠道

贫困村发展乡村旅游，带动村民脱贫致富，需要社会资金和政府资金的投入，以便进行整体保护性开发。一是增加乡村资金投入，加大财政转移支付力度，保障农村基础设施建设和公益支出。二是引入资本活水，流转闲置院落，让"死资产"提档"活资本"。三是引导农信等金融部门加大对乡村旅游发展的贷款资金扶持，在新型经营主体项目建设、融资贷款和其他政策优惠上予以重点倾斜。四是调动企业和社会各界参与实施乡村振兴战略的积极性，助力村集体经济发展。

（三）保障村民合法权益

产业发展需要尊重村民对闲置宅基地的处置意愿，从制度设计上保障宅基地使用权转让双方的利益，提升宅基地经营者的信心，增加对宅基地的改造投入。在产业发展和规划建设的同时要注重对原住民传统文化习俗的保存与开发，让乡村更美丽而非让乡村变成城市。可鼓励村民在自己的宅基地上建设特色民居，开发出体现地方特色和传统文化的休闲农业项目，增加农民收入。

（四）多位一体推进规模经营

以宅基地等生产要素流转重组为纽带，积极探索发展适合当地特点的"村社（村委会与专业合作社）合一""村企（村委会和农业企业）合一""多位（企业＋专业合作社＋农户的农业产业化联合体）一体"等新的经营模式，通过经营模式的创新，将村组变成经营实体，提高农民组织化程度和整体竞争力。推进窑洞旅游经营，实现村集体经济稳定提升。建立健全宅基地流转、宅基地抵押、宅基地托管等机制，盘活闲置宅基地旅游经营主体手中的资源，促进经济效益的最大化。加快扶持培育新型经营主体发展，为村民提供发展前、发展中、发展后的服务，推进农村特色民宿运营系统完整化，实现经营规模化。

五、结束语

自中华人民共和国成立以来，中国共产党带领人民持续向贫困宣战。2015年年底中央决定确保到2020年农村贫困人口实现脱贫，到2020年稳定实现农村贫困人口不愁吃、不愁穿，农村贫困人口义务教育、基本医疗、住房安全有保障，同时实现贫困地区农民人均可支配收入增长幅度高于全国平均水平、基本公共服务主要领域指标接近全国平均水平。马坡村用了五年的时间解决了教育、医疗、住房安全等一系列问题，摇身一变焕发"新颜"，为乡村振兴战略打好了坚实的基础。马坡村兜住了民生底线，让老百姓在自家门口端起"饭碗"，过上了"好日子"。

村庄的道路硬化了、破损的窑洞修复了、垃圾站点建起来了……马坡村引入资本活水，流转闲置院落，让"死资产"提档"活资本"。马坡村对全村闲置宅基地逐户进行核准，以租赁方式将闲置房屋推向市场，为居民增加了财产性收入。帮扶企业前期重点打造了一处院落，以点带面进行布局。村委根据房屋的结构特点、院落位置，打造了一批风格迥异、各具特色的民宿农庄。集体将农户分散的土地和房窑统一征迁、规划，按照"村集体旅游公司为主导、企业帮扶"的思路，注册公司与帮扶企业合作，保留乡村原貌，打造"窑洞民宿园"还原农家生活，游客可以吃农家饭、观农村景、住农家院、睡热炕头。

昔日的贫困村，蜕变为如今的"田园会客厅"，田园村景被赋予了更多内涵，马坡村正成为市民休闲娱乐、聚会打卡的好去处。马坡村"窑洞民宿园"建设的成功也为我国实施乡村振兴战略提供了一个可复制、可推广的宅基地使用权流转案例。

以欧汉琛慈善会为例
看澳门控烟政策发展

[澳门大学]

杨忻睿　张　锐　何锐俊　李汶贤　何晓岚
指导教师：陈建新

【摘要】2016年，中共中央、国务院印发了《"健康中国2030"规划纲要》，控烟政策成为国家公共卫生政策的重要部分。澳门特别行政区政府积极推动公共卫生事业发展，控烟工作取得显著成效。除了较充足资源的投入，澳门特别行政区政府自澳门回归以来便推动一系列公共行政改革。澳门多以"官办民营"的模式来推动各社会服务的发展，例如欧汉琛慈善会的戒烟门诊服务便于2005年在特别行政区政府社工局的支持下成立，并深受社会欢迎。2012年，特别行政区政府重整控烟政策，落实新《控烟法》，控烟政策主要由卫生局主导，欧汉琛慈善会的服务需要重要定位，以配合特别行政区政府做好控烟工作的配套服务。本研究意在以特别行政区政府控烟政策的改革为主线，以欧汉琛慈善会为实体案例，以持份者访谈为补充资料，探讨澳门社会服务机构如何适应行政改革，从而协助特别行政区政府在社会政策的实施与调整上获得更好的效果。

【关键词】控烟政策；澳门社团；行政改革

案 例 正 文

引言

烟草流行是世界面临的最大公共卫生威胁之一，吸烟每年使800多万人失去生命，其中包括大约120万人死于接触二手烟雾。[①] 2003年，世界卫生组织（简称"世卫组织"）会员国一致通过了《世卫组织烟草控制框架公约》。该公约自2005年生效以来，现已拥有182个缔约方，覆盖了世界90%以上的人口。随着越来越多人使用电子烟，且电子烟使用者有年轻化的趋势[②]，引起更多团体关注，香港特别行政区政府已经就电子烟进行立法[③]，控烟工作走向新阶段。在澳门特别行政区政府的领导和相关团体的协助下，澳门总体吸烟率下降，但数据显示出烟草消费趋势正趋向女性化和年轻化。[④] 在特别行政区政府对控烟工作逐渐承担主导角色的同时，特别行政区政府"精兵简政"的措施也在一定程度上影响了澳门社团的发展方向。本文通过梳理澳门特别行政区政府与民间社团在控烟工作上的互动，探索未来的公共治理发展方向。

一、控烟服务走向新阶段

（一）研究背景

中国是世界上最大的烟草生产国和消费国。中国有3亿多烟民，占世界烟民总数的近三分之一。2016年发布的《"健康中国2030"规划纲要》

---

① Global Burden of Disease [database]. Washington, DC: Institute of Health Metrics, 2019. IHME, accessed 17 July 2021.

② 世界卫生组织：《世卫组织 2021 年全球烟草流行报告：应对新型和新兴制品》（2021 – 07 – 27），https://www.who.int/zh/publications/i/item/9789240032095。

③ 香港特别行政区立法会：《〈2019 年吸烟（公众卫生）（修订）条例草案〉委员会报告》（2020 – 07 – 03），https://www.legco.gov.hk/yr19 – 20/chinese/hc/papers/hc20200703cb2 – 1267 – c.pdf。

④ 澳门戒烟保健：《澳门：湾区戒烟成果座谈会120代表出席〈市民日报〉湾区戒烟成果座谈会 120 代表出席》（2020 – 09 – 14），https://www.smokefree.org.mo/zh/tobaccoControlNews/protect/519?page = 1。

提出:"全面推进控烟履约,加大控烟力度,运用价格、税收、法律等手段提高控烟成效。深入开展控烟宣传教育。积极推进无烟环境建设,强化公共场所控烟监督执法。……强化戒烟服务。到 2030 年,15 岁以上人群吸烟率降低到 20%。"[①]

不仅中国内地看重戒烟的进程,澳门特别行政区政府与民间组织也非常重视戒烟活动的发展。澳门是社团文化浓厚的社会,不少社会团体都积极主动地承担起一定的社会责任。由欧汉琛成立的澳门戒烟保健会于 1980 年率先开始推动澳门的戒烟活动;2004 年,慈善会戒烟门诊成立;同年,澳门获得了世界卫生组织认可的"健康城市"称号,控烟问题逐渐被政府所重视。2006 年,澳门特别行政区政府于黑沙环卫生中心开办了第一个由政府主导的戒烟门诊服务,2011 年《新控烟法》的推出更强化了控烟的重要性。如今,澳门所有卫生中心都开办了戒烟门诊。

澳门居民素有结社的传统。在澳葡政府时期,因为中国政府与葡国政府对澳门的公共服务管理存在着一定的疏漏,澳门的华人社团便承担了公共领域的相关角色,为居民提供相应的服务。社团与政府之间构成了以合作为主导的关系形态,公共物品供给等方面的缺位需要民间社团去填补,因而澳门社团逐渐发育出"拟政府化"的功能。[②] 与内地社团不同,澳门的社团在社会历史发展和现实生活中一直扮演着极其重要的角色,因此澳门又称为"社团社会"。社团与澳门特别行政区政府共同治理社会,在"一国两制"的基本原则框架之下共同创造出和谐的社会风气、团结友善的互助氛围,有助于澳门的长期稳定。

(二)研究目的

贺一诚特首上台后提倡"精兵简政",特别行政区政府需要合理地利用资源,即"限米煮限饭"。欧汉琛慈善会作为接受澳门特别行政区政府资助的社团,因为其戒烟门诊功能与卫生中心的戒烟门诊功能重叠,所以需要进行相关的转型。欧汉琛慈善会可以说是澳门众多社团的一个缩影,

---

① 新华社:《中共中央 国务院印发〈"健康中国 2030"规划纲要〉》(2016 - 10 - 25),http://www.gov.cn/zhengce/2016 - 10/25/content_5124174.htm。

② 冯彦乔、周慧娜、陈建新:《由澳门民间社团的功能性作用来看澳门的人才回流发展》,载《珠江论丛》2015 年第 4 期,第 149 - 163 页。

澳门社团如何在配合政府行政改革的同时继续充分发挥自身的力量，与政府功能错位发展，创造自身价值，为社会做出更大贡献，这也是每个社团都面临的机遇与挑战。

二、澳门政府控烟政策变迁

澳门的控烟经历了从民间组织到政府主导的极大转变，本节以澳门政府控烟政策为节点，梳理澳门控烟政策的变迁，并总结相应的变化趋势。

（一）社团倡导阶段——首部限烟法出台前

1980 年，澳门民间组织澳门戒烟保健会率先在澳门开展戒烟活动。欧汉琛医生于 1983 年致函当年的立法会促请控烟立法，其行为得到了澳门社会服务界人士的广泛支持。澳门第一部控烟法《吸烟的预防及限制制度》于 1983 年生效并在 1996 年及 1997 年作出修订。由此可见，民间团体首先倡导戒烟，继而推动了政府对于控烟问题的不断重视。

《第 21/96/M 号法律》即《吸烟的预防及限制制度》[①] 是澳门首部以法规形式订立的限烟法，该法对烟草、封闭的地点或场所、烟草广告、烟草的商业资讯等相关概念进行了定义。它是澳门第一部专门针对预防及限制吸烟的法律，在烟草的销售管制、烟草广告及商业资讯、禁止吸烟地点、烟草制品包装的强制说明、烟草成分限制及违法行为等重要内容上均作出了规定。[②] 其后于翌年经《第 10/97/M 号法律》[③] 对其进行了修订。

（二）社团主导阶段——新控烟法出台前

澳门回归之后，澳门特别行政区政府加大了控烟的力度。特别行政区政府卫生局曾于 2001 年联同社会工作局及环境委员会（现称"环境保护

---

① 澳门特别行政区印务局：《第 21/96/M 号法律》（1996 – 08 – 19），https://bo. io. gov. mo/bo/i/96/34/lei21_cn. asp。

② 萧巧玲、汤家耀：《澳门控烟现况分析与未来展望》，载《行政》2010 年第 23 卷第 1 期，第 97 – 107 页。

③ 澳门特别行政区印务局：《第 10/97/M 号法律》（1997 – 08 – 11），https://bo. io. gov. mo/bo/i/97/32/lei10_cn. asp。

局")在多个政府部门开展了"无烟工作间"计划①，2007 年开始联同多个政府部门和民间社团开展"无烟食肆"计划，得到了广泛的支持及参与②。欧汉琛慈善会也继续推动控烟服务的开展，于 2005 年与社工局合作开展了戒烟门诊服务。③ 特别行政区政府看到戒烟门诊有一定的成效，于 2006 年在黑沙环卫生中心正式成立了戒烟咨询门诊，进一步加强推动戒烟服务。④ 由此可见，特别行政区政府倾向于推动制度的透明化和公开化，偏向于通过不同试点研究和工作推动控烟服务的开展。在这一阶段，由社团主导进行的公共领域的服务影响了特别行政区政府政策的制定和推广。

（三）政府主导阶段——新控烟法的实施

澳门特别行政区政府于 2011 年 11 月 21 日公布了第 34/2011 号行政法规，修改卫生局的组织及运作，设立了预防及控制吸烟办公室（简称"控烟办"）专门负责澳门的控烟工作，从而更好地配合《新控烟法》的实施。控烟办的成立表明政府行政改革提高了相关部门的问责性。《第 5/2011 号法律》⑤（简称《新控烟法》）制定了澳门特别行政区预防及控制吸烟制度，于 2012 年 1 月 1 日起生效。它是澳门回归后的第一部控烟法（之前执行的是《第 21/96/M 号法律》⑥），对烟草制品成分、相关烟草资讯、禁止吸烟的地点、宣传公民健康意识、烟草广告和促销、电子烟的销售等予以规定。回归后的澳门特别行政区政府通过立法、执法、教育宣传、鼓励戒烟等多管齐下的方式，推动澳门无烟环境的建设。为保护澳门居民免受二手烟草烟雾的危害，澳门特别行政区政府分阶段在室内公共场所和部分室外公共场所实施禁烟措施。特别行政区政府积极推广烟害宣传

---

① 澳门特别行政区政府卫生局：《无烟工作间》，https://www.ssm.gov.mo/Portal/sfworkplace/ch.aspx。

② 澳门特别行政区政府卫生局：《无烟食肆》，https://www.ssm.gov.mo/Portal/sfrestaurants/ch.aspx。

③ 欧汉琛慈善会医疗中心：《戒烟门诊简介》，http://www.smokefree.org.mo/zh/ahs。

④ 澳门特别行政区政府卫生局：《戒烟咨询门诊》，https://www.ssm.gov.mo/apps1/quit_smoking/ch.aspx#clg1498。

⑤ 澳门特别行政区印务局：《第 5/2011 号法律》（2011 - 05 - 03），https://bo.io.gov.mo/bo/i/2011/18/lei05_cn.asp。

⑥ 澳门特别行政区印务局：《第 21/96/M 号法律》（1996 - 08 - 19），https://bo.io.gov.mo/bo/i/96/34/lei21_cn.asp。

和教育，让澳门居民认识到烟草的危害，鼓励市民远离烟草、吸烟人士尽早戒烟。

（四）政府改革阶段——精兵简政的推行

时任行政长官崔世安在 2014 年的参选政纲中提出以"精兵简政"为核心的公共行政改革理念，2015 年崔世安发表第二任期首份施政报告，提出落实精兵简政是特别行政区政府施政的重点。精兵简政倡导在保证服务质量的同时提高服务效率，优化行政服务流程。

同时，澳门控烟法律也在不断进行完善。《修改第 5/2011 号法律〈预防及控制吸烟制度〉》于 2017 年 7 月获立法会通过，行政长官颁布了《第 9/2017 号法律》[1]，修改后的《第 5/2011 号法律》[2] 于 2018 年 1 月 1 日起生效。卫生局为避免来澳旅客及本澳居民因不清楚有关新规定而被检控并导致争执情况发生，对《新控烟法》进行了重点宣传，包括不准在禁止吸烟的地点使用电子烟以及禁止销售电子烟。

电子烟溶液或制剂中成分构成复杂，这些物质可能对使用者及其他人造成健康危害；电子烟还有可能成为毒品载体，所以澳门特别行政区政府颁布了《第 13/2022 号法律》[3]，澳门特别行政区将禁止制造、分销、销售、进口和出口电子烟，以及供口服或鼻吸的烟草制品，包括禁止携带该类产品出境和入境澳门特别行政区。

三、澳门社团控烟服务的基本概况

（一）欧汉琛慈善会及其控烟服务

欧汉琛慈善会成立于 1989 年，为非营利社团，会员已经超过了 1600人。多年来，欧汉琛慈善会为广大市民提供了多元化服务，并以乐助人群为服务宗旨，开展多项预防吸烟及宣传烟害知识的活动。早在 20 世纪 80

---

[1] 澳门特别行政区印务局：《第 9/2017 号法律》（2017 – 07 – 24），https://bo. io. gov. mo/bo/i/2017/30/lei09_cn. asp。

[2] 澳门特别行政区印务局：《第 5/2011 号法律》（2011 – 05 – 03），https://bo. io. gov. mo/bo/i/2011/18/lei05_cn. asp。

[3] 澳门特别行政区印务局：《第 13/2022 号法律》（2022 – 09 – 05），https://bo. io. gov. mo/bo/i/2022/36/lei13_cn. asp。

年代，欧汉琛医生就主动帮助澳门居民戒烟，并无偿提供私人物业作为戒烟服务地点。欧汉琛慈善会于2005年开始正式与澳门特别行政区政府社会工作局合作开展"免费戒烟门诊"项目，该项目提供辅助戒烟药物、辅导服务、专业戒烟咨询及评估等多元化服务，并开展工作坊及预防教学宣传活动，由专职医生评估身体状况，社工跟进个案及辅导，通过鼓励、劝导及指引，增进个人戒烟成效，辅助澳门市民及早认清烟害并戒除吸烟恶习，务求能加强戒烟的成效，提升个人自信心及心理素质。欧汉琛慈善会长期与戒烟保健会合作，在戒烟方面提供宣传、教育、预防、治疗辅导及医社一体化的综合性门诊服务。

服务内容包括：为自愿戒烟人士介绍服务内容，劝导其接受服务；登录有关人士资料（所有资料绝对保密）；评估应诊者的吸烟状况，制订适当的戒烟治疗计划，对戒烟疗程中初期、中期及完结时的戒烟状况及心理状况作出评估；按照应诊者个人状况，提供合适的免费戒烟药物；检视个人自身状况，促进与家人良好相处，通过鼓励、劝导及指引，增进个人戒烟成效，改善健康卫生状况；让正在戒烟或已戒烟的人士分享戒烟经验，提升戒烟服务的成效，让组员了解不同高危情况对复吸的影响，学习情绪处理技巧，增强抗击生活压力的能力；运用戒烟宣传车主动出击，走出门诊、走入社区，推广无烟无毒理念，鼓励青少年从小建立"不吸烟、不吸毒"的正确价值观，宣传戒烟禁毒普法信息，帮助市民正确认识烟草及毒品的危害。

服务对象：不分性别、年龄的所有有意戒烟之澳门市民（持澳门居民身份证）；持有教育暨青年局发出之有效学生证的有意戒烟人士；持外地雇员身份识别证（蓝卡）一年或以上。欧汉琛慈善会的服务由社工局赞助，慈善会每年需要制定年度总结向社工局汇报。同时，社工局每年与慈善会商定下一年的工作及服务方向，慈善会也积极同其他政府官员交流并就慈善会的工作达成共识。

特别行政区政府在2020年便向慈善会提出了服务改革建议，并给予慈善会两年时间作出调整。虽然慈善会的戒烟门诊服务跟卫生局的服务有所区别，例如，慈善会是以社会服务（包括认知疗法和家庭治疗）为主要工作方向，且服务对象多是通过社团引介为主，但是在新冠疫情的背景下，相关治疗方式仍然停留于线下服务，未能拓展为线上服务。同时，卫生局的戒烟服务逐渐为澳门居民所接受，据2018—2020年《预防及控制吸烟制度》跟进及评估报告显示，2018 年及 2019 年戒烟咨询门诊均达2300 人次以上，① 因而慈善会的戒烟门诊服务未能成功发展下去，被迫大幅转型。

（二）2019—2021 年服务数据及服务成效

笔者归纳和整理了欧汉琛慈善会近年来戒烟门诊服务的数据，包括初诊者戒烟年龄统计、新增案例居住地方、初诊和复诊人次、新增案例接收宣传渠道状况等。

在戒烟者中，2021 年初次求诊的最低年龄为 15 岁、最高年龄为 81岁，而服务对象较为集中于中壮年人士（年龄在 30～49 岁），所占比例近六成五（如表 1 所示）。这或许是因为合作社团多是一些在职人士团体，例如工联会。

表 1 初诊者戒烟年龄统计（2019—2021 年）

年龄	2021 年		2020 年		2019 年	
	人数	百分比（%）	人数	百分比（%）	人数	百分比（%）
18 岁以下	1	1	1	1	0	0
18～29 岁	7	10	7	11	8	12
30～39 岁	31	43	26	39	25	37
40～49 岁	16	22	13	20	14	21
50～59 岁	6	9	14	21	7	10
60～69 岁	8	11	2	3	9	13
70 岁或以上	3	4	3	5	5	7
合计	72		66		68	

如表 2 所示，2021 年居住在澳门北区的初诊者戒烟人士最多，达 34人，比 2020 年（25 人）多 36%；而中区 2021 年人数为 21 人，比 2020年（29 人）减少 27.6%。这与慈善会相关社区工作立足于中区、向北区

① 澳门特别行政区政府卫生局：《〈预防及控制吸烟制度〉跟进及评估报告（2018—2020）》，https://www.ssm.gov.mo/docs//19151/19151_c326985e3dbd461b802a3321dbfbf4d9_000.pdf。

拓展有关。另外，由于新冠疫情，澳门部分卫生中心辖下的戒烟服务暂停，因此北区求诊者有所增加。

表2　新增案例居住地方（2019—2021年）

区份		2021年	2020年	2019年
北区	花地玛堂区	34	25	12
中区	圣安多尼堂区	6	11	34
	大堂区	9	6	
	望德堂区	4	6	
	风顺堂区	2	6	
离岛区	嘉模堂区	13	8	18
	圣方济各堂区	0	2	
珠海	内地	4	2	3
不提供数据		0	0	1
合计		72	66	68

从表3数据可见，经历了2018年（132人）、2019年（68人）及2020年（66人）的初诊服务人次的调整后，2021年的初诊服务人次（72人）已见上升，2021年的复诊人次与2020年相比已见回稳。

表3　初诊和复诊人次（2018—2021年）

类别	2021年	2020年	2019年	2018年
初诊（人次）	72	66	68	132
复诊（人次）	174	175	409	747
合计	246	241	477	879

由表4可以看出，无论是2021年还是2020年，宣传渠道中经"他人介绍"的人数占总体较大的比例，这是由于慈善会立足于社区，并跟各社团保持着较紧密的联系。慈善会主要依靠传统渠道推动慈善会服务，所以

慈善会尝试组织曾参与慈善会服务的人士成立义工团体（或戒烟粉丝团①），鼓励他们将戒烟心得或服务治疗过程分享给同辈。工作人员在服务过程中强调，如有更多同伴一起戒烟可以达到加大督促和互相鼓励的效果。

表 4　新增案例接收宣传渠道状况（2019—2021 年）

接收宣传渠道	2021 年人数	2020 年人数	2019 年人数
报纸广告	21	21	16
他人介绍	41	33	28
慈善会网页	6	2	3
海报传单	0	2	8
慈善会所办活动	1	7	8
其他	3	1	5
合计	72	66	68

（三）戒烟小组工作及家庭服务

慈善会引入了同伴支持（peer support）推进戒烟工作。慈善会在 2020 年举办了两次戒烟小组活动，共有 53 人次参与；在 2021 年举办了三次戒烟小组活动，共有 75 人次参与。戒烟小组可以让戒烟者间互相鼓励并获得戒烟相关信息。组员们参与小组活动，戒烟者讲出戒烟所遇到的困难及体验，可以增强凝聚力，让组员们了解不同高危情况对复吸的影响，并商讨出应对方法。小组活动还能增加组员的归属感，使组员更积极正面地处理情绪，强化应对生活压力的能力。

除"同伴支持"外，家人支持对戒烟也十分重要。为鼓励吸烟者加快戒烟，慈善会举办了不同类型的活动，邀请戒烟者和家人一同参与，加强戒烟者与家庭之间的联系，增加家人对成瘾及戒瘾过程的认识，从而改善

---

①　戒烟粉丝团是慈善会戒烟门诊所发起的，利用微信程序将求诊者、家属义工以及慈善会社工等组成群，通过互动互助的形式解决疑难。展望未来，我们将发展从线下到线上，即戒烟门诊以及社区拓展，务求多方位、多角度，利用社交平台的便利性，开设微信公众号、Facebook 账号等社交账号，将有关的信息以及有用的信息第一时间发布及进行联系。

戒烟者和家人的关系，巩固戒烟者的戒烟决心。烟害防制教育工作必须从家庭开始，方能达到成效最大化。

（四）其他相关活动

1. 服务督导

慈善会定时把服务情况汇报给社会工作局（简称"社工局"），由社工局督导；此外，香港大学公共卫生学院和澳门社会保障学会作为服务督导实体会检视慈善会戒烟服务工作的行政流程，并于 2021 年 11 月中旬进行了澳门居民吸烟状况与控烟政策意见调查研究，提出了相关建议，制定出慈善会的戒烟服务发展方向。

2. 学术和交流活动

2019 年，慈善会参与了在北京举行的第 28 届 IFNGO（国际预防毒品及物质滥用非政府组织联合会）世界大会暨第 18 届 CADAPT（中国药物滥用防治协会）学术会议，并参加了在重庆举行的第 10 届海峡两岸及香港澳门地区烟害防治研讨会暨第 20 届全国控烟学术研讨会，积极开展与内地的交流和合作。2021 年，慈善会安排了工作人员出席了 7 次社工局举办的培训专业课程，并参加了 4 次座谈会及分享会，加强慈善会工作人员对本地社会服务的认识、合作和交流，共建友好的关系网络。

3. 社团互动合作

为推行社区人士关注烟草危害及支持澳门控烟工作，慈善会一直与其他机构合作，如曾与博彩业职工之家合作，向业界宣传吸烟的危害并推广戒烟，同时亦会转介有需要的从业员接受戒烟门诊服务，以让各界推出更有效率的预防从业员吸烟及戒烟方案。

4. 无烟无毒宣传系列

慈善会于 2019 年共举办了 5 次烟害宣传讲座。慈善会每年均举办世界无烟日绘画比赛，协助卫生局在社区宣传控烟，并设咨询站派发传单。2021 年，慈善会针对戒烟人士举办了 5 次无烟无毒健康促进活动，活动以户外郊游、联谊等形式培养戒烟者的兴趣，以达到互相鼓励和学习的效果。

四、欧汉琛慈善会戒烟门诊的发展困境

在了解欧汉琛慈善会戒烟门诊服务的发展历程后，笔者对慈善会的相关成员（会长、戒烟门诊医生及社工）围绕控烟门诊的问题进行了访谈，

访谈时间为 2022 年 10 月 12 日下午 4 时。我们了解到，慈善会的发展遇到如下困境。

（一）使用戒烟门诊服务的人数少

自 2019 年起，使用戒烟门诊服务的人数较少，主要原因包括新冠疫情肆虐、市民健康意识增加和政策变化等。2019—2021 年这三年间，使用戒烟门诊的初诊人数年均不足 69 人，而高峰期（2010—2012 年）的初诊人数一年可高达约 1000 人，整体初诊人数较高峰期大幅减少。

> 医生：在前 10 年我们门诊戒烟的人数相当多，且成功率高。2010—2012 年我们门诊都比较多人，每个月超过 100 个案例，初诊每个月都有三四十个，至少都有二三十个。

新冠疫情自 2019 年末暴发，2020 年开始影响澳门，澳门特别行政区政府采取严格的防疫政策，呼吁市民减少外出，关闭了博彩业及相关娱乐业务。加上当时并不了解新冠病毒的特点，这便会提高居民的出行成本，减少居民的出行意愿。考虑到戒烟门诊服务的有效性，服务多由线下提供，而疫情直接导致戒烟门诊服务的人数降低。

> 会长：近年我们戒烟门诊的数字和高峰时期相比有所回落，主要原因是 2019 年新冠疫情暴发后部分人减少了出行，这是导致戒烟意愿低的一个外在因素。另外，戒烟意愿的高峰期是世界卫生组织提高烟草税的时候，提高烟草税的那段时间有特别多人想戒烟，而到 2019 年，高烟草税实施了几年，戒烟意愿就降下来了。

除此之外，吸烟人数减少与戒烟人数减少存在正相关。2019 年澳门人口烟草使用情况调查结果显示，澳门 15 岁及以上人口的整体烟草使用率由《新控烟法》生效前（即 2011 年）的 16.9% 逐步下降至 2019 年的 11.2%，在短短 8 年间，相对下降了 33.7%。澳门市民的健康意识也在逐渐提高，澳门特别行政区政府和欧汉琛慈善会等社团持续深化宣传烟害等工作，以及澳门特别行政区政府提高烟草税等政策，使得吸烟人数减少，所以使用戒烟服务的人便少了。

（二）戒烟服务人员缺乏相关前瞻性思维

从慈善会的相关资料及访谈内容来看，慈善会会长对戒烟门诊的转型有较为清晰的规划和思路。会长意识到慈善会必须转型。

> 采访者：从吸烟转到成瘾行为，让他们的接受度高一些、中性一些，主要集中在博彩从业员和长者族群，去解决他们的成瘾问题。这是欧汉琛慈善会未来两年转型后的工作重点？
>
> 会长：没错，是的。
>
> 会长：谈到未来的工作方向，我们的服务已经持续这么多年了，但近年特别行政区政府的税收有所下滑，我们也要让整个公共开支得到更合理的调拨，简单来说就是"限米煮限饭"。既然政府已经有这个服务，那就不要架床叠屋，我们就不做了。政府没有的我们才做，政府没说退出，所以我们就将戒烟门诊在今年尾画上一个完美的句号。

　　反观戒烟门诊这边，欧汉琛慈善会于 2005 年开始正式与澳门特别行政区政府社会工作局合作开展戒烟门诊项目，运作已超过了 17 年，但是门诊架构较为简单。戒烟门诊由四种类型的人员组成，分别包括门诊全职主任、全职医生、全职社工和全职活动组长，总人数仅为 5 人，并且只提供一项服务即戒烟服务，服务功能比较单一。而且，门诊工作人员从事戒烟门诊服务多年，例如医生已持续超过了 20 年，他们已习惯此类工作模式、流程，组织内工作模式僵化，若要转型升级，他们的能力未必能适应新的工作。针对慈善会转型后的工作，访谈发现社工这边目前也只是提到转型后会多做讲座和宣传，但社工和医生作为戒烟服务的专业从业人员，对于转型后的发展和突破并不明晰，并未有更前瞻性的工作方向和思路。因此，人员稀少、服务功能单一、缺乏未来规划将会是欧汉琛戒烟门诊发展的限制因素。

> 医生：我从事戒烟服务 20 多年了，一方面是看门诊，提供医疗服务；另一方面是和欧医生、X 光的医生、工作人员（当时还没有社工）一起宣传戒烟。
>
> 采访者：这些工作（转型后的工作）会不会不习惯，压力大吗？
>
> 社工：暂时还没开始，但现在已经在准备，譬如准备明年要讲什么，做讲座多了几个议题，以前只是讲戒烟，现在要讲酒和毒，自己要多搜集这方面的信息去练习、筹备。

五、结束语

回顾澳门控烟工作的开展历程，1980 年澳门民间团体主动担任着戒烟服务的角色，推动澳葡政府开始注重针对控烟立法，从而带动了 1983 年首部限烟法的出台；2005 年和 2006 年欧汉琛慈善会与特别行政区政府卫生局先后成立了戒烟门诊服务；2011 年《新控烟法》及相关控烟部门的成立推动了澳门控烟服务走向新阶段。世界无烟日已经创立了 36 年，无烟社会已经成为整个世界的共同追求。欧汉琛慈善会为澳门社会的控烟工作所做出的贡献是不容忽视的，也正是有欧汉琛慈善会等社团在澳门控烟工作中不断发挥重要作用，才不断推动政府针对控烟工作制定阶段性政策，强化控烟服务的重要性。欧汉琛慈善会现今所面临的既是机遇，也是挑战。

随着政府机构改革的深入，欧汉琛慈善会戒烟门诊与卫生局职能重叠，因而慈善会需要结束戒烟门诊服务，慈善会的未来工作重点与方向也将进一步转变。与内地不同，澳门民间社团扮演着政府"政策试点"的角色。看似是慈善会面临需要转型的危机，实则客观上说明了特别行政区政府控烟工作取得了良好成效。社团的转型既是为了更好地配合政府的行政改革工作，也是为了能实现社团自身的发展。

思考题：

1. 戒烟服务起初由民间组织主导，后来转变为由政府主导，戒烟服务经过了不同的阶段，相比之下两者谁更具有优势？

2. 在社团转型的背景下，欧汉琛慈善会依然保留相关的戒烟事务，但是角色功能上可能会发生转变。转型后欧汉琛慈善会的角色定位是什么？

3. 澳门的社团在澳门特别行政区的公共服务中担任着重要的角色，在"精兵简政"的行政改革下，澳门社团该如何实现转型？

案 例 分 析

近年来，澳门特区政府在公共行政改革过程中，以增强透明化和问责性作为重点之一，引入了 ISO 认证、服务承诺和满意度调查。不同时期内特区政府的行政改革有不同的做法，过去的公共行政改革分为 2000—2009 年和 2010—2019 年两个时间段。前者是回归后针对行政弊端进行改革，如：改变澳葡政府时期的施政模式，探索新的"一国两制"的管理模式；重组政府部门架构；树立行政规范；完善公职制度。后者是针对澳门新的公共行政管理体系的不足进行完善，包括：构建权责清晰的公共行政框架；引入绩效管理、增强应急管理；选拔高素质公职人员。①

一、澳门社团控烟服务的突破瓶颈

澳门公共行政改革的方向逐渐与中国内地行政改革工作的方向相契合，这为澳门完善戒烟工作提供了非常有利的条件。②

（一）澳门特区政府"精兵简政"倒逼

因新冠疫情的影响，周边地区疫情反复，粤澳出入境措施屡遭收紧，严重打击了旅客来澳意愿，澳门社会各行各业均遭受了严重冲击，经济持续低迷。疫情对于长久以来以博彩旅游业为主的外向型微型经济体澳门造成了严重的打击。在澳门特别行政区的施政报告中，2020—2022 年连续三年都提及了特区政府的财政收入持续减少，并称特区政府需进行赤字财政预算。行政长官贺一诚在 2020 年度《施政报告》中一再强调要实行"精兵简政"，优化部门架构设置。这也可以理解为特区政府近年来从重视资源的投放数量转向更高效率的投放，重点放在资源的产出效率上。在有限的资源下，欧汉琛慈善会会长提及"近年特区政府的税收有所下滑，我们也要让整个公共开支得到更合理的调拨"。

---

① 简浩贤：《回归以来澳门特区公共行政改革回顾与展望》，载《岭南学刊》2021 年第 1 期，第 21–27 页。

② 庞欣新：《澳门特区行政改革十五年成效分析》，载《行政》2014 年第 27 卷第 4 期，第 809–821 页。

（二）特区政府与社团职能重叠

欧汉琛慈善会已经推出戒烟门诊服务15年以上，一直在接受特区政府社工局的资助，在戒烟服务上也有一定的成效。2006年11月24日卫生局也成立了戒烟门诊部门，为澳门居民提供了一个新的选择。欧汉琛慈善会的戒烟疗程与卫生中心的戒烟门诊相比大致相同。特区政府卫生中心与欧汉琛慈善会最大的不同之处是卫生中心要预约，并且其戒烟门诊服务是一周仅开放一两天，而欧汉琛慈善会是周一到周六都开放，这样就能提供更便利的戒烟服务。在特区政府财政收入出现赤字的情况下，"限米煮限饭"，一直接受特区政府资助推出戒烟门诊服务的欧汉琛慈善会主动提出应进行相关的服务转型。欧汉琛慈善会于2004年开始提供戒烟门诊服务，有自己的一套戒烟疗程和方法。而卫生中心的戒烟部门拥有一整套完整的行政转介方式，并自带人流；卫生中心既拥有普通门诊的功能，其戒烟门诊也能提供较系统的戒烟服务。所以澳门居民更愿意去特区政府的卫生中心接受系统性的治疗。

（三）社团发展危机意识不足

慈善会部分成员对于社团服务的转型缺乏远瞻性思维。由访谈可知，医生的意识仅仅停留于医学专业的角度及戒烟服务的发展历史，甚至认为戒烟门诊服务和社工服务是独立分开的，并且社工的存在不会影响医生的工作。医生的专注力也仅停留于戒烟的医学层面上，没有将传统的戒烟门诊服务与社工的"新型"服务结合起来。社工也仅关注自身的工作，没有从社团发展转型的角度上进行思考。如关于社团服务转向成瘾方向的问题，社工的看法仅是"我的工作不需要经常做调研，或者每年做一些统计，纯粹是看病人需要什么，然后去开展工作"。可以看出，医生和社工对于社团发展的危机仍然意识不足。社团仍没有充分了解特区政府行政改革的思路和想法，医生的角色将随戒烟门诊服务的取消而被取消掉，社工则需要树立起前瞻性思维，提高社团发展意识。

二、案例思考：澳门社团控烟服务转型的建议

因新冠疫情，人们的日常生活受到了严重影响。尽管戒烟服务面临不少挑战，但在抗疫期间戒烟门诊一直遵从抗疫指引，依然为戒烟人士和有需要的人士提供戒烟服务。为了慈善会自身更好的发展，也为了配合特区

政府的行政改革，慈善会需要大刀阔斧地变革。由于澳门微型经济体的性质，我们从社团合作、跨界合作和跨区合作三个角度切入，提出有针对性的建议。

（一）社团合作：共同提供针对性戒烟服务

世界卫生组织针对控烟政策提出的 MPOWER 策略包括了监控（Monitor tobacco use）、预防（Protect people from tobacco smoke）、戒烟（Offer help to quit tobacco use）、警示（Warn about the dangers of tobacco）、禁止烟草宣传（Enforce bans on tobacco advertising and promotion）、提升烟草税（Raise taxes on tobacco products）等内容，其中"戒烟"一项最能直接有效降低吸烟人口比例，减少二手和三手烟害，帮助降低由吸烟行为导致的其他不良行为，如酗酒和吸毒。然而事实上，吸烟人士及其家人却很少能够得到应有的帮助①。由于烟草具有成瘾性，它困扰了无数家庭，不但伤害个人的身体及精神健康、影响工作及学习，还可能影响家庭关系及社会秩序。国际研究及临床经验发现，出现一种成瘾行为的人士很有可能会出现另外一种或多种成瘾问题。对于成瘾问题的重视也是未来慈善会可以考虑的发展方向之一。欧汉琛慈善会一直与澳门妇联、澳门工联等较大的社团保持着较为紧密的联系和沟通，未来将与澳门学联合作开展调研与研究，辅助政府继续完善控烟工作。同时，慈善会不断引入第三方机构来作为服务督导实体，如澳门社会保障学会等，检视慈善会戒烟服务工作的行政流程，提出相关建议，制定出慈善会的发展方向。

（二）跨界合作：与学术机构开展前瞻性研究及合作

慈善会的转型面临服务人员前瞻性不足的现实问题，而社团的发展需要社团成员的共同努力，与专业的学术机构开展合作便可有针对性地改善此现状。

---

① World Health Organization, *MPOWER – A policy package to reverse the tobacco epidemic*（Switzerland: World Health Organization, 2008）. M. G. Myers, J. F. Kelly, "Cigarette Smoking Among Adolescents With Alcohol and Other Drug Use Problems," *Alcohol Research & Health*, no. 3（2006）: 221 – 227. A. H. Weinberger, J. Platt, H. Esan, et al., "Cigarette Smoking is Associated with Increased Risk of Substance Use Disorder Relapse: A Nationally Representative, Prospective Longitudinal Investigation," *Journal of Clinical Psychiatry*, no. 2（2017）: e152 – e160. 世界卫生组织：《吸烟者却很少能够得到应有的帮助》（2021 – 02 – 28），https://www.who.int/tobacco/mpower/publications/zh_tfi_mpower_o.pdf?ua=1。

慈善会曾在 2019 年邀请香港大学李嘉诚医学院公共卫生学系的林大庆教授帮忙评估慈善会的戒烟服务工作，但由于种种原因未能成行。慈善会可以继续定期邀请香港学术机构对慈善会的戒烟服务进行评估。澳门的学术单位往往对澳门的了解更为深入，且澳门社团的发展与特区政府的行政改革息息相关，慈善会可以考虑和澳门大学政府与行政学系开展合作，以深刻了解政府公共行政改革方向，及时调整发展方向。澳门特区政府重视产学研融合发展，致力于推动科研成果转化[①]，慈善会与学术机构开展合作可以推动产学研融合落地。

（三）跨区合作：与湾区相关服务机构联动开展工作

中国政府将控烟提升到了国家战略的层面，系统地进行了相关调查研究，例如 2014 年的中国青少年烟草调查[②]、2015 年的中国成人烟草调查报告[③]、国际烟草控制政策评估项目 ITC 中国项目报告[④]。

针对戒烟服务，世界各地推行了一系列工作，例如，为吸烟人士提供戒烟服务和预防复吸服务，并为其家人提供支持服务。各地还制作了各式各样的戒烟指南和干预手册，例如，世界卫生组织于 2003 年提供了戒烟治疗工具书[⑤]、香港于 2015 出版了戒烟手册[⑥]、中国内地分别于 2010 年和 2015 年出版了戒烟干预手册[⑦]和临床戒烟指南[⑧]。

香港在控烟工作方面尤为成功，2020 年，香港 15 岁以上人士的吸烟

---

① 科技资助政策：《澳门特区政府经济及科技发展局》［2022 - 11 - 09］，https://www. dsedt. gov. mo/zh_CN/web/public/pd_tpd_tfp?_refresh = true。

② 中国疾病预防控制中心：《中国青少年烟草调查（2014）》，http://www. nhc. gov. cn/ewebeditor/uploadfile/2014/05/20140528121514117. pdf。

③ 中国疾病预防控制中心：《2015 年中国成人烟草调查报告》，http://www. tcrc. org. cn/UploadFiles/2016 -03/318/201603231215175500. pdf。

④ 中国疾病预防控制中心：《国际烟草控制政策评估项目 ITC 中国项目报告》，http://www. nhc. gov. cn/ewebeditor/uploadfile/2014/05/20140528121514117. pdf。

⑤ V. da Costa e Silva, *Tools for Advancing Tobacco Control in the XXIst Century: Policy Recommendations for Smoking Cessation and Treatment of Tobacco Dependence* (Switzerland: World Health Organization, 2003).

⑥ 香港吸烟与健康委员会：《踏出第一步：戒烟你做到》，http://www. smokefree. hk/UserFiles/resources/about_us/books/Smoking_Cessation_Booklet_v2019. pdf。

⑦ 中国疾病预防控制中心：《简短戒烟干预手册》，http://www. smokefreesz. org/upload/20140422144015xz. pdf。

⑧ 中华人民共和国国家卫生和计划生育委员会：《中国临床戒烟指南（2015 年版）》，https://www. syzyyy. cn/upload/files/20190508/63692927205369861168172373. pdf。

人口比率仅为10.2%。香港控烟方面的成就离不开香港吸烟与健康委员会的努力。自1994年以来，该机构为香港特区政府执行了共27个研究项目，除了一般的人口吸烟状况调查，这些研究项目还包括一系列的戒烟大赢家①等戒烟活动的评估和控烟政策评估②。

《"健康中国2030"规划纲要》提出要把15岁以上吸烟人口比例降至20%的目标。随着粤港澳大湾区内人员流动越来越频繁，目前的控烟政策已经不能再从"独善其身"的角度出发，而是应该把邻近地区的戒烟服务方法和管理进行整体考虑。慈善会应取长补短，完善自己的戒烟服务和相关流程。③

三、总结

全国政协委员、澳门基金会行政委员会主席吴志良曾说，"社团是澳门政治社会治理体系的重要组成部分，对特区的繁荣稳定起着关键的作用"。④与内地社团不同，澳门社团对澳门社会的发展，特别是在公共服务层面上发挥着重要的作用。但是因近年来特区政府税收减少，以及公共行政朝着更高效改革，澳门社团应对此做出适宜的改变。欧汉琛慈善会的转型是澳门社团转型的缩影。社团的转型、调整与改变为的是追求更大程度上的效益。虽然欧汉琛慈善会的戒烟门诊未来存续的可能性较小，但整个社会已经能够获得有效的戒烟服务。澳门特区政府的《新控烟法》是成功的，澳门的戒烟服务取得了阶段性胜利。澳门特区政府和社团相互配合发展，体现出澳门是"一国两制"制度的典范。

---

① 香港吸烟与健康委员会：《第八届"戒烟大赢家"比赛简短戒烟建议、即时通讯辅导及主动转介对戒烟的成效》，http://smokefree.hk/UserFiles/resources/about_us/cosh_reports/COSHRN_C26.pdf。

② 香港吸烟与健康委员会：《信息及资源——科研报告》（2020-02-28），http://smoke-free.hk/tc/content/web.do?page=Reports；香港吸烟与健康委员会：《扩大法定禁烟范围至室外公众地方控烟政策调查2016、2017年》，http://smokefree.hk/UserFiles/resources/about_us/cosh_reports/COSHRN_C22.pdf；香港吸烟与健康委员会：《支持全面禁制电子烟控烟政策调查2014、2015年》，http://smokefree.hk/UserFiles/resources/about_us/cosh_reports/COSHRN_C17.pdf。

③ 中华人民共和国国务院：《健康中国2030》，http://www.gov.cn/zhengce/2016-10/25/content_5124174.htm。

④ 人民政协报：《吴志良委员：更团结，才更能发挥作用》（2022-05-19）［2022-10-30］，www.cppcc.gov.cn/zxww/2022/05/19/ARTI1652931677114222.shtml。

"萝卜"脱贫，"姜"来可期

——D村振兴产业扶贫可持续发展之路

［国际关系学院］

王　敏　蔡子叶　刘雨露　林敏洁

指导老师：葛蕾蕾　张体委

【摘要】产业扶贫是"授贫困户以渔"，可以提升贫困区的可持续性收入。本文研究对象 D 村是历史悠久的贫困村，2018 年，随着当地"万千工程"的展开，D 村通过发展特色萝卜产业，成功带领村民们脱贫。但由于萝卜销路不畅，村民们只得另谋他路。D 村吸取了经验教训，科学决策聘请专家指导，引种铜陵白姜，并大获成功。然而，种植生姜面临着技术的难题与气候等不确定因素的影响，生姜产业的可持续发展遭遇挑战。

本文采取实地走访产业基地、采访基层干部、联系村民群众和收集网络信息等多种调研方式，全方位、多层次地了解枞阳县 D 村的脱贫发展历程。研究发现，D 村的产业选择与后续发展都呈现出自上而下的发展势态，可以说 D 村的产业发展之路即是政府政策变迁、模式转变的透视镜。本文以"白姜产业的可持续发展"为切入点，透过政府治理模式的转变与优化，探究"政府引领＋多元主体"发展模式的可行性，为乡村振兴背景下的产业高质量可持续发展提供借鉴经验。

【关键词】乡村振兴；基层治理；产业扶贫；多元主体；制度分析与发展（IAD）分析框架

案 例 正 文

引言

枞阳县是历史悠久的"贫困县"，而D村是"贫困县"里的"贫困村"。D村年轻劳动力大量外流，无支柱产业，基础设施建设薄弱。铜陵市委决定对D村进行产业扶贫。D村先后尝试发展萝卜、菊花等产业，但都不适合本土发展，最终，D村转变传统的治理思维，形成了"政府引领＋多元主体共治"的产业发展模式，因地制宜引种铜陵白姜。但白姜产业的发展也面临着新的挑战与瓶颈，这一次，D村又该何去何从呢？

一、摘穷帽：脱贫受阻

（一）D村概况

D村所在的枞阳县位于安徽省中南部，长江下游北岸、大别山东南麓。该地四季分明、雨量充沛、无霜期长。冬季降水量少，夏季雨量集中。

枞阳作为革命老区县，1985年被确定为省重点贫困县，1994年被列为国家"八七"攻坚计划重点县。尽管枞阳2012年退出了贫困县序列，但仍是全省非贫困县中脱贫攻坚任务最艰巨的县之一。D村共有22个村民组，740户2540人，有建档立卡贫困户119户292人。全村耕地总面积为1365.7亩（其中水田900亩、旱地465.7亩），山场面积约为3000亩。

在2018年以前，D村基础设施建设不完善。首先，污水和垃圾处理不当。"那时候啊，垃圾随处堆，污水遍地流，一到下雨天，根本没法出门。"一位60岁的村民老大爷说道。其次，路况差。当时的D村多为泥路，下起雨来更是难以通行。再次，D村离市区较远，只有一路公交车，位置较为偏僻。最后，囿于资金限制，D村铺设的电路有限且大多为低压线路，发电效率不高。

（二）早期脱贫探索

D村经济基础薄弱，多次探索脱贫之路，均遭受挫折。

改革开放后，D村村民曾尝试种植板栗，但因技术不过关、虫害严重，板栗收成不佳。后来，D村又摸索着种植茶叶，由于小作坊式种植规模较小，且无品牌加持，销量一般，利润率低。因此，板栗和茶叶的发展都不了了之。

D村早早确定要靠产业实现脱贫，但产业发展之路屡屡受挫。2017年，由村政府选品引领，流转了50亩地，尝试种植萝卜。村委会费尽九牛二虎之力，请电商助阵，搞直播卖货，也只是勉强脱贫，难以得到持续发展。一方面，由于萝卜是"大路货"，市场竞争激烈，D村无价格优势，导致销路不畅；另一方面，受丘陵地形限制，萝卜种植成本高、利润低，村民的实际收入并不高。

2018年，D村又联合附近公司，降低种植规模，试种了20亩菊花。但菊花是买方市场，价格涨跌不定，小规模的种植禁不住市场的折腾，虽然调动了劳动力的积极性，实现了脱贫，但不是长远之计，存在极高的返贫风险。D村仅仅通过简单观察与村民会议，就草率决定了产业发展路径，自然难逃失败的命运。由此观之，D村之前的发展模式虽然"民主"但并不"科学"，亟须改善为更科学、全面的治理模式。

二、谋振兴："多元"治理之路

经历了多次挫折，D村最终将视线转移到铜陵特色优势产业"铜陵白姜"上。D村充分吸取教训，在发展白姜特色种植产业的过程中，形成了以"政府引领＋多元主体共治"的发展模式。以政府为核心总揽全局，协调专家、农村合作社、企业等多元社会主体积极参与，D村的白姜特色产业"扎根""发芽"，欣欣向荣。

（一）政府引领，助力脱贫

1. 出台扶贫政策机制

2018年2月，国家《乡村振兴战略规划（2018—2022年）》出台，明确以深化农业供给侧结构性改革为主线，促进乡村产业兴旺，推动乡村产业振兴。"十三五"规划期间，铜陵市制定实施了白姜产业发展规划，先后投资建设了专业化的白姜现代农业产业园和具有全国影响力的中华白姜文化园。党的十八大以来，铜陵市利用既有优势，把发展白姜产业作为乡村振兴和精准扶贫的重要抓手。为鼓励农户种姜，增强其风险防范能力，白姜种植业被纳入了地方特色农业保险范围。市财政每年拿出50万元，专门用于补贴农户施加有机肥料。

铜陵市在政策方面和系统层面都建立了完整的扶贫机制。为延续落实各项政策，铜陵市委宣传部积极落实对D村的帮扶工作。宣传部部长亲自率队前往D村，走访贫困户，详细了解各项政策的落实情况；同时，听取了相关单位扶贫工作的汇报，与市委组织部、市直机关工委、市扶贫办等单位一起为D村的脱贫攻坚工作问诊把脉、出谋划策；逐项梳理各项扶贫工作，整合各类资源，推动硬件建设。

2. 建设干部队伍

党政人才是党执政的主体和骨干力量，直接关系到党和国家事业的兴衰成败。D村积极推进党建引领，建设了强有力的领导班子。

首先，通过整合党建资源，市委宣传部与县委宣传部直接对接D村，采取"3+2"方式帮扶，选派1名乡镇党员科干担任党建指导员、1名帮扶干部担任第一书记，落实1～2个包村单位、1个驻村工作队。

其次，精准选派驻村帮扶干部，扶贫队队长一律由副处级以上领导干部担任，并兼任D村党组织第一书记，狠抓党建扶贫双重职责的落实。同时，注重从高校毕业生、退伍军人、农村致富带头人和外出务工经商人员中，通过"双推双考"公选后备干部和乡村振兴专干。

最后，建立联合党组织联席会议制度，制定城乡一体化党建考核评价实施办法，市、县联合开展集中考评，将考评结果作为单位党建考核的重要依据。每两个月开展1次帮扶干部"月度之星"评比，树立实干导向，注重从乡村振兴一线提拔使用干部。

3. 基础设施升级换代

为切实助力枞阳县取得成果，市政府各部门下发了一系列文件，为枞阳县D村基础设施建设提供切实帮助，在村民最需要、最期盼的地方切入，抓重点、补短板。

首先是修路。2018年5月，受当地人民政府的委托，D村扶贫项目道路硬化工程正式开工。两个月后，平整宽阔的公路代替了原本坑坑洼洼的泥路，D村与外界的连接通道被打通，方便了人员往来与技术引进。

其次是供水。从2019年年初开始，枞阳县全面启动了农村自来水并网改造工程，实施城乡供水同网同质同服务，成为安徽首个实现"全县城乡自来水并网的县"。D村从此实现了"用水自由"，农田的浇灌也变得更加方便。

最后是污水处理。枞阳县制定了城乡污水一体化处理发展规划，推动污水处理设施向镇村延伸，形成了覆盖城区、镇街、村庄的污水收集处理网络。项目建成后农村开户费直降 1000 元、每立方米水的价格直降 0.3 元，除每年为全县用户节省 600 余万元外，末端用户供水更加稳定。D 村也是受益者之一。

4. 培训高素质劳动力队伍

为了加大农民教育培训力度，提高农民科技文化素质，枞阳县农业农村局组织实施了新型职业农民培训项目，全过程、多方面地为农民服务。内容包括前期的制定方案，中期的安排培训、监督管理，后期的跟踪服务、总结评价。

根据农民的需求，确定具体培训的专业，实行分类型、分专业、分阶段、小班制、重实训、强服务的培训方式。不仅结合耕种生产周期，分时间、分人员进行培训，还采用线上与线下培训相融合，异地培训与本地培训相结合的方式，系统性、知识性培训与后续跟踪辅导相交融等途径进行培训辅导。另外，枞阳县政府还加强跟踪服务，借助协会、联盟等组织共同发展，在培训中实现了 1 + 1 > 2 的效果。培训结束后，政府仍旧持续多渠道跟踪农业发展，开展政治宣讲、项目推荐、技术帮扶等延伸服务，帮助农民对接金融信贷和乡村电商，加大对农业的支持力度。D 村部分人员也参与了该培训，武装了头脑，为之后的产业发展奠定了基础。

5. 各级政府助力拓展销路

政府积极探索产业可持续发展的路径，为白姜特色产业扫除后顾之忧。一方面，搭建展销平台，举办已脱贫地区农产品云展会，D 村积极参与展示本地种植的白姜，还设置了线下特色扶贫农产品店面，提高在公众面前的曝光度。另一方面，铜陵市枞阳县政府抓住建设国家级电子商务进农村示范县的良机，积极打造"小枞""e 见枞情"两个区域电商公共品牌，并且以县长直播带货为契机引流，促进枞阳县各区域特色农产品线上销售。除此之外，枞阳县政府还编写了已脱贫地区的农副产品目录清单，倡导各地各级各单位工会优先采购已脱贫地区农产品，积极发放职工福利，让各村单位尽量无负担地、全面地参与消费扶贫，帮助农产品打开销路，从而进一步带动产业发展，惠及全县人民。

（二）多方携手助推乡村产业振兴

1. 专家指导，科学选种、种植

经历过前面的挫折，为了科学有效地推进产业发展，D村这次没有草率决策。首先，请了铜陵老姜农来察看地理环境，确认这里的自然条件适宜种植。其次，提取了1米深的土壤样本送至上海农科专业机构进行检测，测量氮磷钾和有机质含量。结果显示，D村的土壤与铜陵白姜核心产区土壤虽略有差异，但总体影响不大，符合白姜的种植条件。

在生姜选种和种植过程中，D村扶贫干部细心听取了专家和姜农的建议。姜种是种植的核心，选种时，为了更好地保证生姜的产量和品质，D村干部把铜陵白姜的原种从姜阁里"请"了出来，引进铜陵核心产区的优质白姜种苗。种植时，为在最大程度上遵从传统种植技法，D村采用了铜陵独有的"姜阁保种催芽"技艺，确保了催芽的效果。

市白姜研究会在白姜的种植过程中也发挥了重要作用。一方面，市白姜研究会组织农技专家到D村白姜种植基地开展技术指导。市白姜研究会一行人认真查看了白姜基地情况，农技专家指出了田间管理存在的问题，强调要进一步加强田间管理，并且对D村开展技术指导服务，为D村的白姜种植解决了许多问题。另一方面，市白姜研究会无偿援助了10吨有机肥，并同铜陵白姜发展有限责任公司成立了技术团队，全程开展技术指导，帮助解决后续产品深加工及销售问题。很快，第一批白姜在D村的土地上"扎根落户"。

2. 合作社统一管理，村民多途径增收

D村成立了自己的生态种植专业合作社，村民秉持着自愿原则加入。农民出让土地经营使用权，交由合作社统一安排，合作社对村民的土地进行流转，提供资金、技术等多方面的支持。

2018年12月，D村生态种植专业合作社与铜陵白姜发展有限责任公司在中华白姜园签订了白姜种植合作协议。公司将有关技术帮扶落到实处，负责对接有关销路，让村民"产得出，卖得完"，切实提高了农民收入水平。

2019年，D村流转了20亩良田作为生姜试验田，建立特色种植扶贫基地。一期实施白姜种植20亩，投资金额包括党建引领款7.4万元，村合作社为13户贫困户垫资入股了2.6万元，产业项目扶持资金20万元。

"我们当时种植白姜，采用'村合作社＋农户'的模式，号召贫困户参加种植项目，13户入股的贫困户每年每户分红都不低于500块钱，同时在生姜种植基地务工的贫困户每人每天劳务费也有100多块钱，最后的（净）收入还要分六成给贫困户。"D村相关负责人介绍道。"我们把贫困户嵌入产业链，让产业链成为他们的'增收链'。"D村第一书记说。

合作社在农忙时会聘请村民们前来务工，并给予劳务费，尽力帮助村民提高收入。其中一位村民，家里条件不好，在姜田务工，成了常驻劳动力，每天工作时长8小时左右，劳务费100元一天，每个月工作10天左右。

"我去年就脱贫了，现在在这里做点活，还能赚些钱补贴家里。"村民高兴地说。

生姜田要轮作，隔年才能种植，合作社为了保证村民的生计和增收，提倡贫困户利用轮作期种植其他蔬菜。"我去年承包了两亩地，不是要轮作吗，我就种了点豆角，卖得也挺好，赚的钱比以前多多了。但是前年吧，雨下多了，姜就短了，不好洗，今年夏天又干，缺水，估计今年也收不了多好……不过村里要是还种姜，我肯定还是种姜，毕竟能挣到钱。"一位村民说道。

"现在的生姜种植还是合作社的形式，下一步是让贫困户直接去种。关键要树立劳动脱贫致富的信念。"D村扶贫队队长说。

3. 企业助白姜生产、销售

在白姜产业发展的全过程中，企业参与必不可少；种植方面，铜陵白姜发展有限责任公司功不可没。2018年12月，在市委宣传部的协调下，D村生态种植专业合作社借助铜陵白姜发展有限责任公司的产业优势，发挥聚合作用，将资本、技术与土地、劳动力等生产要素深度融合。"我们与D村建立了长期合作关系，公司统一出售优质白姜种苗、肥料，在白姜生长过程中派人免费跟踪指导，待白姜成熟再由公司统一收购，不仅帮助解决种的问题，还帮助解决卖的顾虑。"公司总经理介绍道。

"我们和金丰元公司进行合作，他们会帮助兜底一定量的销售。销路打通了就好啦，"村委会负责人跟我们说，"只要能卖得出去，我们就只需要专注搞产量。"

为解决D村生姜的滞销问题，2018年8月，D村举行爱心企业"以购代捐"协议签订仪式。安徽盛美建设工程有限公司、安徽友厚建设工程有限公司、铜陵鑫军建设有限公司分别捐赠了 3 万元，帮助 D 村解决白姜滞销问题，助力白姜特色产业发展。

三、生姜产业可持续发展的成效与困境

（一）生姜产业发展初见成效

在政府的宏观调控下，多元主体积极参与，D 村的白姜特色产业稳步发展。2019 年 D 村生姜种植取得丰收，白姜亩产 1000 斤，村集体增收超过了 10 万元，每户贫困户年分红 500 元起步，参与白姜整个种植流程的贫困群众每户每年收入不少于 1 万元。目前，白姜产业规模稍有扩大，已成为 D 村的核心支柱产业，总体来看，未来可期。在经历了多次产业探索后，D 村终于找到了适合本土发展的特色产业"铜陵白姜"。初尝种植生姜的甜头后，村民们坚定了继续发展生姜产业的信心和决心。

然而，要真正实现特色产业可持续发展，带动乡村振兴，帮助农民致富不返贫，D 村还有很长的路要走。D 村白姜处于产业链底端，附加值低，可以创造的财富终归有限。想要进一步让村民富起来，还需要进一步打通下游产业链。扶贫队队长表示，下一步，D 村将积极探索，将白姜兜底售卖发展为农户自行深加工，提高 D 村白姜的附加值，让人民的生活越来越美好。

（二）生姜产业可持续发展面临挑战

"最大的问题还是销路啊！"村委会负责人坦言。确定将白姜作为主要产业发展后，村合作社便在有计划地扩种白姜，"只要产出能够售完，合作社的村民们收入就能增加"。枞阳的白姜刚刚起步，和"铜陵白姜"是竞争关系，铜陵白姜属于大市场，枞阳产的白姜是小市场。虽然枞阳产的白姜也注册了自己的商标，但是相比于"铜陵白姜"，"枞阳白姜"依旧竞争力较弱。如果铜陵白姜收成较好，枞阳生产的白姜进入市场就会处于下风。基层干部说："我们的生姜有一部分是村民自己在卖，对接的电商平台再帮卖一些，剩下的差不多都被生姜公司兜底了，但是兜底也不是剩多少都能兜，所以行情不好也是会滞销的。"

再者，生姜又怕洪涝又怕旱，在种植过程中如果遇到旱季、雨季，就会使生姜严重减产。"就今年来说，安徽这一带的干旱高温都是上了新闻

的啊!"这些因素使本来就"靠天吃饭"的白姜产业雪上加霜。D村对帮扶单位依赖严重,自身缺少现代科技和先进技术,很难克服种植生姜的自然劣势,收成也较为惨淡。

D村在村的村民多为中老年群体,考虑到这部分人群的身体状况,也考虑到劳动力不足,D村白姜产业的发展依然处于维稳状态,并未大幅扩大规模。此外,D村属于基础的种植基地,并未拓展后续产业链。因此,D村白姜的产品附加值较低,这些年所得利润也比较有限。

在种种原因的限制下,D村的白姜特色产业规模并未大幅扩大,也并未进一步对白姜深加工提高附加值,D村的白姜特色产业似乎进入了停滞状态,"下一步如何规划发展"成为一个难题。如何克服这一难题,既关乎D村白姜特色产业的可持续发展,也关乎D村乡村经济的兴衰与村民的福祉。

四、结束语

在全面打赢脱贫攻坚战后,我国出台了乡村振兴的战略规划,明确了乡村产业振兴的阶段性任务。本案例还原了D村产业发展转变的过程。D村曾通过萝卜、菊花产业实现了暂时脱贫,后因产业不可持续发展不得不转向其他产业。在产业变化的背后,体现出政府决策向着更"科学""民主"的方向转变,单一治理转变为多元主体共同决策。D村生姜产业的发展虽然遇到了瓶颈,但是依然存在多方面的潜能,如:产业链进一步纵深发展;竞争市场的机制矛盾可以进一步协调;D村文旅项目仍待开发;等等。如能从D村政策转换的过程中吸取经验,并且有针对性地解决生姜产业发展过程中的问题,不仅对D村生姜产业的可持续发展具有重要意义,也会为其他地区提供借鉴经验。

思考题:

1. D村发展生姜产业的政策决策过程中涉及了哪些行为主体?不同主体之间进行了哪些互动?

2. 试结合制度分析与发展(institutional analysis and development,IAD)框架分析历次产业探索为发展生姜产业提供了什么经验和教训。

3. 试结合理论分析D村产业选择过程受到哪些因素的影响,以及是如何作出最终选择的。

案 例 分 析

一、理论基础

（一）IAD框架：政策运行调整的构建基础

制度分析与发展（IAD）框架致力于解释外部因素和内部因素如何影响政策结果，将参与者的行为分解成彼此关联、牵制的组成部分，使研究者既可以对具体问题展开详细分析，又可以将各种问题结合起来综合考虑，为研究者提供一套切实可行的分析方案用来评估改善现行的制度安排。2005年，奥斯特罗姆在《理解制度多样性》一书中正式提出了IAD分析框架，此后IAD框架不断发展完善，广泛应用于不同领域。

在本案例中，自然地理气候因素、铜陵市生姜市场状况、通用制度规则等外部变量会对处于行动舞台中的行动情景（政府主导的网络型组织治理模式）和行动者（包括政府、专家、合作社、农民、企业）产生约束。本案例的IAD分析框架如图1所示。行动舞台的相互作用促进了D村生姜产业的发展，也为后续逐渐显现的问题埋下了伏笔。本文从外部变量和行动舞台的相互作用模式入手，分析问题所在，探寻解决方法（参见图2）。

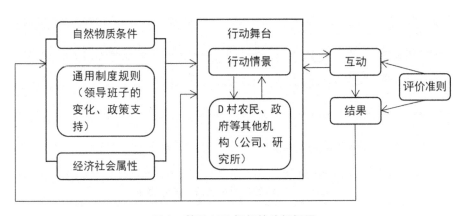

图1　基于IAD框架的分析拓展

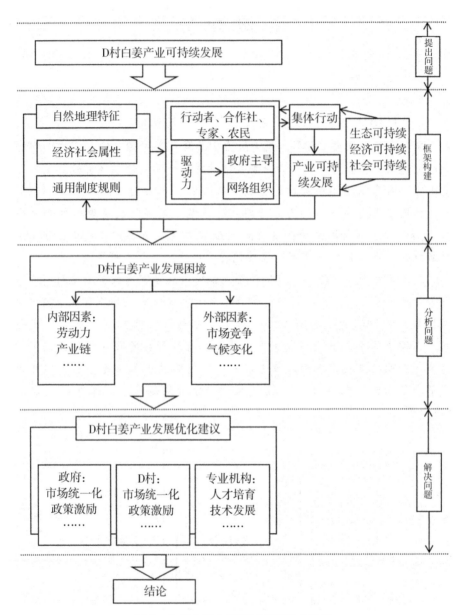

图2　D村白姜生产案例研究技术路线

（二）网络型组织结构：多主体治理运行模式

20世纪80年代以来，互联网与企业运作逐渐融合，企业对原始的运作结构进行革新，网络组织应运而生。网络型结构是网络型组织、群体型组织、自设计组织、基于信息组织和后工业化组织的统称。2000年左右，国内对网络组织的研究呈现出可喜的发展态势。1998年，贾良根发表了《网络组织：超越市场与企业两分法》，首次将网络组织的概念引入我国学术界。林瑞辉、李维安发表的《网络组织——更具环境适应能力的新型组织模式》指出了网络节点对网络组织运行的关键作用。网络型组织是由多个独立的个人、部门和企业为了共同目标而组成的联合体，以独立的个体或者群体为联结点，以彼此之间复杂多样的经济联结为线路，形成了相互依赖、动态灵活的分工协作系统。

D村白姜产业的发展采用"政府引领＋多元主体"的发展模式，以政府为核心，总揽全局，协调各方，专家、农村合作社、企业等多元社会主体积极参与。经过多次探索实践，D村白姜产业得到了初步有效发展。但在实践过程中，依旧存在着问题：帮扶企业主观能动性低，以完成政府指标为目的收购D村白姜；过度依赖以政府为核心的发展模式，导致其他主体间缺乏沟通协调；白姜发展初期销量问题主要依靠政府干预，后期发展缺乏内生动力；等等。而网络型组织的治理机制强调利益相关者的共同参与，充分发挥每一成员的资源和潜力；组织简单灵活且具动态性，依靠灵活机动、多层次的沟通，方便应对随时出现的问题和状况。

二、外部变量

（一）影响行动舞台的自然物质条件

从自然条件来看，D村处于安徽省中南部，在长江以北，气候类型为亚热带季风气候，适宜白姜生长，但该气候也易导致姜瘟病。近几年的研究表明，全国各地的生姜种植基地都会发生不同程度的姜瘟病，损失在10%～30%。市面上目前还没有解决姜瘟的有效药剂。白姜产量不稳定，是D村发展白姜特色种植产业的阻力之一。

从经济条件上看，D村于2018年刚刚脱贫，在村级行政级别中经济发展位列中下水平。相比其他同样种植铜陵白姜的村县来说，D村吸引相关产业投资和合作的能力不够强。从基础设备上来看，D村基础设施基本完善，但是设备水平参差不齐。

（二）影响行动舞台的制度变量

D村白姜产业发展受自然物质条件、通用制度规则等多种因素的综合影响，大致分为以下几方面。

一是政策制度方面。在国家乡村振兴战略规划的大背景下，"十三五"规划期间，D村因地制宜，改变原有的萝卜与菊花产业发展路径，以出台的"万千工程"政策为引导，推行白姜产业发展规划，先后投资建设白姜产业园和文化园。D村的治理政策向更加科学、民主、全面的方向变迁，减少了人力、物力、财力资源的浪费。通过白姜的特色性提高竞争力，发展第二、三产业，为D村产业的可持续发展创造了新的增收点。党的十八大以来，铜陵市持续落实财政补贴，企业化经营与农户种植结合，干部走访开展实地调研，"政府引领＋多元主体"共同发力，推动政策落地生根，为D村白姜产业的发展提供坚定保障。

二是领导组织方面。市委和县委重新整合了党建资源，以"城乡结对、单位包村、干部包户"为准则，对D村实施干部"3＋2"式对点帮扶，领导更加有力，上下联动更加便捷、高效，D村的产业发展情况也能更加清晰、准确地被掌握；与此同时，精准选派帮扶干部，设置选拔门槛，注重从高校毕业生、退伍军人、农村致富带头人等人员中，通过考核与选拔储备人力资源。这一举措有助于优化领导班子，提升干部质量，为干部队伍注入新鲜高质量血液，改善领导效能和实际效果。此外，按期实施城乡一体化党建考核，集中考评、监督约束和激励措施并举，讲求实效实绩。

三、行动舞台——网络型组织

（一）政府引领，整合资源

实践证明，单靠D村的一己之力，难以有效地推进产业发展。为切实推动产业落地发展，政府首先对内部各公共部门进行多种多样的"协同"和"协调"，打破组织壁垒，进行跨部门协作，同时广泛寻求社会其他力量参与到白姜产业的建设中，推动了白姜产业的落地与发展。

一方面，市委宣传部与县委宣传部直接对接D村，听取不同单位的扶贫工作汇报，多单位一起为D村的脱贫攻坚工作出谋划策。涉及的政府部门不下十个，打破了单一部门的组织局限，改革成果显现，提高了治理能力与效力。

另一方面，政府整合专家、企业、合作社等多方力量（见图3），在科学选择产业、白姜产业的落地培育、白姜销售等过程中发挥了重要作用。

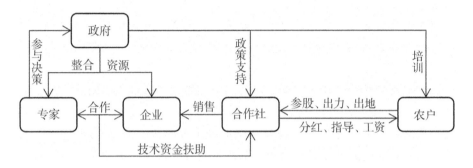

图3　D村产业发展网络型组织互动模式

（二）"政府＋专家"科学决策

政府与专家的互动是白姜特色产业发展的基石，贯穿了白姜特色产业发展的各个环节。可以说，是政府与专家的有效互动达成了"1＋1＞2"的效果。

D村曾尝试种植萝卜和菊花，但都失败了，原因在于产业选择时，并未进行科学决策。D村没有考虑地形、气候、市场等因素，也没有预估其中的风险成本，这才百试不灵。产业的选择与发展是一个多领域相互关联且难以细分的复杂问题，并非政府一方就可以胜任的，这就需要综合各方面的因素考量，听取相关方面富有经验的人或者专家的建议。

在决定种植白姜前，D村扶贫工作人员请到了种植经验丰富的老姜农和农业专家进行实地考察，并配合测试当地土壤气候等条件的适宜性。听取专家的意见后，结合实际情况，D村最终决定发展白姜产业。在种植过程中，白姜研究会同铜陵白姜发展有限责任公司成立了技术团队对D村进行全程的技术帮扶，从地块选择、整地施肥开沟、播种追肥、遮阴、防旱抗涝、培土，到防治病虫害采收的全过程中，合作社都受到了专业的技术指导。此外，专家专门去"姜阁"请姜种，为合作社引入了优质的铜陵白姜姜种。

借助专家的优势无疑使 D 村白姜特色产业发展更具有可行性、科学性和持续性，也使得生姜产业在 D 村"生根发芽"，稳步推进。

（三）"政府＋企业"完善基建

政企融合、公私合作是现代化治理的重要组成部分。企业可以在一定程度上补充政府在组织形式、资源和项目管理等能力上的不足。在白姜特色产业发展这一过程中，二者的互动呈现出政企互补的情况。这可以提高整个治理模式的治理效率，促使政府整合更多资源，推进高质量政策创新。

在完善基础设施建设方面，枞阳县采用政府和社会资本合作（public-private partnership，PPP）模式建设城乡公交一体化项目，由安徽交运集团安庆汽运有限公司作为 PPP 项目中标的社会资本方，为项目投资 3.74 亿元。交通的畅通为生姜产业与外界的联系提供了便利，扫清了 D 村产业发展的一大障碍。除此之外，通过与企业合作，污水、垃圾得到了更好的处理，供电供水得到了改良，为 D 村村民的生活和产业发展提供了便利。

（四）"企业＋合作社"打开销路

在多方帮助下，生姜顺利在 D 村"扎根结果"。看着上千斤的生姜，村民们又喜又愁。只有把这么多生姜卖出去，钱才能实打实赚到腰包里去啊。在打开销路这一环节上，众多企业参与了进来，用自己的方式为 D 村生姜打开了不同的销售渠道。

铜陵白姜发展有限责任公司和金丰园有限公司都收购了 D 村一定量的白姜进行深加工，再通过自己的线上线下销售渠道进行销售。民营企业蟹之都贸易有限公司则通过直播带货的形式，在以淘宝为代表的大型电商平台进行销售，扩大了市场规模和网络影响力。这些企业具有市场化程度高、经济体量大、产业链条长、资源承载力强等特点，借助企业的产业优势，发挥聚合作用，将资本、技术运用得当，很大程度上解决了 D 村生姜销售难题。

此外，一些爱心企业对 D 村白姜进行了兜底收购，虽然是脱离市场逻辑的"强制销售"，但也切实解决了 D 村的白姜滞销问题。

四、总结

从D村的产业更迭来看，"政府引领＋多元主体共治"的治理模式使政府的组织管理能力得到了提高，公私合作程度不断加深。首先，这种模式具有专门性。政府只需要进行总体统筹规划和资源整合，可以"把专业的事交给专业的人"，不仅减轻了政府压力，而且有利于提高产业发展的效率。其次，这种模式具有创新性。该模式不仅创新了组织形式和领导方式，而且创新了公共产品和公共服务的供给，涌现了许多新方案、新思路，打破了产业发展原有的桎梏。最后，这种模式具有灵活性。该模式具有相对灵活的互动机制，在互动过程中可以较为灵活地选择行动策略，进行资源配置，选择合作伙伴。更重要的是，可以根据外部环境与公共需求的变化及时进行调整，因而比起先前单一的组织形式更具灵活性和适应性。

然而，需要指出的是，虽然目前D村白姜特色产业已有很大发展，但内生动力依旧不足。白姜产业可持续发展过程中主要面临两大阻力：一是各主体之间的协调问题。一方面，各方的利益协调尤为困难，D村村民以及合作企业都期望获得自身利益的最大化，从而导致集体行动困境。由于政府的公共权威，白姜产业得以落实发展，但是，政府的推动是有限的，并且这个执行可能是象征性执行、变通执行或者形式主义执行。另一方面，各方的合作不充分。虽然政府在整合各方资源时有意促进各方的协调与合作，但是企业与合作社、研究会与企业之间的互动并不充分，协作也有待进一步加强。二是白姜销售途径的困境。目前D村产业的发展主要依靠以政府为代表的各主体的手把手帮扶，依赖性较强，还未完全成熟。在产业初期采用"强制调节"没有问题，可问题是"自动调节"才能保证产业的可持续发展。因过于受限于企业的收购和政府的兜底，D村的白姜特色产业迟迟未能进入下一发展阶段，陷入了止步不前的瓶颈。

五、促进D村产业可持续发展的政策建议

（一）制定分期化科学种植目标，进一步延长生姜产业链

D村生姜种植现状是规模有限，没有对生姜进行后续深加工的能力，单凭一己之力不能销售完，对外界依赖性较强。想要增加收入，可以从扩

大规模、延伸产业链、摆脱对外界的依赖性入手。

从规模来说，需要结合当地市场经济的实际发展需求，建立多个近期、短期、中期、长期的种植规模目标，逐步实现生姜种植的规模化和集约化，努力打造生姜产业园区。

从产业链来说，D村可以借助帮扶单位的技术，根据本地的环境特征，引进现代化机械以及先进生产技术，逐步摆脱对各单位强烈的依赖性，真正做到掌握技术、自力更生，在学习交流中不断提高生姜的种植加工技术。在扩大生姜种植规模的同时，可对产品进行初级加工。D村可以尝试学习规范作业流程，如"腌制生姜""制作姜片"等，让最终产品的附加值直接回归村民，从而进一步达到增加收入的效果。

（二）优化人才配给，科技助力白姜种植业发展

白姜种植摆脱不了"靠天吃饭"的命运，白姜不抗洪、不抗旱，病虫害高发，当前市场上也没有有效的防治措施和高效的杀虫剂。"科学技术是第一生产力"，而发展科学技术需要人才，人力资本的有效配置需要政府、市场、科研机构的共同努力。

从政府角度出发，可以制定相关人才引进政策，或利用铜陵市甚至省内外的高校资源和企业资源进行课题项目合作或开设人才培养项目，加大科研力度，组织技术攻关，应对白姜严重"靠天吃饭"以及病虫害高发等问题，如研发有效的防治措施和高效的杀虫剂，利用现有资源建立无病繁育良种基地，推广姜种消毒和土壤杀菌杀毒技术，减轻病害的发生程度。

从D村本身出发，可以在资金允许的情况下进一步优化种植途径。例如完善现有的灌溉系统来应对传统白姜种植所面临的干旱、过涝等问题；调节光照条件提升白姜的品质；建造温室以有效抵御冰雹、大风等恶劣天气。在技术上取得生姜种植的突破，不仅能惠及本地大大小小的"姜农"，也会提高"铜陵白姜"这一城市名片的影响力，为全国各地相关行业提供宝贵经验，"联动"造福其他产业。

（三）政府主导规范"铜陵白姜"品牌

枞阳县白姜与铜陵白姜分别为独立的市场，但两者是竞争关系，D村严格按照"铜陵白姜"的种植步骤生产，甚至采用的也是"正宗"姜种，为何不贴上"铜陵白姜"的商标，反而"本自同根生，相煎何太急"呢？再者，享有盛名的"铜陵白姜"也没有严格的品牌标识和行业标准，很多

商家以次充好，甚至低价购买外地生姜，"摇身一变"谎称为"铜陵白姜"在市场上出售。

根据品牌经济理论，品牌商品相较无品牌商品能为生产者带来额外的附加值和附加收益。政府应积极推动行业协会制定"铜陵白姜"品牌的标准以及标识，积极打造具有本土特色的"铜陵白姜"品牌，将铜陵和枞阳县的生姜市场进行整合，对市场进行统一管理，避免无意义的内部竞争。这不仅有助于提高产品核心竞争力，还能促进当地农民收入的提高、农业产业结构的转型和市场的良性发展。

（四）新兴媒体推动产业发展

随着信息时代的到来，互联网技术为产业扶贫提供了新的途径。

"短视频"时代的到来为普通的人们和事物带来了曝光度，运用短视频营销成了产业转型升级、致富创新的新途径。D村不妨搭乘时代的"顺风车"，从品牌形象塑造、媒体广告传播等层面入手，打造具有品牌特色的农业生态旅游体系，让更多农业旅游爱好者了解并喜爱当地的生态旅游，抢占旅游市场的发展阵地。

例如，在村内宣传工作中加入"短视频"拍摄宣传，组织专门的"短视频"小组，以生姜种植加工、村民生活等为内容，进驻"抖音""快手""哔哩哔哩"等短视频平台。打造D村专属IP，吸引流量"直播带货"。发展休闲白姜产业，以姜园观光、趣味农耕以及做传统姜糖等体验式文化活动为契机，打造文化景点、特色农家乐项目，吸引游客实地参观，拓展"产品＋体验＋旅游"的生姜产业新型发展模式。

"天堑"如何变"通途"?

——来自武汉市电梯加装的案例观察[*]

［华中农业大学］

张子缘　高亦楠　马超群　张珺鹏

指导教师：王　巧

【摘要】随着老龄化社会的到来，推动老旧小区增设电梯日显必要。然而，老旧小区增设电梯需要"让居民100%签字同意或至少不明确反对"。破解老旧小区增梯难的问题是摆在实践者和研究者面前的重大现实和理论问题。武汉市X、B和D三个社区的电梯加装工作卓有成效，受到了政府、官方媒体的宣传报道，提炼并推广这些社区的电梯加装经验将有助于整体推进电梯加装这项民生工程的实施。

三个社区，三种不同的社区情景，面临着同一个电梯加装难题，三个社区给出了不一样的"良方妙策"：X社区搭建了"月月谈"平台；B社区利用了"三方联动"机制；D社区依托学校创造性地组建了"电梯加装办公室"推动电梯加装。三个不同的"良方妙策"，背后蕴含着哪些共性之处？又有着怎样的基层社区治理逻辑？我们又该怎样去推广电梯加装的好经验？这些是本案例背后需要深入探讨的问题。

【关键词】增梯改造；困境；社区治理；治理逻辑

＊ 本案例取材于湖北省武汉市X、B、D三个社区电梯加装的真实案例，案例团队于2022年7月对三个社区进行实地调研，取得了一手调研资料，并结合相关新闻报道形成了该案例正文。另外，为减少对有关主体的影响，案例中出现的人名、地名、社区名均做了化名处理，特此说明。

案 例 正 文

"不像以前要爬楼梯，走走停停，现在很方便。"

"买菜、散步、接孙子，每天我都要上下楼三四趟，相比以前轻松了很多。"

近年来，武汉市政府大力推行电梯加装工程，为不少老旧小区居民的生活带来了福音，社区里的爷爷奶奶因上下楼方便，生活便利不少，脸上洋溢着幸福。

然而，自2013年启动电梯加装工程以来，这项惠民政策的实际推行过程却并非一帆风顺，不少楼栋的居民因利益诉求不一在加装电梯上始终无法达成共识，有的地方甚至出现了"对簿公堂"的情况。原本友善和睦的邻里因为电梯加装一事"反目成仇"。如何成功推动电梯加装政策的落地一直是基层管理者面临的难题，不少社区在实践中积极探索，为解决电梯加装难题开出了自己的药方。

武汉市X社区、B社区和D社区为推动电梯加装政策落地进行了不同的实践，基层管理者在推动本小区电梯加装政策落地过程中想出了不少良方，这几个社区加装电梯的数量在街道名列前茅，其电梯加装的经验也得到了武汉市政府的认可和推广。那么，就让我们一起走进这些社区，听听社区居民们加装电梯过程中发生的故事，提炼和总结他们成功的经验。

一、缘起：万事俱备东风来

（一）天时：电梯加装是时代的要求

党的十八大以来，党和国家高度重视老旧小区改造问题，电梯加装作为老旧小区改造中的重要工程，受到了社会各界的广泛关注，成为老百姓讨论最多的热点议题。老旧小区电梯加装对推动城市更新及老旧小区改造都具有十分重要的实践意义。

（二）人和：电梯加装是人们的期望

随着城市的发展，漂亮的高层楼房越建越多，老旧小区渐渐成为"被遗忘的角落"，但居住在这里的居民，不是别人，正是那些二三十年前为城市建设付出青春的人。

由于建成年代较早，受技术和资金等方面的限制，这些多为 4～6 层楼高的老旧小区住宅大多没有配置电梯，居民上下楼仅能依靠楼梯攀爬。随着年龄的不断增加，这些住宅的不便开始凸显，居民们加装电梯的诉求也日益增多，"老了，身体不行了，我们需要电梯"。

据第七次人口普查数据显示，武汉市 60 岁及以上人口占 17.23%，其中 65 岁及以上人口占全市 60 岁及以上人口的 11.81%①。严峻的人口老龄化问题催生出旺盛的增梯需求，而这也要求武汉市电梯加装不断提速。

（三）东风来：增梯政策和出台与探索

为了满足群众的增梯需求，早在 2013 年，武汉市政府就印发了《关于全市既有住宅增设电梯的意见》（武政办〔2013〕158 号）②，正式启动了试点加装。2015 年，国务院办公厅印发了《关于进一步发挥住宅专项维修资金在老旧小区和电梯更新改造中支持作用的通知》（建办房〔2015〕52 号）③，正式将老旧小区电梯加装上升到国家战略层面，并给予了相应的政策支持。自 2018 年开始，"加装电梯"连续五年被纳入国务院《政府工作报告》，措辞层层递进，2018 年为"鼓励有条件的加装电梯"，2019 年变为"支持加装电梯"，2020 年开始明确指出"加大改造城镇老旧小区力度，支持加装电梯"。

2018 年，武汉市根据这 5 年的加装经验与问题，出台了新的指导意见——《关于既有住宅增设电梯工作的意见》（武政规〔2018〕27 号）④，开始面向全市加装电梯，标志着武汉市电梯加装工程由试点进入了全面推广阶段。2022 年上半年，武汉市人民政府对原有政策进行了修订，并完成了对《市人民政府关于进一步促进既有住宅增设电梯工作的指导意见》⑤ 的意见征询。

---

① 湖北省统计局、湖北省第七次全国人口普查办公室：《湖北省第七次全国人口普查主要数据情况（第四号）》，2021 – 05 – 26。

② 武汉市人民政府办公厅：《关于全市既有住宅增设电梯的意见》，2013 – 11 – 07。

③ 住房城乡建设部办公厅，财政部办公厅：《关于进一步发挥住宅专项维修资金在老旧小区和电梯更新改造中支持作用的通知》，2015 – 10 – 17。

④ 武汉市人民政府：《关于既有住宅增设电梯工作的意见》，2018 – 10 – 10。

⑤ 武汉市自然资源和规划局：《〈市人民政府关于进一步促进既有住宅增设电梯工作的指导意见〉的公示》（2022 – 04 – 29）［2022 – 05 – 20］，http://zrzyghgh. wuhan. gov. cn/zwdt/tzgg/qtgs/202204/t20220429_1964919. shtml。

二、困境：重重难关如何闯

一个单元，十几户人家，"需要每户都能签字同意电梯加装"，简单的几个字需要很长时间才能完成，甚至完成不了。不同的楼栋，不同的情况，反对的声音"各式各样"："加装电梯影响我原本的生活"，担心遮光、有噪音；增设电梯的方案不能满足全部人的意见；出资问题难以协商一致；等等。

如何"让居民100%签字同意或至少不明确反对"，已成为老旧小区加装电梯工作中面临的最大拦路虎，解决好这个问题，电梯加装就已经成功了一半。要解决好这个问题，唯有不断地协商。"协商"，简单的二字，操作起来却十分困难。"挨家挨户做工作，登一次门不行，就登两次，白天见不到，就晚上等着房主下班回来"，"不断地跑上跑下"成了电梯加装过程中的常态，这个状况更是贯穿于整个电梯加装以及后期维护的全过程。如何协商，武汉市 X 社区、B 社区和 D 社区给出了不同的良方。

三、药方：协商换得电梯来

（一）社区素描

X 社区、B 社区、D 社区，三个社区，三个不同的社区情景。

X 社区位于武汉市江汉区唐家墩街道，地处两区四街结合部，是一个混合型的大社区。"下岗失业困难群体多、流动人口多、维稳对象多、有物业公司管理的小区少"的"三多一少"构成了 X 社区的一大特点。社区人口结构复杂、人员流量大、贫富差距大是其特殊社情。

B 社区地处武汉市江岸区，社区占地 5.5 平方公里，居住着 18 万多人，是集商品房、经济适用房、廉租房于一体的混合型社区，居民之间联系较弱。其独特之处在于不设街道办事处，直接与区政府对接，社区党群组织、政府职能部门、居民自治组织、企业经济组织等相互整合，共同形成了社区"大治理"格局。

D 社区位于 H 大学校园内，属于典型的单位型社区。社区内辖三个完整居民区，大部分房屋建于 20 世纪八九十年代，居民多为退休或在职教职工，管理主体包括 H 大学、党组织、社区工作组织、居民及其自治组织。

（二）协商妙计与良方

社区情景不同，X、B 和 D 三个社区针对增梯难题，开出的良方也不尽相同，但相同的是基层工作人员为人民服务的决心。他们知难而进、迎难而上，为老旧小区电梯加装奔波在路上。

1．X 社区——"小区治理月月谈"

推动老旧小区增设电梯，是党和国家对人民日益增长的美好生活需要的具体回应，也是实现社会高质量、高效益均衡发展的必然要求。X 社区充分利用"小区治理月月谈"自治平台，努力把电梯加装这项民生愿景变成幸福实景，让居民"直达"幸福生活。

友安花园是 X 社区辖区内有着 20 多年历史的老旧小区，共有 164 户居民，其中，中老年人较多。"谈出居民的烦心事"，电梯加装是这个小区居民最大的烦心事。在 2021 年，友安花园正是通过社区的"月月谈"平台，凝聚起居民的共识，成功加装上了多部电梯。

"党委搭台、社区牵头、居民唱戏"，面对友安花园的电梯加装难题，社区董书记第一时间召集小区党支部、下沉党员、物业等力量，动员他们利用线上线下平台，收集小区内居民的意见。社区不仅会主动邀请支持和反对加装电梯的居民代表到场，让大家在这里畅所欲言，也会邀请街道、区城管局、区房地局等部门的相关工作人员坐在一起交流讨论。在"月月谈"的现场，通过报数调整居民代表的座位，打乱熟识就座规律，"我说你听、你说我听"，互相分享意见与心声，每个圆桌推选出一名"桌长"汇总记录居民意见并进行分享。"没有对错，只有不同"，提出的问题会直接得到现场有关部门工作人员的解答。小区内的问题由大家一起商讨解决之策，一起找出最好的解决方法。通过"月月谈"商讨出促进电梯加装的办法后，业主自治委员会和社区工作人员会组织电梯公司商议规划，并且会逐户上门征求意见。"有位住户一度不同意，前后上门 6 次才沟通好"，友安花园业主自治委员会艾主任回忆到。"月月谈"制度在友安花园电梯加装上取得了好的成效，到了今天，友安花园小区已安装了 3 部电梯，正在安装的还有 4 部。

"月月谈"平台从来不是一个人的一言堂，每一位居民都可以在小圆桌前发表意见、分享想法。小区里的业主自治委员会是"月月谈"的重要参与主体，针对友安花园电梯加装这件事，业主自治委员会艾主任说：

"我们给大家做了这方面的介绍，电梯怎么加装，有哪些程序，要怎么走，各个单元就会组织这个工作，因为需求不同、费用不一样，所以这个工作必须每个单元来做，业主自治委员会在里面起到一个引导的作用。"

X社区的小区治理"月月谈"机制起源于2020年初的老旧小区改造。通过"民事民提、民事民举、民事民议、民事民解、民事民管、民事民评"这六个步骤解决好社区治理中的短板和问题。时至今日，小区治理"月月谈"已经成功举办了八期，解决了改造拆违、加装电梯、物业收费、搭建电动车棚等20多个"急难愁盼"问题。X社区董书记表示，搭建小区治理"月月谈"平台，目的就是解决居民的烦心事、操心事和揪心事。电梯加装，困难重重。如何加装电梯、电费及维修费如何分摊、是否会影响低楼层居民居住等与之相关的一系列问题，最终都在一张张小圆桌上得以解决。

家住友安花园的杨先生和老伴儿早上买菜归来，新加装的电梯将他们送到6楼家门口。他说："过去回来了就不想下去，上楼了就不想下楼，现在不一样了！"在X社区里，像杨先生这样因加装电梯而享受到幸福生活的居民越来越多。电梯加装难题不止发生在友安花园，X社区辖区内的丰穗花园也正是通过"月月谈"平台解决好了电梯加装的烦心事，越来越多的电梯加装完成，越来越多的笑容洋溢在社区居民的脸上。

2. B社区——"三方联动聚合力"

"一人走百步，不如百人走一步。"面对电梯加装难题，B社区另辟蹊径，将社区特色——"三方联动"机制很好地运用在这件民生实事上。"三方联动"机制是指在社区党组织的领导下，居委会、业委会和物业公司民主协商解决小区治理问题。该机制让物业等社会力量融入社区治理，整合资源，形成合理方案，减少推诿扯皮，提高管理效能。

电梯加装，不同的居民有不同的利益诉求。整合利益诉求、凝聚共识，是电梯加装的第一步，往往也是最困难的一步，这个过程需要依靠楼栋里的"两长四员"来实现。在B社区，每个小区有党支部，每个楼栋有党小组，配有社区党小组长、楼栋长以及卫生员、治安员、文体员和物业管理员等角色。当楼栋居民提出想要加装电梯的时候，这些"两长四员"便会主动去收集每一户的意见，明确居民是反对还是支持。如果楼栋内部无法完成加装电梯的协商，那么楼栋党小组便会去寻求业委会、居委会等力量的帮助，利用好"三方联动"机制，组织召开楼栋居民代表会议，针对电梯加装的出资问题、补偿方案等进行协商。对于某些"不易改变"的居民，业委会、居委会和物业三方会联合共同走进居民的家里，打开心扉、了解难处，扎扎实实地了解居民所想，认认真真地去解决好居民增梯过程中的问题，争取让"反对"变"赞同"。

电梯加装，说到底是居民自己的事情，而"三方联动"机制所坚持的正是"主导不包办，群众说了算"的理念。在电梯加装过程中，运用好"六步议事"举措，引导居民按照"提议题、出主意、拟方案、开言路、定公约、居民表决"等步骤，实现民事民提、民事民议、民事民决、民事民评。通过"六步议事法"，B社区上百户居民圆了"电梯梦"，"直达"幸福生活。同时，"三方联动"机制与"六步议事法"不单单解决了电梯加装这一难题，也解决好了广场舞噪音扰民、小区停车难、物业费调整等棘手问题。20多年来，18万人的超大社区，做到了没有大的邻里纠纷、没有越级上访、没有群体性事件。居民们骄傲地说，"选择这里，就是选择了幸福生活"。

3. D社区——"电梯办，办加装"

D社区与X社区和B社区最大的不同在于，其是一个典型的单位在场型社区，H大学作为一主体参与到社区的治理过程中。

2016年，学校积极响应武汉市《关于全市既有住宅增设电梯的意见》（武政办〔2013〕158号）的号召，印发了《H大学关于校内教职工小区住户申请加装电梯（试点）的通知》（校发办〔2016〕7号），完善校内教职工的住宅功能，启动校内教职工住宅电梯加装与使用（试点）工作。为了进一步做好D社区的电梯加装事宜，在2017年，学校特地委托校园建设与安全保卫部设立了电梯加装办公室（简称"电梯办"），方便电梯加装申报的工作。电梯办的设立正是D社区与X社区、B社区最大的不同之处。

D社区电梯加装的现行政策仍是学校2016年下发的文件，其中指出单元住户全部同意方可通过学校申报，而这一点也与武汉市现行的电梯加装文件精神不符。对此，电梯办赵老师解释道："学校这项要求与武汉市的文件精神不一致，是因为主要考虑到我们社区的特殊性——住户多为退休教职工，对他们要有一种关怀和温情，不能像外边社区一样。但居民如果想要按照三分之二的政策实行，可自行通过街道办事处来完成申报，我们会给予相关指导。"

电梯加装，难在协商。正是因为D社区居民的特殊性，电梯加装的协商往往会通过电梯加装办公室进行，由电梯加装办公室成员与学校离退工作部的领导和工作人员一起完成。也正是因为这种特殊性，在电梯加装协商过程中，还会有许多持反对意见居民的老领导、老同事参与其中。家住 D 社区的李教授回忆道："我们楼栋电梯的加装离不开某学院党委书记的帮助，他是我们这栋某户的老领导，在我们的协商过程中，帮我们做了不少工作。"在整个协商过程中，社区也尽力发挥自己最大的作用，关心每一位住户的意见和建议，综合集体利益，协助电梯加装办公室开展有效的协商。

四、追问：问题真的解决了吗

"高层住户迫不及待、低层住户百般阻拦"，面对这两种对于"增梯改造"截然不同的态度所引发的一系列矛盾，各个社区各显神通，借助诸如"月月谈""三方联动"等机制寻找解决方案，尽全力想要帮居民解决好电梯加装这件事。但问题真的可以迎刃而解吗？

X 社区的小区治理"月月谈"机制为小区居民提供了一个与街道、社区党员干部、区城管局、区房地局等有关工作部门面对面交流、解疑释惑和组织协商的自治平台，这样的机制的确取得了一定的成效。但是，这样的机制真的可以完全解决电梯加装这件事吗？

X 社区丰穗花园业委会的李奶奶表示，社区提供的"月月谈"平台出发点是好的，但是仍有一定适用的局限性，起码并没有为电梯加装过程中高低层住户间矛盾的解决提供实质性帮助。同时，社区除提供协商平台外，也没有进行其他作为。整个丰穗花园小区的电梯加装全过程基本上都是李奶奶在负责，而电梯加装所面临的最大阻碍就在于让住户意见达成一致。由于意见不合，原因千奇百怪，不具有共性，只能靠自己一对一、点对点地去协商沟通，这一过程也免不了动用不少人情往来，可谓十分艰难。在住户达成统一意见后，社区只需要见证签订协议即可，之后便是联系施工单位进行设计施工，而这一环节以及后续对于施工全程的监督也都是由李奶奶负责的，社区只进行了一些盖章等必要的流程性手续。这与 2019 年国家住建部、发改委与财政部联合发文《关于做好 2019 年老旧小区改造工作的通知》（建办城函〔2019〕243 号）① 中所要求的"业主主

---

① 住房和城乡建设部办公厅，国家发展改革委办公厅，财政部办公厅：《关于做好 2019 年老旧小区改造工作的通知》，2019 - 04 - 15。

体、社区主导、政府引领、各方支持"原则显然并不相符。

不可否认，X 社区的"月月谈"解决了不少群众"急难愁盼"的事情。现行的"月月谈"是针对一个小区开展专场活动，专门解决这个小区的事情，但是，电梯加装是一件需要依赖平时多协商才能完成的事情，一次专门协商或许根本无法彻底完成共识的凝聚。或许，"月月谈"制度在电梯加装方案设计、规划等方面具有很大的优势，但是在协商达成共识方面，它还有很长的一段路要走。

X 社区电梯加装的协商困境不是个例，社区无法很好地介入是一个共性问题。在 D 社区，居民绝大部分都是退休的老教授、老领导，有事往往不会通过社区解决，而是直接寻求学校的帮助。"这哪有社区说话的份呢？都是老教授、老领导，社区书记去都不一定能说上话，更何况是那些小姑娘呢？""我有问题就直接去找学校离退休工作部的书记、部长解决。"种种困难使得社区在电梯加装这件事情上"权能不足"，可以发挥的作用十分有限。

不能否认社区为人民服务、想要促成电梯加装这件民生实事的初心，但是这与其自身能力（或权力）不相匹配。社区在电梯加装这件事情上往往有心而无力，而这也是许多居民"吐槽"社区的地方。在一些协商迟迟无法达成一致的楼栋里，有部分居民会认为电梯加装这件事情需要社区与政府"强制"推行，用一种行政命令来促成电梯加装。但事实上，社区或者政府不能这样做，更是没有权力这样做。

五、关键：电梯加装的"牵头人"

电梯加装的出发点与落脚点是居民负责制，真正能够发挥决定性力量的正是这些居民，无论在哪个社区，这一点都是不会改变的。那么，社区中的能人或者带头人自然不可以被忽视，也正是因为他们的付出与努力，才换来了越来越多的电梯加装成功。

B 社区居安苑的志愿者邹爷爷正是这个小区中电梯加装的总牵头人，近 4 年来，经邹爷爷牵头，居委会、业委会、物业公司"三方联动"，B 社区居安苑里的 6 个单元楼都安装上了电梯。

当时，许多腿脚不好的老人因为没有电梯而无法下楼，只能呆坐在阳台上眼巴巴地望着楼下。2018 年，武汉市出台了《关于既有住宅增设电梯工作的意见》，66 岁的邹爷爷主动请缨，当起了加装电梯的"牵头人"。

起初，邹爷爷认为有武汉市政府的政策指导，再凭借自己多年来与居民打交道形成的良好关系，电梯加装这件事情会十分顺利。但是事情远没有他想得这么简单，"需要协调的事情太多了"，他说道。不仅需要学习相关政策法规，还要调研电梯品牌、价位、维护等内容，更要挨家挨户上门征求意见。加装电梯关系到每户居民的切身利益，有一户不同意，加装工作就无法完成。"记不清楼上楼下跑了多少趟，只知道一天忙下来，腿都在发抖。"邹爷爷说。

居安苑 D 区 408 栋三单元是最早提出需要加装电梯的单元之一。经过邹爷爷前期走访协调，到 2018 年末，该单元已有 12 户业主签字同意加装电梯，但有两户业主担心电梯会影响自家的采光，极力反对。2019 年元旦，邹爷爷和居委会的工作人员来到其中一户居民家，刚开口，对方便"嘭"的一声将大门关上，隔着门撂下一句话："装电梯的事没得谈。"吃了闭门羹的邹爷爷愣了半晌。

后来，邹爷爷改变了策略，不再上门劝说，而是时不时在苑区与他们"偶遇"，话题也由装电梯改为了聊家常。逐渐地，两户居民放下了心中隔阂，对加装电梯的话题也不再那么抵触。2020 年底，居安苑另一楼栋电梯加装完成并投入使用，看到漂亮的电梯和业主们开心的笑容，邹爷爷欣慰不已，他觉得 408 栋三单元加装电梯的时机已经成熟。邹爷爷将不愿加装的两户业主带到新加装电梯的楼栋下，请他们一同去居民家中实地考察，发现加装电梯对家中采光影响确实不大后，两户业主态度松动。邹爷爷趁热打铁，从电梯到楼房的间距、个人隐私、出行方便性等各个方面耐心劝说，一周后两位业主终于同意了签订加装电梯协议。2021 年 8 月，408 栋三单元居民期盼多年的电梯梦终于实现。竣工当天，邹爷爷抬头望着笑逐颜开的居民们坐着电梯进出家门，眼眶不禁湿润。

加装电梯是长战线，邹爷爷表示，"加装成一部电梯，要忙活 2 年"，但是他从来没有因为辛苦而放弃。他说，"自己辛苦一点不算什么，只是希望'老房加梯'更高效、更有保障，实现'成片式、规模化'加梯新模式，推广到更多小区"。因与电梯加装结缘，邹爷爷成了远近闻名的"加梯达人"，B 社区其他苑区都来向他"取经"。

邹爷爷不仅是一位电话 24 小时不关机、随叫随到的社区志愿者，也是一位 39 年党龄的老党员，支撑他不断走下去的正是社区里的志愿服务文化与党建的力量。B 社区中像邹爷爷这样的社区志愿者有 4 万名之多，其中绝大多数都是共产党员。"不图名、不图利，图的就是帮助到他人后的那份欣慰和幸福"，这也正是 B 社区"三方联动"机制的基层与根基。

在 X 社区和 D 社区中，像邹爷爷这样的电梯加装牵头人还有很多，他们有的是小区业主委员会成员，有的是楼栋长，有的是有影响力的社区能人，但都有一个共同的角色——那便是一名共产党员。家住 D 社区的李教授说："我是一名有着 50 多年党龄的老党员，党有号召，我有行动，党号召我们党员同志为大家办实事，把电梯加装这件实事办好就是我的初心与使命。"这不仅仅是李教授的心声，也是无数为电梯加装奔波的党员同志的共同心声。恰如 B 社区业委会主任胡奶奶所说，"人民群众在哪里，民生需求在哪里，党建引领就应该覆盖哪里"。

六、反思：仍有问题待解决

推动加装电梯政策落地的过程注定不会一帆风顺，面对加装政策与程序，这些电梯加装牵头人也"有苦难言"。到了今天，武汉市政府先后印发或公示了三份指导意见，这些指导意见真的能够让电梯加装牵头人满意吗？

降低同意比例，在基层实践过程中往往并不会运用；意见中的政策弹性较小，使得政策执行主体在执行政策过程中所能操作的空间过小；电梯加装过程需要严格按照程序进行审查并通过，但是不合理"留痕"的工作方式不仅增加了电梯加装牵头人的工作量，也更会让居民产生负面情绪……对于那些主动奉献的电梯加装牵头人来说，这些在实际过程中发现的问题需要得到有关部门的重视，也需要寻求到合理且有效的解决办法。

七、结束语

老旧小区不应该成为城市建设"被遗忘的角落"，让"老居民"享受到"新生活"，是摆在城市管理者面前的一道必答题，能否答好、答对，答到老百姓的心坎里，实现以"新"换"心"，考验着一个城市的社会治理水平，也考验着街道社区基层的治理能力。如何把电梯加装这件民生实事办好，X 社区、B 社区和 D 社区给出了各自的良方。无论是"月月谈""三方联动"，还是电梯办的设立出现，社区党组织、社区居委会、业主委员会和物业公司都密切配合，让居民主动参与，使居民成为积极为小区建设奉献力量的主人翁，这便是三个社区的共性之处。

小电梯，大民生。武汉，是全国的缩影。据中国建筑技术集团有限公司既有建筑增设电梯研发中心副主任、总工程师史学磊的调研发现，全国17万个老旧小区中，共有将近200万个单元没有电梯①，增梯需求十分大。"民有所呼，政有所应"，越来越多的城市将老旧小区加装电梯列为重要民生实事项目，越来越多的电梯开工、竣工！

加装电梯，人们翘首期盼、拭目以待！

思考题：

1. 根据本案例，并结合实际，你认为老旧小区电梯加装过程中会遇到哪些困境？

2. 在本案例中，电梯加装过程是怎样体现"党政统合"与"自主治理"过程的？这两个过程又是怎样实现链接并发挥作用的？这样的结合有哪些意义？

3. 案例中的三个社区在增梯政策执行过程中存在哪些不足？可以怎样进一步完善？对于其他社区有哪些借鉴意义？

4. 在你看来，电梯加装完成以后，可能出现的后续问题（如电梯维护等）有哪些？又该如何去解决？

案 例 分 析

老旧小区增梯难的"小切口"诱发我们去思考公共管理的"大问题"。此案例聚焦于电梯加装政策的执行与落地，关注居民与不同机构之间的互动，反映了许多值得探讨的问题。从政策执行与社区治理角度分析，本案例值得讨论的关键要点如下。

一、嵌入性治理视角下老旧小区电梯加装困境识别

"嵌入"一词最初是由波兰尼提出的，他用"嵌入"和"脱嵌"来描

---

① 李斌、关桂峰、李嘉瑞：《88 级台阶，终于不再是座"山"——北京老旧小区加装电梯现状调查》，新华网（2022－07－20），http://www.xinhuanet.com/politics/2020－04/14/c_1125853079.htm。

绘经济与社会的关系。随着研究的不断深入，"嵌入性"理论被广泛应用于政治学、管理学、社会学等多个领域。在社区治理语境下，所谓嵌入式治理，指的是由于政府、企业等行为主体受到社会、文化、政治和认知等结构化因素的强力影响，须嵌入社区整体变迁的框架中，在明确掌握社区宏观社会结构和微观社会群体需求之后，才能够更有效地解决社区问题，实现社区治理的目标。

本案例中，"增梯改造缘何难以推进"主要是因为"治理主体行动的单向性""治理手段脱嵌于社区"与"治理机制的不健全"。

（一）治理主体行动的单向性

党组织、政府等外源主体是老旧小区增梯改造的参与主体，须完全嵌入社区并与社区形成良好互动关系才能从根本上推动增梯改造。然而，当前老旧小区的外部主体与社区处于各司其职的割裂状态，难以形成合力，具体表现为党组织、政府和社区的单向行动。

第一，政府与社区的单向互动。在治理实践中，政府与社区之间的互动主要依靠行政命令，社区往往被动接受行政指导，二者之间缺乏良性互动。政府作为增梯改造项目的决策者和实施者，并没有积极主动回应居民的意见。而社区居委会的定位是居民的自治组织，单凭社区的人力、物力和财力难以解决增梯过程中存在的巨大矛盾。

案例中的三个社区在推动电梯加装过程中最大的困难在于，只要楼栋中有一户或两户不同意加装，电梯加装就会受阻，而这样的困境正是由于政策规定——要求"房屋专有部分占建筑物总面积 2/3 以上且占总人数 2/3 以上业主同意"，但其他业主要表态"不反对、不参与"，方可进行电梯加装，这样的规定相当于一票否决制，少数决定多数。同时，现行的政策并未要求反对业主出具合理的情况说明，只需表达意见即可。这样的规定让反对者几乎无成本，赋予了反对群体极大的实质性影响力。

该问题并不是首次提出。十余年来，人大代表、政协委员向市政府提交了建议，普通市民也通过多种方式提意见，但是暗含"一票否决"的该项规定始终未能得到政府的回应，政府也未能提出相应的避免方法。

第二，党组织与社区存在融合障碍。首先，受限于老旧社区特殊的治理情景——社区建成时间早但党组织"进场"较晚，党组织往往规模较小，能够有效统筹协调的资源与服务极为有限，成为无法有效开展工作的悬浮型基层组织，难以在电梯加装过程中开展有效的政治工作。其次，社区党组织的成员多为退休老人，年龄普遍较大，在责任与阅历上虽然有着优势，但受身体健康等因素的影响，难以及时且高效地解决问题；少部分年轻党员在其单位也有工作需要忙、有党务活动需要参加，没有充沛的精力参加社区党组织的活动，更遑论主动参与解决社区的难题。

（二）治理手段脱嵌于社区

一般来讲，社区治理手段包括制度化和非制度化两种手段。其中，制度化治理手段指的是法律、政策等正式制度，而非制度化治理手段指的是社会关系、价值观等非正式制度。在老旧小区的治理实践中，正式的制度手段难以嵌入社区，而以约定俗成的习俗和价值观为代表的非正式治理手段也没有完全发挥作用，甚至会起到反作用。

第一，制度化手段悬浮于社区。对于大部分老旧社区的居民来说，他们希望政府出面"为民做主"，希望通过行政化手段强行推动电梯加装，但是，电梯加装属于楼栋业主的自行为，行政手段的介入与法不符，因此二者之间产生了矛盾，部分居民会认为政府"毫无作为"。

第二，非制度化手段的影响力不稳定。传统熟人社会里，非制度化手段对社区问题的解决起到了"润物细无声"的作用，这与非制度化手段源自居民们共同的生活实践有关。然而，这种非制度化手段在老旧社区的治理中所能发挥的影响力并不稳定，甚至有时会起到负面作用。对于电梯加装来说，邻里关系的好坏是其能否成功的重要因素。若邻里间早已存在矛盾，则易产生反对群体。

（三）治理机制的不健全

在实践中，大部分老旧小区在增梯改造问题上并未形成良好的沟通或协商机制。当居民将问题反映到居委会时，社区居委会会派出人员介入协商，但是其工作主要是安排时间、寻找场地、进行记录等，其他大部分工作仍需居民自己来开展，即由同意加装群体自行给不同意群体做工作。结果是效果不佳，且容易打击到居民的积极性，不利于电梯加装。

二、武汉市电梯加装经验的提炼："党政统合"与"自主治理"

现代意义的治理理论是从西方首先发展起来的，埃莉诺·奥斯特罗姆在其著作《公共事物的治理之道》一书中指出，"治理就是共同确定规则用以约束个体及集体行为的方式"。随着研究的不断深入，治理被定义为集体行动的决策过程，意味着一系列利益相关者，例如政府、商业组织、市民社会、劳工组织等作为多元行动者参与的过程。

治理作为公共管理领域的一个重要概念，其本身内含了合作属性。安塞尔与盖什对于"合作治理"作出了经典定义，认为合作治理就是公共行动者和私人行动者通过各种方式共同制定公共物品的供给规则，共同作出一致同意的决策过程。西方的合作治理理论应对的经济社会问题是高度发达的市场经济和原子化社会，是应对政府科层化、寻求灵活性和高效提供公共物品与服务的一种新的治理方式，本质上是政府治理走向市场化的一种改革，其中可以没有政府这一主体，也不需要依靠国家的强制力量来实现。

在中国语境下，社会治理有着不同的需求和特点，西方的合作治理理论不能完全适用。中国的社会治理需要面对传统农业社会、工业社会乃至后工业社会同时叠加的问题，需要政府承担元治理的角色，需要坚持中国共产党的领导，发挥好中国之治的优势，因此，中国语境下的合作治理更多的是在强调一种"与政府共享裁量权"的合作，也由此，薛澜等指出，在中国，"'国家'才是'国家治理体系'这一概念的核心"。

聚焦本案例中的三个社区，针对电梯加装难题，三个社区所选择的执行策略具有一定的共性：强调社区党组织的引领；强调与电梯加装相关方的配合；强调党员群体的作用。三个社区促进电梯加装的过程也正是党政统合与自主治理相链接共同作用于社区治理的过程（如图1所示）。

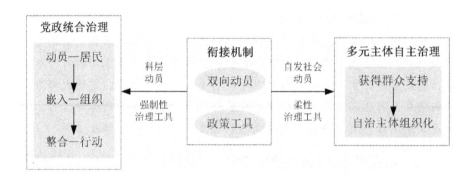

图1　党政统合与自主治理的实践逻辑

（一）自上而下的党政统合治理

党政统合是一种以基层问题为导向，以层级动员为动力，以及由此表现出来的统领、整合的能力。具体来说，是指党委负责领导与决策，政府负责抓落实。在电梯加装过程中，通过"动员、嵌入、整合"三种机制来实现。

1. 动员机制：身份与情感

"动员"是指发动人群加入某项活动。中国共产党的动员兼顾党员和群众，通过"身份"和"情感"实现有效动员。本案例中，楼栋中的共产党员既是楼栋中的业主，与其他居民共享公共生活空间，又必须时刻保持思想上的先进性，勇于担当。面对楼栋中的电梯加装，他们既要服从党组织的身份动员，又要嵌入居民社会，以情感动员的方式发动普通民众参与公共事务，以身示范。在三个社区中，正是因为有这些积极作为的党员先锋主动解决问题，才能有越来越多的电梯加装成功。

2. 嵌入机制：组织与服务

"嵌入式党建"是一种协商参与、合作治理的社区党建工作新方式，党员嵌入社区管理或服务组织，组成居民自治的集体行动单元。

一方面，以组织嵌入参与社区治理。从横向来看，参与社会治理的各类组织中均设有党组织的核心机构；在纵向层级上，党组织从中央一直延伸至街道、社区、院落、楼宇等社会治理的微小单元。以案例中的 B 社区为例，其始终坚持发挥党建引领效能，到现在，B 社区已经建立起完善的"两长四员"制度体系，每个小区有党支部，每个楼栋有党小组，配有社区党小组长、楼栋长以及卫生员、治安员、文体员和物业管理员等角色。B 社区这样充分且严密的党建网络的建立源于长期的努力。在社区刚组建之时，社区党委便主动在小区内的各群众性队伍里推进党建，通过一点一滴的积累逐渐完善了社区党建网络，到了今天，这些群众性队伍里的党建网络仍然保留，真正实现了党建全覆盖。

另一方面，以服务嵌入重塑社区关系。党组织嵌入小区与楼栋之后，为居民提供服务，解决他们日常生活中面临的困难，实现党的功能与居民的日常生活联结，拉近党群的距离，让群众真切地感受到党组织的力量。案例中 B 社区电梯加装的成功离不开每个楼栋中的党建网络，楼栋党小组成员主动承担起了"牵头人"的角色，面对楼栋中不同意的声音，党小组积极进行协商，尽可能将电梯加装这件事在楼栋中解决。

3. 整合机制：观念与行动

政治整合是功能各异的组织之间基于共同目标积极寻求协调统一并抵御组织过度分化的过程，中国共产党可以通过观念和行动两种基本形式进行整合。

观念整合是指党通过多种渠道将意志传导给国民或组织，成为后者的基本信念和行动准则的过程。以本案例中所聚焦的电梯加装为例，其是对老年群体美好生活需求的一种满足，贯彻了"以人民为中心"的发展理念。在访谈中，家住D社区的李教授对我们说，"谈电梯加装，我们首先要认识到这是党和国家给予我们老年群体的一项惠民政策"。武汉市政府及相关部门正是在党的这种意志下做好电梯加装工作的，其自觉地将党的意志转化为具体行动。

行动整合强调要健全"一元多核、共同治理"的机制，发挥好党的领导作用，利用党建组织网络，有效整合社区资源，提升治理能力。案例中的电梯加装的协商过程是在社区党组织的统一领导下进行的，社区党组织联合好各小区、各楼栋党支部或党小组的力量，利用好党员、群众、其他组织等社区资源，"心往一处想、智往一处谋、力往一处使"，共同做好了电梯加装这件事。

（二）自下而上的多元主体自主治理

社会治理主体远不只有党政主体，民众和社会组织也是不可或缺的主体。在电梯加装过程中，自主治理主要通过以下两方面来实现。

1. 动员机制：整合多方主体参与

基层积极撬动精英群体、专业社会力量、各类组织、普通群众等自治力量，通过获得关键群体支持，实现多元主体的协同共治。在电梯加装过程中，社区能人、退休老党员、德高望重的居民、社区志愿者等传统的非正式关系资源成为治理最主要的精英群体。他们拥有广泛的社会资源，能够发挥自身优势，是动员居民支持与公共参与的重要力量。

2. 组织机制：搭建常态化平台

个体应对复杂问题的能力是有限的，有必要联合成组织或团体，以集聚各类社会资源，扩展个人行动能力，从而达成集体行动。对于加装电梯这件事来说，一方面，退休党员、热心居民、志愿者等治理个体通过"自发组织""主动参与"等方式组织起来，以自组织的方式主动建言献策，合力解决社会治理难题；另一方面，基层以"积极培育""广泛发动""有针对性引导"等他组织方式将分散的治理个体组织起来，形成"居民议事会""业主委员会"等平台，引导各类主体参与。

（三）党政统合与自主治理的有效衔接

党政统合与自主治理的有效衔接是三个社区电梯加装政策成功推行的关键。实践中，双向动员和政策工具是基层管理者将两者有效衔接起来的手段。社会学家迈克尔·曼认为动员能力是"国家渗透社会及落实政治决策的能力"，是国家协调多元治理主体共同管理公共事务的过程。如果从动员的主体角度划分，可以将动员划分为由政府采取行政命令发起的政治动员和由社会自发进行的动员两种。不用的动员方式依赖于不同的治理工具。

在本案例中，通过党员示范、精英推动、民众参与实现了自上而下的社会自发动员，基于居民的身份、凭着人际资本、通过柔性治理工具推进了电梯加装。在这里，柔性治理工具是指采取非强制性手段激活基层社会、积累社会资本、渗透基础权力的一种治理方式。

但是我们也可以看到电梯加装过程中自上而下的政治动员的缺乏。一般而言，自上而下的政治动员利用强制性治理工具通过组织链接、行政授权、绩效考核等方式实现。当前，党组织系统下延的过程基本实现；未来，要利用好压力传达和强制性政策工具做好电梯加装这件事。武汉市政府可以借鉴杭州市电梯加装的经验。杭州市出台了《杭州市老旧小区住宅加装电梯管理办法》（杭州市人民政府令第324号）[1]，其通过政府规章的方式提高电梯加装这件事情的法理权威，其中，明确指出了社区居民委员会、街道办事处等部门应当主动调节电梯加装的矛盾，对于行政机关不作为的行为要给予政务处分。

三、基于"观念—结构—行动"的电梯加装经验推广路径

武汉市 X、B 和 D 三个社区电梯加装的数量在各自街道甚至行政区中都名列前茅，电梯加装成效显著。这三个社区都践行了自上而下的"党政

---

[1] 杭州市人民政府：《杭州市老旧小区住宅加装电梯管理办法》，2021-04-01。

统合"与自下而上的"自主治理"相配合的基层治理经验，对于同样面临"增梯难"问题的其他社区来说，学习和推广该经验需要在"责任共同体"的框架下，从观念、结构和行动三个维度上着手改变，形塑一幅"人人有责、人人明责、人人履责"的社区治理图景。

（一）观念：以公共精神促人人有责

观念是社区治理的价值基准，明确"人人有责"的价值观念与取向有助于切实加强社区组织能力的建设和组织水平的提高，而"人人有责"观念的形成离不开公共精神的培育。公共精神"是人们在正确认识自身的社会伦理角色及拥有良好社会道德的基础上，遵循社会发展规律、遵守公共规定，主动关注和参与社会治理的一种积极的情感、意志和思想"。

培育公共精神，需要使居民充分认识到自身在社区治理中的关键角色定位，让其自觉地参与社区公共事务的治理过程，通过个人利益服从集体利益，改变部分居民眼前利益优先的狭隘心态。在这一过程中，要用好社区党员、精英知识分子等力量，通过他们带动更多普通居民形成"人人有责"的观念。同时，基层社区也要注重发挥好"文化育人"的重要作用，线上线下同时发力，例如通过展板展示、微信群宣传等，打造好"人人有责"的社区文化。

（二）结构：用制度赋责促人人明责

结构是治理体系的配置方式与治理机制的运作准则，通过回答好"谁应该负何种责任，又该怎样负责"的问题促进"人人明责"。

对于基层社区来说，"人人明责"的建设离不开自上而下与自下而上两方面的探索。首先，要坚持中国共产党的领导，明确党政必须承担的责任内容以及履责要求等。中国共产党是一个责任型政党，责任融入了政党的纲领、组织与行动当中，将党建嵌入社区治理场域，将极大促进"人人明责"的建设，让社区党员先明确责任进而带动普通群体明责。在具体实践中，不同社区可以根据自身情况进行不同嵌入方式的探索，例如成立不同层次的党小组、覆盖楼栋到社区的各种自组织等。

其次，要用制度保护其他多元治理主体的责任地位，明确其责任内容与边界。社区治理需要多元力量参与，但抽象的、笼统的治理主体往往造成主体的虚化。所以需要用制度明确社区治理主体，例如居委会、物业、业委会等，明晰各主体间的责任边界，以免造成治理混乱，真正形成"事事有人管"的社区协同治理格局。

（三）行动：以党建引领促人人履责

在社区治理过程中，人是最为基本也最为重要的行动者，治理效果好不好，核心在于人的执行力强不强。不同主体要根据自身的责任要求行动起来，明确不同主体在社区治理中应担负的职责和应发挥的功能，实现不同主体的功能互补与对公共事务的"共治"。在"党政统合"与"自主治理"相结合的治理经验下，先锋党员是最为核心的行动者。在党员的引领下，其他多元组织和社区居民也成为治理的行动者，共同推进社区合作治理的发展。

在这样的意义下，不同治理主体既要服从于党的领导，用统一性责任牵引社区善治目标的实现；同时也要激励各治理主体"主体性"的建构，进一步提升其参与社区治理的意愿和热情，从而促进"人人履责"局面的形成。

四、结束语

正如前文所言，如何破解老旧小区增梯难的问题是摆在实践者和研究者面前的重大现实和理论问题。本案例以武汉市三社区电梯加装为例，提炼出其可行的共性经验，并且提出了推广路径。这些经验能否在其他社区复制推广以及怎样推广，需要未来实践者们关注。

治理理论，源于西方，在中国语境下，其不能完全适用，需要我们立足于中国具体实践去发展这一理论。中国社区治理正是在此背景下探索前进的。"周虽旧邦，其命维新"，只要给予足够的关注，不断推陈创新，社区"善治"这朵鲜花自会盛开！

城市老旧小区消防安全整治
如何激活基层治理效能？

——基于重庆市双钢路小区的实践探索

［中共重庆市委党校］

张　旭　常　阳　张煦阳　秦勇琪

王子佳　贾锦阳　林　鹏

指导老师：张贵群

【摘要】城市老旧社区治理，尤其是其公共安全（包括消防安全）治理是社会治理的重点、难点。2020年元旦，重庆市加州花园由易燃雨棚加速蔓延而引起的火灾，让重庆市委、市政府决定在全市范围内开展以易燃雨棚和突出式防盗网整治为重点的高层建筑消防安全整治行动。

本案例以重庆市双钢路社区易燃雨棚和突出式防盗网整治、高层建筑消防安全整治，以及老旧小区全面改造为对象，再现了双钢路社区在时间紧、任务重、资源少、权力小、矛盾突出等多重约束下推进小区消防整治的艰难过程。通过对消防整治中基层政府执行过程的全景式展现，希望描绘出该整治工作顺利推进并最终获得群众认可背后所蕴含的治理之道，探讨城市老旧社区公共安全治理的有效模式和实现机制。

【关键词】消防安全；老旧小区；基层治理；安全整治

案 例 正 文

引言

习近平总书记在重庆调研时强调："安全稳定工作连着千家万户，宁可百日紧，不可一日松。"发生在双钢路小区的翻天覆地的变化正是从一次消防安全整治开始的。

"我是住在这个小区的居民……通过这样一改，整个大环境变样了，而且有美感、还实用……政府做了很多实事，我们住在这里感到非常幸福。"2021 年 6 月 6 日，央视直播"奋斗百年路　启航新征程"今日中国·重庆篇准时在中央广播电视总台新闻频道、央视新闻新媒体播出。作为城市有机更新的典型案例，渝中区大溪沟街道双钢路老旧小区的改造亮相央视，居民郭庆弟对着镜头乐呵呵地说起了小区的变化，脸上洋溢着幸福的笑容（见图 1）。

图 1　"奋斗百年路　启航新征程"今日中国·重庆篇新闻播报截图

如今的双钢路小区，墙面清爽明亮，各种网线、电路、管道捆扎规范且整齐有序，阳台上的花草错落有致，和小区绿植融为一体，分外和谐……眼前的景象，让人很难相信这个干净整洁的"新"小区实际上是一个始建于 20 世纪 50 年代的典型的老旧小区。在整治之前，这里的墙面曾经布满了密密麻麻的易燃雨棚和突出式防盗网，还有"电线蜘蛛网"穿插在小区的各个角落，埋下了严重的消防安全隐患，一度让居民提心吊胆（见图 2）。一年多时间，双钢路小区的易燃雨棚、突出式防盗网从"星罗棋布"到"销声匿迹",各种供电线路从"杂乱无章"到"井然有序",居民从"惴惴不安"到"乐享其间",这些变化是如何发生的呢?一切还要从小区易燃雨棚和突出式防盗网的整治说起。

图2　小区整治前的墙面和供电线路

一、项目源起:棚助火势引整治

(一)加州花园陷火灾,消防乱象引关注

2020年1月1日,作为新年的第一天,本应是一个充满欢欣和喜悦的日子,然而一场无情的大火,却让无数人的心揪了起来。当天下午5点左右,在重庆渝北区的加州花园小区(修建于1997年),一栋30层高的居民楼突然发生大火,整个过程中,熊熊大火伴随着滚滚浓烟,从楼底飞速蔓延,不时有烧毁的物品从空中坠落(见图3)。此次火灾过火面积约为970平方米,小区A4栋5号房和6号房各楼层均不同程度被大火烧毁,造成经济损失约374.1万元,所幸未造成人员伤亡。后经调查得知,起火点位于2楼,起火原因系住户杨某未灭烟灰引燃晾晒的棉被,棉被点燃后呈立体状迅速燃烧,引燃了外墙保温层及雨棚,短短3分钟就蔓延至第30层的阳台并窜至部分居民房屋内。

有不少居住在类似于加州花园小区的自建房、老旧小区业主,为了防盗而安装上了防盗网,为了一时之便而将杂物堆放在了楼梯间公共区域,为了挡雨、挡风、防高空落物砸伤而给家里的窗户安装了雨棚,为了停车

图3　加州花园火灾现场

便捷而占用了消防通道。然而平时可以起到遮风避雨、隔热防晒、营造室外活动空间等作用的雨棚一旦着火，就成了大火的帮凶，而确实起到防盗防护作用的全封闭式防盗网在火灾等危急情况下就变成了阻碍逃生的"死亡牢笼"。加之消防通道被占用和楼梯间被堵塞，阻碍消防救援的及时开展，极易造成重大财产损失和人员伤亡。

（二）高层消防问题大，吸取教训启整改

火灾发生后，重庆市委、市政府高度重视，有关市领导率市应急、消防、公安、卫生健康等部门迅速赶赴现场指挥救援，会同渝北区有序开展人员搜救、灭火处置相关工作。2020年1月2日，重庆市委书记陈敏尔，市委副书记、市长唐良智深入渝北区加州花园小区调研指导消防安全和火灾处置工作。陈敏尔强调，要深入贯彻习近平总书记视察重庆时关于扎实做好各项安全工作的重要指示要求，警钟长鸣，常抓不懈，牢固树立安全发展理念，严格落实安全生产责任制，把消防安全放在突出位置抓紧抓好，强化源头管控，深化专项整治，加强应急救援能力建设，切实保障人民群众的生命财产安全。

随后，为深刻吸取火灾事故的教训，进一步提升全市高层建筑消防安全的管理水平，坚决预防和遏制高层建筑重特大火灾事故发生，重庆市政府召开了新闻发布会，宣布在全市启动为期一年的高层建筑消防安全突出问题专项整治工作，旨在通过打通安全通道、清理违章建筑、完善消防设施、规范用火用电、落实管理责任，集中力量排查整治高层建筑突出消防

安全隐患，预防和遏制高层建筑重特大火灾事故发生，实现"3个月消除重点隐患、半年见到成效、1年基本解决突出问题"的目标。

（三）老旧小区难点多，选定试点先探索

专项整治工作刚开始时，对于老旧小区的消防整改，大家难以着手。流动人口多、基础设施落后、安全隐患多、社区治理散等，是老旧小区的"真实面目"。因此，为保证消防整改工作顺利开展，重庆市委、市政府选取了加州花园和双钢路小区开展试点工作。

双钢路小区始建于20世纪50年代，辖区面积约为0.145平方公里，2000年以前建成的老旧建筑面积达到9.1万平方米，居民住宅28栋，其中9楼以上的高层建筑14栋，常住人口1415户、3680人（其中60岁以上的老年人1041人）。小区内居民大多为原重庆市钢铁设计院（现中冶赛迪集团）的职工及家属，老人们亲切地称小区为"钢院"。辖区主要有中冶赛迪集团有限公司、重庆市科学技术协会2个社会单位，还有其他新经济、新社会组织50余个以及商业门店近30个，是最为典型的单位型老旧居民住宅小区。

随着建成年限的增加，各类问题在双钢路小区逐渐显现：消防设备设施系统因建设时期较早，自动化防控手段较少，部分设备设施甚至不能有效使用；每栋楼宇外立面几乎每家每户都安装有易燃雨棚和突出式防盗网，消防通道也常年被私人车辆占用；绿化面积减少，硬件设施老旧，垃圾死角增多；配套设施落后，尤其是停车位稀缺。各式各样的问题长期堆积，不仅降低了小区居民的生活品质，也导致居委会、物业和居民之间关系紧张，持续消耗着居民参与社区治理的热情和意愿。

双钢路小区改造的群众需求迫切，该小区交通便利，居民素质普遍较高，工作开展的基础条件较好。重庆市委、市政府将双钢路小区纳入全市高层建筑消防安全隐患整治试点，渝中区委、区政府专门成立了由区政府主要领导担任组长的高层建筑消防安全隐患突出问题专项整治领导小组，决定以消除雨棚及防盗网安全隐患为主要抓手，有序推进双钢路小区的高层建筑消防安全隐患突出问题整治。

二、项目困境：道阻且长困难多

（一）雨棚虽易燃，拆除却艰难

双钢路小区中纳入高层建筑消防安全隐患突出问题整治试点范围的居民共有 603 户，几乎每家都是整改对象。短短 3 个月的时间内，6 名社区干部要通知到每一户居民、做思想工作、签订协议、拆除近万平方米的易燃雨棚和突出外墙防盗网、组织人员验收。其中部分居民长期在外务工，根本联系不上。本次消防安全整改任务之艰巨、问题之复杂、形式之严峻可想而知。社区干部们坐在会议室里，你一言我一语，商量来商量去，始终没能达成一致共识，最后大家决定还是先探探居民们的底，听听他们关于消防安全整改的想法。可没想到，这一探引起了轩然大波。

"火灾的根源是不是雨棚和护栏！火灾从古到今，年年都在发生，为什么今年你们要把这个责任推卸到存在了近 30 年的雨棚和护栏上?"雨棚拆除工作协调会上，有群众代表当场提出了质疑。也有居民表示，这些存在严重消防隐患的雨棚和防盗网已安装多年，螺丝件锈迹斑斑，拆除起来非常麻烦。"我家去年才刚安装了防盗网，现在又让我拆掉，你们这不是欺负人嘛。"更让居民们抵触的是，拆改雨棚和防盗网还需要自费一部分。双钢路社区主任一边听着居民们的抱怨，一边将问题暗自记在心里。

面对情绪激动的群众，社区居委会也没有想出成熟的办法，只能先安抚群众的情绪，将大家提出的"拆除依据""补偿标准""安装事宜"等问题、意见进行详细记录，酝酿下一步的工作方案。经过后续统计，居民支持易燃雨棚拆改的比例还不足三分之一。于是，经过上级部门的协调后决定先易后难，搞个试点中的试点，先从部分同意拆除的居民家里开始，看看实际效果如何。

（二）施工影响大，居民怨声多

正当易燃雨棚拆除工作在部分居民家中有序推进的时候，新的问题又摆在了居委会面前。如果说重庆的夏天是由"火锅翻腾"和"长江翻滚"组成的交响乐，那此次双钢路小区的消防整治行动的音符则是一段恼人的噪声。入夏以来，日照强度逐渐增强，气温也节节攀升，加之各级部门都在催办此项工作，街道、社区出于防暑降温与抢工期、赶进度的考虑，只能默许工作人员提早进场施工。但对居住在附近的其他小区业主来说，施工噪声简直难以忍受。试想清晨睡梦时分，窗外却传来工人的叫喊声、机械的轰鸣声、工具的敲击声……施工声音叮叮当当、起起伏伏，声声入耳，扰人清梦。

"9点过后开工不行吗，没得一下清静，天天清早不是滋滋滋滋、就是叮叮咚咚，那个电钻就像在我耳朵边上打眼子……""本来干净的楼梯间，施工队一来，天天灰土乱飞，一天比一天脏，垃圾一天比一天多，我家的窗户这半个月都没敢开了。"类似这样的抱怨，在清理电路管线、更新消防设施中不绝于耳。由于双钢路小区楼宇老化严重，有的施工队在外墙面钻孔时会不慎造成墙面损害。在缺少沟通协商下，有的居民在冲动愤怒之下，端着一盆水，就往窗外施工人员的头上浇。

在楼梯间杂物清理中，社区工作人员在前期通过张贴整治通告、开展入户宣告知业主要自行拆除。之后在社区工作人员和网格员的劝说下大部分居民都自行清理了楼梯间杂物，但仍然听到了一些不同的声音。"那里（楼梯间区域）空着也没人用，我就放点东西能有多大影响。""要是拆了储物间，我们家里的杂物还能放在哪。"同样的抱怨在畅通消防通道中也普遍存在。"小区本来车位就少，消防通道还占那么大位置，我们往哪停嘛。"整改工作处处碰壁，社区工作者的工作情绪也再次降温。"上头不讲清楚怎么做，居民又反对，这个事怎么办得下去嘛。"面对层出不穷的麻烦，双钢路社区主任叹气道。

（三）行动意愿低，部门协同难

为保障消防整改工作的顺利推进，双钢路社区坚持常态化、长效化原则，积极与各职能部门沟通，着力构建起"网格管面、物业管片、微消管点"的共管模式，力图实现辖区内火灾预防零死角、全覆盖，可在实际工作协调中却出乎社区的意料。"这块不归我们住建委管，我去帮你查查归哪里管。""这项工作多个部门职能交叉，我们去了现场也没有执法权，我们帮你跟城管局反映反映。""地上的线路我们是可以管，但是地下的管线也不归我们管呀。""我们领导是安排了这个事情，具体怎么做还要再细化一下。""主要领导在外面培训，这么重大的事情必须要请示主要领导才能定下来。"绕来绕去，还是没有一个肯定的答复，双钢路社区收到街道传来的消息，发现问题仍然难以解决。

"我当时听到要把所有的易燃雨棚和防盗网拆完的时候，自己作为小区业主都感到难以置信。都是各自拿钱安的，喊拆就要拆，不知道拿什么依据去说服辖区内的居民？"一位社区工作人员在接到整治任务的时候，一时也陷入了自我怀疑中。没有资金支持，没有其他部门的协助，可预见的困难远不止此。像这样工作在一线的社区工作者有很多，大家都对基层工作的艰辛深有体会，也充分支持对小区内的火灾隐患开展一次"大整改"，但都没信心能够达到预期效果。消防整改看似简单，其实"千丝万缕"，不能出一点差错。如此难度大、问题多、涉及广，又与居民生活密切相关，得不到居民的认可和相关部门的倾力支持根本无从下手。

（四）利益诉求杂，整改推进慢

当社区工作人员上门征求意见时，不少居民都表达了不满的情绪。有些居民甚至掰着手指从"经济账"算到"心情账"，表示不愿配合整改。在整治初期，对于完善消防设施、推进智慧消防建设这样的工作，居民们都是比较支持和认可的，但是一说到各家各户的雨棚、防盗网和楼梯间堆积的杂物存在消防隐患需要拆改和清理，不少居民都表示不理解、也不同意。"我家的雨棚和防盗网好好的，这么多年都过来了，现在为什么要拆？""这楼梯间就在我家门口，我不使用谁使用嘛。""这是你们要拆的，又不是我要拆的，凭什么让我出钱？"在整改过程中不仅需要缓解居民的心理抗拒，还要顾及各式各样的需求，也着实让社区干部犯了难。

此外，老年人的精神生活享受和个人兴趣爱好也需要得到切实的关注。双钢路小区有近三分之一的居民是 60 岁以上的老人。随着年龄越来越大，人们心理上发生着种种变化。离开了工作岗位和长期相处的同事，从长期紧张、有序的工作状态突然转入到松散、无规律的生活状态，老人们通常都喜欢种花养草。"我老伴走得早，孩子忙着工作，孙子忙着学习，一个人在家，这些吊兰、栀子花、菊花就是我的伴。""我不打麻将不喝酒，种点花花草草就是我唯一的乐趣，你们把防盗网都拆了，我这些宝贝搁屋里就没了。"对他们来说，这个兴趣爱好不仅可以美化家庭环境、净化空气，而且能让他们的生活变得更加充实。

三、项目落地：多措并举齐发力

（一）建章又立制，行动起来有依据

俗话说"没有规矩不成方圆"，要想真正地把消防整治工作落地，就必须把消防整治的细则给定下来，从而找准方向、明确路径，把居民和企业繁杂的诉求统一起来，画出最大同心圆，才能从根本上缓解老百姓内心的不安，让他们把悬着的心放下来，接纳消防整改工作。因此，双钢路社区及时将目前的工作情况向大溪沟街道进行了汇报，并提出"包片包户、责任到人"的建议，将社区、网格员等各方力量进行了整合，共成立了 9 个工作组，分组、分片开展群众工作。工作人员通过电话、微信、张贴告示、开院坝会、现场接待等多种方式向居民宣传消防隐患的危害以及火灾预防的重要意义，并利用晚上、周末居民在家的时段，上门走访、入楼入户，面对面听取居民意愿、了解群众诉求（见图 4）。根据群众提出的问题制定了《双钢路小区消防整治相关问题答疑》，耐心解答居民的疑虑。同时，采纳群众提出的建设性意见，比如居民代表针对雨棚整改问题所提出的"更换静音哑光雨棚能够解决雨天噪声的烦扰""安装波浪形晾衣竿能够有效避免普通晾衣竿晾晒衣服容易被风吹走的问题"等。

图 4　双钢路社区院坝会、入户宣讲

在前期宣传的基础上，双钢路社区召开了群众座谈会，通过与居民拉家常的方式，一起探讨开展消防整治工作以来的切身感受，并邀请在场居民为社区消防改造建言献策，就当前存在的突出问题进行了探讨交流，让

群众主动参与社区治理，真正成为社区建设和管理的"主人翁"。在这个过程中，进一步了解了群众反映的重点问题，优化了拟定细则的内容条款，最后基于渝中区住建委、区城管局、区应急管理局、区规划和自然资源管理局、区消防救援支队的支持，与居民共同签署了《双钢路小区"易燃雨棚"和"凸出型防盗网"拆改协议》。

（二）倾听又倾心，群众关切有回应

"要完成整改工作，首先就要做通居民的工作。"工作人员这样说。"针对此次消防安全专项整治工作，我们采取了多种方式广泛宣传，获得了居民支持。"面对居民对消防改造工作的种种疑问，社区除了一一进行解答和回应之外，还针对共性诉求调整了政策和措施。社区按照分类施策、示范引领的思路，针对小区内大量无法正常安装伸缩式铝合金防盗网的外开窗、平开窗、折叠窗，个性化定制了合适框架，提升了政策的适应度。另外，通过社区显示屏滚动播放消防安全公益片，开展消防安全现场体验、消防安全知识讲座和应急疏散演练，向居民微信群推送消防安全提示信息，举办微型消防站技能竞赛，发放宣传资料，提升居民的火灾防范意识。

针对群众反馈的重点问题先确保件件有反馈、事事有回应，再推进消防整改工作源头治理。为保障消防救援设施完备，对消防栓和消防管网进行了全面改造，将消防用水来源由原来的生活水管改造为专用消防管网，更换各类消防管线 15268 米。为消除用电和燃气安全隐患，修复、更换破损电力表箱 787 个，更换锈蚀燃气管道 845 米。还进一步清理了楼梯间杂物 83 处，拆除阻碍逃生的障碍门 78 处，实现居民逃生线路通畅，筑牢了小区消防安全屏障。双钢路社区的工作人员真正从居民的立场出发，为了小区的安全、小区的明天，把工作做在前面，这才顺利赢得了大家的支持，居民们开始配合社区开展消防整治工作。

（三）借力又助力，多方合力出实绩

"巧妇难为无米之炊。"对于消防整治来说，经费可谓是摆在社区面前的一道难题，上门宣传过程中不少居民算的经济账，更是为社区工作人员平添了几分压力。如何解决整治经费问题，有效减轻政府的财政压力和居民的出资压力，提升居民配合消防整治工作的意愿，双钢路社区必须有所

行动。考虑到辖区内居民绝大多数为原重庆市钢铁设计院（现中冶赛迪集团）的职工及家属，因此社区决定向"娘家人"寻求帮助并进一步向辖区内的其他企业筹措资金。据统计，双钢路小区改造项目一期工程累计引进电力、燃气、移动、电信、有线、长城、中冶赛迪、祥佳物业等多家企业的社会资金共计 304 万元，充分调动了社会资源和社会力量参与到雨棚拆改和消防整治工作当中。社区干部说："在这次消防安全专项整治工作中，社区的企业中冶赛迪公司在资金方面给予了很大支持，居民只出了一小部分资金，大概几百块钱不等，中冶赛迪真正地发挥了企业的龙头带动作用。"

解决了雨棚与防盗网的棘手难题，其他同步开展的消防隐患治理工作也顺利推进。双钢路社区针对消防设施老化破损、线路杂乱等突出难题，通过更新设施、整治管网、畅通安全通道等措施，让消防基础设施"旧貌换新颜"。社区还借助消防队的专业知识力量，邀请消防员参与到 4400 平方米的社区花园改造中，为花园融入消防知识，增设消防体验设施，将其打造成为社区消防文化游园，定期在此开展消防安全知识培训和消防演练活动，使消防知识走进居民生活。路虽远，行则将至；事虽难，做则将成。在总结双钢路社区的消防整治工作中，渝中区住建委的工作人员表示："最大的感受就是各单位各部门和居民一起发力，集中各自优势，众人事众人议，没有什么事能难住我们。"

（四）破旧又立新，智慧消防来支撑

易燃雨棚和消防安全通道整改，使小区"外观"有了大变化，与此同时，小区也拥有了智慧消防的"大脑"。在前期消防整治拆违改造的基础之上，双钢路社区进一步加强了社区消防的基础设施建设，提升社区综合安全环境，引入智慧消防一体化系统，增强了社区在火灾动态感知、隐患精准防控、智能风险评估等各方面的能力，用科技赋能为消防管理增效。社区干部介绍说："以前我们总说城市有'大脑'，现在我们给小区也装上了'大脑'。"小区利用"物联网、大数据、云平台"技术，在显示屏上实时显示小区烟、电、水、气、网等消防运行信息，协助社区、物业全方位掌握小区的消防安全状况，构建起小区智慧消防云平台。走进小区内的消防控制室，控制室内崭新的设备亮着显示灯，数十个监控画面和感应探头对小区进行无死角监控（见图5）。

图5 双钢路小区消防车道智能监管设备

走进双钢路小区的消防指挥中心,能看到独立式感烟探测器和可燃气体探测器的检测画面。屏幕上200多个探测器图标,其背后是辖区内老年居民的家以及九小场所。双钢路小区独居的空巢老人众多,潜在的安全风险很大。这些探测器不仅实时展现在指挥中心的屏幕上,还能连接到社区网格员、消防员和物业人员的手机上,如果发生异常,就会实时报警。"去年的时候,辖区里的一家餐馆就通过可燃气体探测器的报警,避免了一场险情。"社区居民张婆婆说。"当时由于停气,餐馆老板没有关闭燃气灶的阀门便关门离开了。后来来气了,还是可燃气体探测器发现了这一情况,及时报了警。"自投入以来,这套智慧消防系统已预警了6起意外情况。

同时,双钢路小区积极探索智慧消防与网格化管理相结合,显著提升了火灾预警能力、消防设备保管能力、消防车道管理能力、消防精细化管理水平以及灭火救援能力。通过智慧消防云平台(见图6)建成了4个微型消防站,做到了"一处报警、多点联动"灭火,落实了小区火灾"灭早、灭小"的目标。在此基础上实现了消防安全可预警、可跟踪、可追溯的全流程闭环管理。"小区引入了智慧消防后,有些功能甚至超过了新建小区,咱们小区越来越安全、越来越好了。"小区物业经理自豪地说。

功能模块

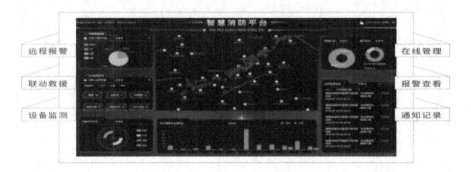

图6　双钢路小区智慧消防平台

四、项目延伸：消防整治促旧改

（一）消防设施再更新，小区居住更放心

近年来，双钢路小区致力于营造安全有序的社区环境，先后进行了雨棚和防盗网整治、老旧管线整治、畅通生命通道、消防设施改造、智慧消防平台建设等工作，大大消除了安全隐患，使小区居民"住得放心，睡得安心"。

如今，双钢路社区的防盗网和雨棚改造工作进展顺利，整改率已超98%，拆除原凸出型封闭防盗网7800平方米，安装划拉式防盗网2026平方米，拆除原易燃雨棚4870米，安装阻燃亚光双层静音雨棚4060米、赠送晾衣竿1480米。在区政府的牵头下，有线、通信、电力等部门各司其职，全面更换了老旧、破损、乱牵乱搭的有线电视线路、网络通信线路，更换了锈蚀燃气管道，全面整治和新增户内户外通信线缆27栋，切实保障了居民用电、用气安全及通信需求（见图7）。一名小区居民说："以前在电视上看到，有小区起火，消防设施却起不到作用，这让我对自己小区的安全也感到很忧心。现在社区整治好了，我的心里也踏实了。"

之前没有被纳入改造项目一期工程的居民纷纷表示对后续将要开展的针对自己楼栋所在区域的改造充满了期待。居住楼栋被纳入二期工程的陈阿姨更是每天都要到施工现场转转，遇到熟人，总是忍不住说："再过一

图7　防盗网、雨棚改造前后对比

段时间，我们就可以享受到更美更舒适的小区环境了，现在的日子真是越过越好了。"

（二）美好生活齐分享，社区未来更美好

双钢路小区的改造从高层建筑消防安全整治拉开序幕，随之便展开了小区环境美化、社区服务优化等配套工作。随着改造项目顺利完工，双钢路小区从一个消防隐患突出、环境卫生脏乱的老旧小区，摇身一变成为城市更新和社会治理的"排头兵"。"整治后，小区里悬挂在上空的蜘蛛网（管线）少了，消防通道腾出来了，环境变得更美了，大家的安全感也更强了。"看到小区实实在在的变化，在此居住了40多年的居民陈应雄感叹道。

如今小区环境优美，墙面清爽明亮，路面干净整洁，树木生机盎然，花草错落有致，便民设施、服务站点布局合理且配备齐全，让小区居民看在眼里、喜在心头。居民们喜笑颜开，说道："我们这个旧小区'打扮'一下就变模样了，现在就像生活在公园里。""小区改造，真是政府给我们办的一件大好事。"一些之前搬离小区的住户，看到小区的变化后，也纷纷表示要搬回来。"以前小区环境差，我搬出去了几年。现在看到小区改造得这么好，再加上这边有这么多老朋友、老邻居，我要早点搬回来。"

同时，双钢路小区不断完善配套服务，升级社区养老与医疗服务，关心居民的多样化需求。小区深入开展了公共服务适老化改造，推动健身步道、无障碍电梯建设，为老年人的出行与锻炼增加便利；支持老年食堂建

设，解决社区老年人的用餐问题；提供多样化点单式养老服务，满足老年人更多的养老需求。医疗方面，小区强化了医疗卫生服务站点建设，为社区居民提供优质、便宜的医疗保障，并做好家庭医生服务，对重点群众进行定期检查走访。此外，小区同样关注居民的娱乐与情感需求，投入资金打造了100米消防文化长廊，融入了消防元素，小区居民在日常健身、玩耍的同时就能学习到消防知识。小区游园里还铺设了300米的塑胶健身步道，新建了羽毛球场、乒乓球台、儿童乐园等供居民们娱乐。在情感需求上，由于双钢路小区辖区内居民大多是来自中冶赛迪的职工及家属，见证了几十年中国钢铁事业的发展，社区保留了传统双钢路社区的历史文脉，营造出浓厚的社区文化氛围，增强了居民的归属感。各种传统节日来临时，社区也会组织居民们共同参与节日活动，拉近了大家的关系，切实提升了社区居民之间的凝聚力。

近年来，随着老旧小区改造和社区服务提升工作的深入开展，双钢路社区先后荣获重庆市文明社区、重庆市绿色社区、重庆市安静居住小区、重庆市环境卫生先进社区、重庆市和谐社区建设工作示范社区、重庆市巾帼文明示范岗、重庆市环境卫生综合整治十佳社区、渝中区先进基层党组织、渝中区五星和谐社区等荣誉称号，并成功入选了"2021年全国示范性老年友好型社区"。

五、结束语

社区作为社会治理的重心所在，承托着整个社会的公共安全。其中，城市老旧社区作为安全风险多发的重点区域，在公共安全治理方面的短板尤为突出。从保障人民生命财产权的角度来看，在双钢路小区开展消防整治专项行动无疑是正确的、合理的。然而，从合法性角度来看，该项工作面临法律依据不充分的问题。尤其是在前期试点阶段，政策实施细则尚未出台，居民的抵制情绪较为严重，整改工作遭受到重重阻力。面对政府协同难、社区治理散、居民参与少的现实困境，双钢路社区并没有让整改工作停留在"象征性执行"的层面，而是以寻求居民共识为行动逻辑，通过政策完善、民主协商、资源整合、举措创新、流程优化、示范带动等方式有序推进双钢路小区的消防整治工作，最终实现了完善基层治理体系、提升基层治理能力、顺利推进整改工作三重效果的统一。

该案例至少具有以下两个方面的价值：一方面，从消防安全的角度来看，双钢路社区作为首批试点，其推进消防整治工作并进一步升级为老旧小区改造的相关经验值得借鉴和推广，其相关做法也为后续在全市甚至更大范围内开展高层建筑消防整治专项行动奠定了扎实基础；该项消防整治工作切实地增强了双钢路小区的火灾预防能力，提升了居民的生活品质，保障了人民的生命财产安全。另一方面，从社区治理的角度而言，双钢路小区在推行执行难度大、居民抵制强烈的政策时，并没有让政策执行陷入"停滞"，而是取得了良好的执行效果，其有效做法背后的机理值得进一步探究。有一点可以肯定的是，我国党委领导、政府负责、民主协商、社会协同、公众参与、法治保障、科技支撑的社会治理体制具有自身特点和独特优势。

案 例 分 析

一、理论基础

（一）多源流模型及其适切性

多源流模型是美国学者金登将垃圾桶模型运用于美国联邦政府研究中所提出的，通过非理性主义的视角说明政策问题是如何引起政策科学家的注意进入到政策议程，并构建了影响政策过程的问题源流、政策源流与政治源流。[①] 问题源流是指存在的各种社会问题的数据以及内容形式，政策源流是指涉及政策问题的提案、设计与政策方案的产生，政治源流是指影响政策议程的各类政策活动。三种源流之间独立运行，只有当政策之窗开启时三个源流才能实现耦合，形成政策合力作用于政策问题，促使政策方案的出台或政策变迁的产生。

多源流理论把政策议程看作是对政府官员及大众极为关注的问题进行编目[②]，聚焦于焦点事件促成三个源流的耦合，促使政策之窗打开。该理

---

① 约翰·W. 金登：《议程、备选方案与公共政策》，中国人民大学出版社2004年版。

② 李宁、韩浩：《中国高校扩招政策的多源流理论分析》，载《高教探索》2013年第6期，第23－27页。

论与本案例的适用性在于：一是从政策视角揭示双钢路小区开展消防整治背后的问题因素、政治因素与政策因素，探析后续政策调整和变迁的原因何在；二是以加州花园火灾为切入点，解释社会焦点事件是如何促使政策之窗开启、影响政策议程形成的；三是为探讨消防安全整治的政策变迁动力在提升基层治理效能方面的作用效度提供新思路。

（二）嵌入性治理及其适切性

嵌入一词最早由卡尔·波兰尼提出，主要是指经济行动是一个制度化的社会过程。[①] 后续格兰诺维特将嵌入性理论运用于经济行动与社会关系的研究，突出了社会关系对经济行动的影响，将社会关系带入到经济行动的分析中。[②] 自此，嵌入问题引发国内外学界的广泛关注和讨论。有学者在运用该理论研究中国问题时提出了"嵌入的积极主义"[③]，并根据实际状况将嵌入划分为目标、制度、功能、关系、价值观嵌入等方面[④]。本文借用嵌入性理论并进行适当调整，提出城市老旧社区消防安全的嵌入性治理，将由国家正式制度规范的消防安全管理嵌入到基层治理体系中。

嵌入性治理与城市老旧社区公共安全整治具有高度的契合性和鲜明的现实价值。具体而言，作为城乡接合部老旧社区治理研究的新思路[⑤]和城市社区治理机制创新的一个本土化分析框架[⑥]，嵌入性治理可以为基层治理提供一种新的分析视角，推进基层治理体系研究的不断深入。此外，城市老旧社区公共安全治理的多元主体参与已然成为社区治理的发展趋势，而嵌入性治理恰好可以解释不同主体之间的本质关系。值得注意的是，提升城市老旧社区的基层治理能力不仅有参与主体的嵌入，更应包括资源、流程、机制的嵌入。

---

① 卡尔·波兰尼、冯钢、刘阳：《大转型：我们时代的政治与经济起源》，浙江人民出版社2007年版。

② 方菲、靳雯：《精准扶贫中农户"争贫"行为分析》，载《西北农林科技大学学报（社会科学版）》2018年第6期，第8页。

③ 皮特·何、瑞志·安德蒙：《嵌入式行动主义在中国》，社会科学文献出版社2012年版。

④ 王名、张雪：《双向嵌入：社会组织参与社区治理自主性的一个分析框架》，载《南通大学学报（社会科学版）》2019年第2期，第49—57页。

⑤ 戴祥玉、卜凡帅：《城乡结合部老旧社区的嵌入式治理》，载《华南农业大学学报（社会科学版）》2020年第5期，第130—140页。

⑥ 徐选国：《嵌入性治理：城市社区治理机制创新的一个分析框架——基于对国家－社会关系范式的批判性反思》，载《社会工作》2015年第5期，第55—64，126页。

（三）本案例的分析框架

本案例的分析框架由多源流理论和修正后的嵌入性治理理论组成，从政策过程和治理效能提升两方面解释双钢路小区消防整治的复杂过程（见图8）。

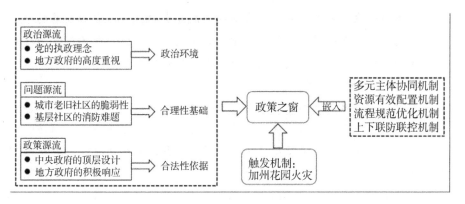

图8　本案例的分析框架

一方面，从政策过程而言，党的执政理念和地方政府的高度重视为政策出台提供了政治环境保障；中央政府的顶层设计和地方政府的积极响应为后续政策的落地提供了合法性依据；城市老旧社区的脆弱性和消防难题为社会问题进入政策议程提供了合理性基础。加州花园的火灾触发了政策之窗开启，使得三大源流得以汇聚，形成了政策合力。另一方面，从提升基层治理效能而言，分析框架可以丰富嵌入性治理对国家－社会关系的解释限度，分析消防安全整治行动转化为基层治理效能的背后逻辑和内在机理，进而探讨政治整合功能与基层自治功能的融合机制。

二、具体分析

（一）政治源流

1. 党的执政理念

"立党为公、执政为民"是中国共产党的执政理念，深刻体现出党对人民生命财产安全的极端重视。消防设施老化、管线规划错乱、消防通道堵塞等都是危害居民财产安全乃至生命安全的重大隐患，从保障人民生命财产安全的角度出发对其加以整治无疑合乎中国共产党的执政理念。据公安部的统计资料显示,我国群众的安全感由 2012 年的 87.55% 上升至 2021 年的 98.62%,社会治理的民主化、法治化、专业化、智能化水平不断提升,人民群众的幸福感、安全感、获得感不断增强。坚持总体国家安全观,必须以人民安全为宗旨。这不仅是维护国家安全的重要遵循,也是中国特色社会主义事业经受住各方面的挑战和考验,确保党和国家的事业兴旺发达、长治久安的有力保证,更是推进消防治理体系和治理能力现代化,实现新时代消防事业高质量发展的必由之路。

2. 地方政府的高度重视

属地政府对社会问题的关注是影响政策议程的关键要素。加州花园火灾发生后,重庆市委、市政府高度重视,有关市领导率市应急、消防、公安、卫生健康等部门迅速赶赴现场指挥救援,会同渝北区有序开展人员搜救、灭火处置相关工作。2020 年 1 月 2 日,重庆市委书记陈敏尔,市委副书记、市长唐良智深入渝北区加州花园小区调研指导消防安全和火灾处置工作。陈敏尔强调,要深入贯彻习近平总书记视察重庆时关于扎实做好各项安全工作的重要指示要求,警钟长鸣,常抓不懈,牢固树立安全发展理念,严格落实安全生产责任制,把消防安全放在突出位置抓紧抓好,强化源头管控,深化专项整治,加强应急救援能力建设,切实保障人民群众的生命财产安全。

(二) 问题源流

1. 城市老旧社区的脆弱性

社区脆弱性是指系统或个体内部自我因素存在的不确定性、不匹配性与不稳定性,在受到外部因素扰动的影响下,极易对系统或者个体产生某种特定程度的损害且难以恢复的性质。城市老旧社区抵抗风险的能力弱、基础设施落后、治理难度大、流动人口多,安全风险多发,是城市建设的薄弱环节,易受风险侵袭,可能引发严重后果。据重庆市住建委的资料显示,"十四五"时期,全市城镇老旧小区的改造面积将达到 1 亿平方米。可以预见,随着时间的推移和风险的集聚,老旧社区的数量将日益增多,其脆弱性也将加剧。

2. 基层社区的消防难题

城市老旧社区的消防安全管理是公共安全治理的薄弱环节,直接威胁着人民生命及财产安全。消防治理主体单一、居民楼道拥堵、消防通道堵塞、应急场所建设滞后、消防硬件设施抗逆性不足等造成居委会、物业公司与居民之间关系紧张。具体而言，消防布局不合理、消防设施年久失修，制约着居委会在社区消防管理中的角色作用；老旧社区流动人口多，居民的"主人翁"意识不强，参与社区治理的意愿低，居民的消防安全意识也不够；资金短缺和消防队伍结构不合理使得物业公司对相关消防设备的维护不及时、不到位，进而导致消防安全管理值守人员不足、消防设施长期故障。

（三）政策源流

1. 中央政府的顶层设计

政策源流的政策产生是渐进式的，此过程是"柔软上升"的。① 党的十八大以来，中央政府关于居民住宅安全形成了诸多政策文件与重要论述，既包括对基层消防管理体系的建设指导，也从全局谋划智慧消防的布局设置（见表1）。从保障居民生命财产安全的角度深入开展消防安全整治已然步入全民消防阶段，在此过程中随着"智慧城市"和"互联网＋"技术的快速发展，消防建设信息化发展成为新趋势，进而发展为"智慧消防"。作为传统消防向现代消防转型的重要依托，积极推进大数据、物联网、云计算等新兴技术与消防事务深度融合成为必然选择。中央政府的顶层设计是城市老旧社区消防体系建设的目标指引和价值取向，各级地方政府要结合自身实际形成可行的政策方案，推进当地消防事业的发展。

表1　中央政府的相关政策

时间	发文单位	文件名称	相关内容
2014 年 4 月	公安部	《关于加强历史文化名城名镇名村及文物建筑消防安全工作的指导意见》	健全历史文物建筑等领域的消防安全责任体系，加强消防基层建设
2015 年 8 月	公安部	《关于加强城镇公共消防设施和基层消防组织建设的指导意见》	全面修缮和严格落实城乡消防规划，加强城镇公共消防设施建设

---

① 萨巴蒂尔、彭宗超、钟开斌：《政策过程理论》，生活·读书·新知三联书店 2004 年版。

续表1

时间	发文单位	文件名称	相关内容
2017年10月	公安部	《关于全面推进"智慧消防"的指导意见》	按照"急需先建、内外共建"的方式，近两年重点抓好"五大项目"建设
2021年4月	住建部	《关于加快发展数字家庭提高居住品质的指导意见》	强化智能产品在住宅以及社区配套设施中的设置，明确户内设置楼宇对讲、入侵报警、火灾自动报警等
2021年6月	应急管理部	《高层民居建筑消防安全管理规定》	具体落实高层民用建筑消防安全职责、消防安全管理规章制度、消防宣传教育等

2. 地方政府的积极响应

重庆市加州花园火灾发生后，2020年1月16日，为进一步提升全市高层建筑消防安全管理水平，坚决预防和遏制高层建筑重特大火灾事故发生，重庆市政府召开了新闻发布会，宣布在全市启动为期一年的高层建筑消防安全突出问题专项整治工作，力争实现"3个月消除重点隐患、半年见到成效、一年基本解决突出问题"的目标，选取了渝北区加州花园小区和渝中区双钢路小区开展试点工作。2021年2月7日，重庆市人民政府办公厅根据《重庆市高层建筑消防安全提升计划（2020—2022年）》，制定了《重庆市高层建筑消防安全综合治理工作方案》（见表2），规定在居民住宅小区全面整治可燃雨棚、全面畅通生命通道、全面清理楼梯间疏散通道、全方位清理电力管线、更新消防管网和消防设施。

表2 重庆市的相关政策

时间	文件名称	相关内容
2020年1月	《重庆启动高层建筑消防安全突出问题专项整治严查堵塞消防通道乱接电线等问题》	在高层住宅小区开展"三查三清"整改（三查：检查安全通道、火灾疏散指示标志、易燃易爆危险品；三清：清理楼梯间、清理可燃雨棚和防盗网、清理违章搭建）

续表2

时间	文件名称	相关内容
2020 年 1 月	《重庆市人民政府办公厅关于印发〈重庆市高层建筑消防安全提升计划（2020—2022年)〉的通知》	加大老旧高层居住建筑的改造力度，鼓励老旧高层居住建筑管理单位或业主采取购买服务方式，实现高层建筑"一站式"消防安全托管服务
2020 年 1 月	《关于双钢路小区住宅建筑外立面设置的"雨棚"和"突出型防盗网"专项整治工作的通知》	双钢路小区内设置的可燃雨棚进行自行拆除或更换为不燃、难燃材料；突出外墙的防护网进行自然拆除、更换或开设应急疏散逃生口
2021 年 2 月	《重庆市人民政府办公厅关于印发〈重庆市高层建筑消防安全综合治理工作方案〉的通知》	深化建筑消防设施隐患整治，责任单位逐级签订责任书，逐小区逐楼栋开展整治
2021 年 3 月	《重庆市高层建筑可燃雨棚、突出外墙防护网整治攻坚行动专项工作方案》	按照"属地原则"，专项工作由各区县人民政府负责，确保在当年12月底完成全市拆改工作

（四）政策之窗开启

重大公共事件是一种触发事件，当其达到影响范围大、强度高以及时间紧迫的程度时，政策之窗便由此开启。① 双钢路小区的消防整治专项行动是由渝北区加州花园火灾所触发的政策议程。

三、城市老旧社区消防整治的治理之策

（一）主体联动：构建多元主体协同机制

目前，城市老旧社区受多种客观条件的限制，参与辖区内消防业务的主体主要是居委会和消防部门，还需构建起以属地政府、住建部门、消防机构、公安派出所、街道办事处、居民委员会、管线部门、社会组织、居民等多方主体共同参与的协同机制，明确相关部门的管理职责和权限，防

---

① 拉雷·N. 格斯顿、朱子文：《公共政策的制定》，重庆大学出版社 2001 年版。

止"越位、失位、缺位"现象的发生。各主体的功能作用也应有所区别：政府在其中应当发挥引导和组织作用，加强顶层设计与规划，确保多方的有序参与；社会组织应当发挥中介服务功能，加强自身管理；消防等专业部门应当履行职责，积极参与社会救援；基层社区应当健全自身消防机制，组织志愿活动的开展；公民个人应当响应号召，增强"主人翁"意识，积极参与到社区的消防建设中。

（二）资源联动：构建资源有效配置机制

社区是消防安全防范的主场，老旧社区面临的消防安全局面更为严峻。多起发生在城市老旧社区的重大火灾表明，即使投入大量资金建设了公共建筑消防设施，相关的消防设施也比较齐全，但在火灾真正发生时却难以起到作用，这就说明消防资源的选址与配置还有优化空间。因此，必须从培育社会资本、加强统筹规划方面促进消防资源下沉，建立健全资源配置机制。其中尤为重要的是构建起科学的方法对消防资源进行评估和匹配，充分利用消防资源价值，提高救援的效果和效率，为经济社会的稳步发展提供良好的外部环境，更好地维护人民群众的生命和财产安全。

（三）规范联动：构建流程规范优化机制

当前对社区消防安全事故的治理主要集中于灾后的恢复与重建，缺乏事故发生前的预防与应对。事故发生后的恢复不仅需要更多的物质资源，还会造成一定的负面影响。因此，必须从风险隐患排查、数据资源共享、综治平台建设、应急模拟演练、设施设备升级等方面健全消防管理规范。从精准研判风险、精心编织预案、精确预测预警、精密组织应对、精细评估绩效等方面入手，建立健全精益化流程优化机制。其中，必须常态化开展消防演练活动，使居民熟悉辖区内消防设施的设置与消防器材的使用，提升火灾的先期处理能力，确保在事故发生时，能够做到及时自救和有效缓解火情，最大限度地保护社区居民的人身与财产安全，提高居民在火灾中的处置与应变能力。

（四）组织联动：构建上下联防联控机制

在众多社区火灾的梳理中，消防部门在接到火灾救援信号之后再采取行动是火情处置的一般流程。而居民作为发现火情的"第一人"却不具备火灾处理的能力与素质。因此，构建跨部门、多中心的消防联控机制，提高"互联网＋"技术在城市消防系统中的应用，全天候监督社区内消防设施的运行状况，完善消防基础设施建设，建立消防安全管理网络已成为组织嵌入的必要方式，还需实现跨区域间执法标准互通、处理结果互认，形成联控合力，发挥消防网格化管理的关键性作用，健全横向到边、纵向到底的消防安全联控网格，保证社区内火灾防控无漏洞、无死角。

四、结束语

城市老旧社区的消防安全整治是一项涉及面广、影响力大、复杂性高的系统工程，尤其是在政策试点阶段，更是表现出"基层难执行、居民难认同"的特点，给整改工作带来了很大的阻力。但双钢路社区在开展专项整治工作中并没有"消极怠工"或"阳奉阴违"，而是通过加强政策解读、促进信息交流、强化利益表达、实施民主协商等方式有效推进整治工作的顺利开展。多源流理论提供了一个全新的视角来分析双钢路社区的整改过程，党的执政理念和地方政府的高度重视为政策出台提供了政治环境保障；中央政府的顶层设计和地方政府的积极响应为后续政策落地提供了合法性依据；城市老旧社区的脆弱性和消防难题为社会问题进入政策议程提供了合理性基础。而嵌入性治理理论全方位全过程地从主体联动、资源联动、规范联动、组织联动等方面嵌入到了基层治理体系中。这正是双钢路社区消防整治工作有效贯彻的关键所在。本文所建立的分析框架从动态视角解释了我国多层次复杂治理体系下基层治理的难点和痛点所在，在部分内容上实现了对多源流模型的本土化修正，有助于探析城市老旧社区的消防整治转化为基层治理效能的背后逻辑和内在机理，但该理论的合理性、解释力和外部效度如何还需要在后续研究中对更多案例进行实证研究，从而进一步验证和修正本文的分析框架和研究结论。

从浒墅关镇妇联的反家暴工作机制看共建共治共享的社会治理创新

[苏州大学]

蔡　想　许逸茗　赵　可　伍梓晴
指导老师：张　晨

【摘要】苏州市浒墅关镇基层妇联积极响应建设中国特色社会主义妇女发展道路的号召，首创了"1+3+6+X"反家暴工作法，真切保障受害妇女的权益。本案例聚焦现实中的家暴问题，立足于协同治理、数字治理与网格化管理，在实践中了解、提炼并验证了数字化"1+3+6+X"反家暴协同治理新机制的成功经验。浒墅关镇妇联实现了各政府部门间水平向、垂直向的多方联动，处理家暴案件的质与量显著提升，优化了妇联队伍建设，为受害妇女提供了勇敢发声的平台与维权的途径。目前，针对反家暴工作中存在的家暴界定模糊、信息互通滞后、案件跟踪片面、外来家庭具有不确定性以及农村网格员专业性不足等困境，提出了细化家暴评估标准、构建信息共享平台、招募志愿者、防疫与反家暴双线并行、进一步提高农村队伍素质的优化建议，为浒墅关镇妇联反家暴工作的优化完善和建设我国"反家暴治理共同体"建言献策。

【关键词】反家暴；协同治理；妇联；浒墅关镇

案 例 正 文

引言

苏州是一座满怀人文温情的城市，面对家暴这一社会问题，苏州市浒墅关镇给出了自己的答卷——"党建带妇建"，充分发挥党在引领基层治理工作中的总开关作用，首创了"1＋3＋6＋X"反家暴工作法。该工作法坚持以家庭和谐为首要工作目标（"1"），建立了三方联动的协同治理服务模式（"3"），通过六大工作机制（"6"），打造全方位的数字化融合服务平台，设立心理辅导工作室等，拓展出 X 项务实的工作路径（"X"）。

一、浒墅关镇妇联的反家暴工作机制

苏州市高新区浒墅关镇妇联主动参与基层社会治理，自 2021 年开始，与当地公安部门联动，首创了具有浒墅关特色的"1＋3＋6＋X"反家暴工作法。该工作法由公安部门向妇联提供前端家暴警情，再由基层社区（村）妇联承接调解、走访等后端跟进服务。2022 年上半年，该机制共服务浒墅关镇 17 个社区（村）中 160 起婚姻家庭矛盾纠纷，其中多为偶发性、一次性的轻度矛盾纠纷。

浒墅关镇妇联在每个星期一的例会中会互通最新家暴案件信息，并将各案例动态转办到各社区（村）。各社区（村）妇联则会在 3 个工作日内电话联系当事人，通过详细交流掌握当事人的真实意愿和诉求，再将当事人的具体情况反馈给浒墅关镇妇联。

浒墅关镇妇联将会对家暴危险程度作出分级评估，结合家暴危险程度与当事人的意愿有针对性地提供包括法律咨询、心理疏导等在内的菜单式服务。浒墅关镇妇联购买了专业社会组织"心得乐"的心理咨询服务，受害妇女可通过扫描二维码直接免费预约专业心理咨询。此外，浒墅关镇妇联经常举办培训、讲座活动，以加强调解婚姻家庭矛盾纠纷的能力。

党在浒墅关镇的网格化建设中起着至关重要的引领作用。如今，浒墅关镇妇联共网聚了 530 余名巾帼力量，将社区中的每 500 户划分为一个网格，建立四级网格员架构，由专职或兼职网格员日常走访以实时掌握真实的家庭情况，宣传反家暴思想，实现浒墅关党建引导下的妇联反家暴工作机制下沉。

二、妇联与警方联动，完善反家暴工作机制

（一）妇女发展与数字化政策出台

"家"是温暖的港湾，但有时却会成为恶魔施暴的"保护伞"。2021年3月至2022年3月，短短一年间，中国裁判文书网中明确提及家暴问题的案件高达1879起，可见家暴问题屡禁不止。为应对家暴这一社会问题，2015年《中华人民共和国反家暴法》（以下简称《反家暴法》）出台，奠定了我国反家暴工作的法制基础，为家暴受害者提供了最基本的法律保障。为了更好地保障妇女的合法权益，《中华人民共和国妇女权益保障法》与《中国妇女发展纲要（2021—2030年）》出台。党的十九大突出强调，要积极完善中国特色社会主义妇女发展道路，十九届六中全会再次明确要推进国家治理体系与治理能力的现代化，使数字化治理成为社会治理现代化、保障妇女合法权益的重要抓手。

然而，面对家暴问题，目前国内各部门间尚未建成联动的闭环工作模式。本团队的问卷数据显示，在大众因遭遇家庭暴力而向政府部门或基层组织求助的过程中，有56.32%的人遇到过部门互相推诿、只做表面功夫的难题，43.3%的人表示各部门间的信息不互通、交流时间成本高。可见，我国反家暴工作依然任重而道远。

苏州市高新区浒墅关镇共有13个社区与4个农业自然村，人口基数大，人员流动性强。2021年，浒墅关镇各社区妇联上报的家暴数量仅有两个，这对拥有4万余妇女人口的浒墅关镇来说显然不符合实际。浒墅关镇妇联迅速联络网格员走访调查，召集各基层妇联开展会议，发现由于家暴的隐蔽性与中国人"家丑不可外扬"的传统思想，绝大多数居民在遭遇家暴后选择闭口不提、得过且过。

45岁的苏州本地人吴女士（化名）告诉网格员："我的婆婆住在我家楼上，姑姑住在我家楼下，姨妈就住在隔壁楼，平时和她们抬头不见低头见。我偶尔和老公起点口角、肢体稍微有点冲突，也没想过要闹出去，不想让亲戚们看了'笑话'。"

吴女士还表示："上次丈夫喝了酒回来，吵了两句他就想动手，我在情绪头上又愤怒又委屈，但是一时间也不知道该去向谁说这事，谁能来管管呢？邻居说不了、亲戚说不了，外人更不好意思说。其实再过几天气也

就没了，想想实在也没必要说出去。"这些受了委屈的女性有苦只能自己默默咽下，无人知晓、无人倾诉、无人协助，她们的声音和诉求很少能够真正被重视、被解决。

（二）公安接警与妇联跟踪携手联动

随着反家暴宣传工作的开展，反家暴意识与妇女维权意识逐渐深入人心。家暴发生后，当事人多选择拨打 110 报警，因此，公安机关在家暴案件的处理中常担任"第一知情人"的角色，派出所在接到婚姻家庭矛盾纠纷的警情后，会立刻出警进行调解。

2021 年 2 月，警察局里的春节气氛被一连串焦躁的电话铃声打破。报警人是 36 岁的孙女士（化名），她带着哭腔称自己遭遇了家暴，身上多处受伤，请求警方出警调查处理。干警接警后迅速驱车前往孙女士家中，只见孙女士左手手臂上流血不止，情形较为严重。在拨打了 120 急救电话后，警方询问当事人双方并从中了解到：孙女士的丈夫被公司裁员后一度情绪失控，时而沉默、时而亢奋。这天晚饭后洗碗时孙女士无意打碎了一个碗碟，丈夫闻讯而来，看到一地狼藉，顿时怒从心起，先是数落了孙女士，后演变为言语侮辱。孙女士心有怨恚，同丈夫起了激烈的争执，盛怒之下，丈夫捞起地上的碎片划伤了孙女士的手臂、手背。

了解到具体情况的干警们面面相觑，由于家暴案件的特殊性与警务资源的有限性，他们既无法因此逮捕孙女士的丈夫，也无法协助孙女士的家庭解决失业的困境。因此，干警们只能竭尽所能地安抚孙女士的情绪、陪伴孙女士治疗，斥责孙女士的丈夫并对其进行有关婚姻家庭关系、情绪处理的思想教育。

回到警局后的干警们发起了愁，家暴的报警在浒墅关镇不是罕事，尽管他们面对家暴案件掌握着充足的源头性警情资源，但每次出警后干警们对于家庭矛盾纠纷的调解只局限于当下的时间节点，后续对于家暴受害者与家庭矛盾的跟踪调解却心有余而力不足，难以从根源上彻底解决该家庭的实际问题，因此家暴的情况常反复发生且难以根除。

意识到这一问题的严重性后，公安部门第一时间联系到在基层妇女工作中起着重要作用的基层组织——妇联，并迅速召开联席会。会上，公安部门围绕孙女士的情况及目前警方所面临的难题与妇联展开了研讨。妇联在了解了具体情况后表示：妇联方极少收到家暴案件的反馈，这正是因为警方的前源警情与妇联的后端处理间存在着极大的信息断层。

浒墅关镇妇联在了解到孙女士的具体情况后，先是通过电话的形式与她取得联系，在慰问过她的现状后，妇联了解到孙女士目前急需心理疏导与婚姻家庭指导。于是，当地妇联紧急联络专业心理咨询师与社区服务人员为孙女士提供了心理慰藉与发声平台。经过当地妇联为期三周的紧密跟踪与针对性服务，孙女士的伤痊愈了。她表示在此期间得到安抚的不仅是手臂的伤疤，更是心里的创伤。

浒墅关镇妇联围绕孙女士一案进行了深刻反思与多方研讨，总结出目前公安部门与妇联在反家暴工作中各自的长处和短板。2021年，妇联开始与当地公安部门展开联动，通过每周一举办的例会共享最新家暴情况，实现家暴案件的信息互通——即由公安部门提供前端警情，妇联负责后端承接服务（见图1）。

图1　公安人员与妇联工作人员共同处理家暴案件

此后，妇联所得到的家暴案件反馈数量明显增加。浒墅关镇妇联方主席告诉我们："妇联在反家暴工作中非常需要公安的前端一手数据。我们通过例会的形式与公安达成协同，会后通过数字平台将各社区的家暴情况反馈下去，基层妇联会在3个工作日内与受家暴的妇女取得联系并进行了解与调解等。"

基层妇联组织在后续跟踪并解决相关案件后反馈给上级和公安部门。

如此既减轻了公安部门的办案压力，也提升了家暴案件的办案效率，使每一个家暴报警都能得到妥善解决，进一步推动了反家暴工作的进程。如此，妇联真正从公安部门手中接过了家暴案件的"接力棒"，2022年上半年，浒墅关镇妇联累计处理了160起家暴案件。

家暴案件的协作互通实现了，但是后续又该如何全方位地了解妇女的实际需求？该如何多方协助妇女维权？又该如何从源头治理家暴案件？妇联发起了愁。

（三）"1+3+6+X"反家暴工作法建立

浒墅关镇妇联在意识到反家暴工作急需多方协同工作后，联络各社会部门发挥相应部门各自的独特性优势，于2021年主动融入"大数据+网格化+铁脚板"的基层社会治理模式，首创了具有浒墅关特色的"1+3+6+X"反家暴工作法。

"1+3+6+X"反家暴工作法坚持以家庭和谐为首要工作目标，在与公安部门建立协同工作的基础之上，建立了部门协同、专业支撑、社会参与的三方联动服务模式，通过深化信息互通、联动转办、分级评估、菜单式服务、联席会商、队伍增能六大工作机制，以一个服务网格、一次心理咨询、全方位的数字化融合服务平台等X项务实举措为工作路径，倾力打造集矛盾纠纷信息互通、家庭纠纷调解、法律援助服务、心理健康疏导、关爱联系帮扶"五位一体"的服务体系。立足于党建下的妇联治理建设，关注妇女及家庭的实际需求，全方位落实反家暴服务及保障。

"1+3+6+X"反家暴工作法是浒墅关妇联服务精细化在具体领域的成功试验。当地妇联不仅组建了一支高效服务队伍，完善妇联服务网格，还邀请驻点法官、专业心理咨询师等开展法律法规、心理健康等业务培训，加强婚姻家庭矛盾纠纷服务队伍的能力建设。此外，为进一步渗透妇女权益保护，浒墅关镇妇联还打造了全新数字化线上+线下融合服务平台，着力打造全方位便捷高效的妇联服务体系。当地妇联下辖惠丰社区警务室嵌入式建立了和乐工作室，集矛盾纠纷调解、心理健康咨询、法律援助服务、休闲书吧等功能于一体。同时，探索导入"码"上服务模式，协同相关职能部门及社会资源，将心理健康免费预约服务二维码、个人微信二维码、"12338"妇女维权服务热线等服务接入工作室。

在此基础上，浒墅关镇妇联将协同治理与数字化建设创新性融合，建立并完善了一套闭环服务机制。为提供专业化的心理服务，以政府购买社会服务的形式，引入了社会组织心得乐妇儿关爱中心专业咨询师团队，为遭受家暴的妇女群众提供心理赋能和精神关爱。

自浒墅关镇网格化建设以来，当地妇联建立了精细化四级网格员架构，由专职或兼职网格员日常走访，以实时地掌握真实的家庭情况，并宣传反家暴意识。面对家暴，浒墅关镇的妇女在"1+3+6+X"反家暴工作法的服务下变得既愿说也敢说，更有处可说。浒墅关镇妇联反家暴工作机制为家庭和睦相处、城市和谐管理提供了数字化协同治理的成功范例。

浒墅关镇妇联多方协同的反家暴工作机制经历了长期的演变（见图2）。初期妇联孤军奋战，随后公安部门的参与为妇联开拓了前源性的案件反馈途径。接着，社会各部门参与融入，为反家暴工作进行多元化赋能，助力构建共建共治共享的社会治理创新新局面。

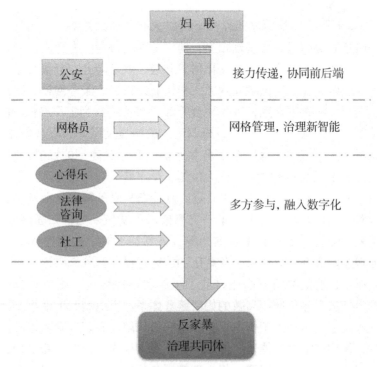

图2　"反家暴工作机制"演变过程

三、反家暴工作中存在的问题

（一）家暴界定模糊

自"1+3+6+X"反家暴工作法实施以来，浒墅关镇妇联与当地公安部门展开联动，实现了家暴案件信息互通，通过每周一举办的例会共享最新家暴情况，由公安部门提供前端警情、妇联负责后端承接服务，因此妇联所能获得的家暴案件数量明显增加。在处理家暴案件的质量方面，妇联相较于公安部门更具备妇女工作的专业性，妇联逐年构建起专业沟通妇女、心理赋能、维权关怀的巾帼团队，社区基层妇联在及时电话联系受害者以外，后续还会定期电话跟进家庭现状，和乐工作室的建设也能为妇女提供"码上预约"的心理咨询服务。基层妇联在后续跟踪、解决相关案件后再将其反馈给上级妇联和公安部门，既减轻了公安部门的办案压力，也提升了家暴案件的办案效率，使每一个家暴报警都能得到妥善的解决，进一步推动了反家暴工作的进程。2022年上半年，浒墅关镇妇联累计处理了160起家暴案件，为浒墅关镇的反家暴工作注入了全新的活力。

但是，对社会和民众，甚至是相关部门和当事人而言，他们对家暴的界定存在不容忽视的模糊性，这是由于长期以来我国对于家暴案件的判定及审理都存在模糊性。《反家暴法》将"家暴"定义为"家庭成员之间以殴打、捆绑、残害、限制人身自由以及经常性谩骂、恐吓等方式实施的身体、精神等侵害行为"。但是在妇联的实际工作中，常见的家暴警情多为偶发性、一次性的夫妻间肢体摩擦、口头争吵，并未上升到严重的人身伤害，这类情况仅可被称作"婚姻家庭矛盾纠纷"。且《反家暴法》中并未清晰地界定何等伤害程度为"严重"、何等频率为"经常性"、何种做法是或不是"侵害行为"。

浒墅关镇妇联对于"家暴"的界定也存在着模糊性。"1+3+6+X"反家暴工作法中的分级评估机制视报警次数与情节的严重性将各遭受家庭暴力的对象分为三级，从而提供针对性的反家暴服务。该机制在一定程度上对家暴情况进行了评估与分级，但是除报警次数客观存在外，对"情节较轻""具有现实危险性""高危致命危险"的界定与评估标准仍未有现实外化的客观标准，这种分级标准存在主观性、模糊性。

（二）多方协作，难免信息滞后

在"1+3+6+X"反家暴工作法运行过程中，各部门组织积极合作，共同助力家暴案件的高效解决，该工作法实现了多部门的水平向和垂直向合作。公安部门主要为妇联提供信息数据；妇联主要负责联系并了解妇女的需求，联系其他部门为其提供精准有效的服务；司法机关主要负责提供法律援助和法官咨询等业务；团委主要保障受家暴家庭的儿童权益；社会第三方机构如和乐心理工作室派专业心理咨询师提供一对一心理咨询，疏导并解决妇女的家庭矛盾与心理问题。此外，浒墅关（镇）高新区妇联会联系基层妇联做好总体的监管工作，基层妇联通过专职或兼职网格员的日常走访了解基本情况后，再电话联络，进一步了解家暴的具体情况与当事人的真实诉求，从而站在受害者的立场上真正解决好家暴问题。在问题得到解决后，各网格员也会后续定期跟踪相关妇女的情况，并及时反馈给社区妇联。

尽管各部门间利用固定加动态的信息互通模式确保了信息的共享，但依然缺少一个实时性的信息共享平台，家暴信息的传递存在滞后性，或将错失与受害妇女及时联系的黄金时间。例如，受害妇女本周遭遇家暴而报警，要等到下周四才会接到来自当地社区（村）妇联的电话沟通。这空档期间家庭矛盾有可能升级，当事人亦有可能遭受二次伤害。调研过程中了解到，大多数妇女在接到妇联的电话时都表示已经和解、重归于好了，妇联本出于好意的电话沟通或将打扰到当事人，唤起当事人不美好的回忆。此举也可能对反家暴工作者评估受害程度造成一定的偏差。

（三）妇联后续对案件的了解存在片面性

考虑到受害妇女的普遍真实诉求，浒墅关镇各社区（村）妇联在实际工作中首先考虑用电话与受害妇女联系，而非第一时间上门沟通。但是由于信息互通的滞后性，妇联对于家暴案件的跟踪并不及时。家暴案件多为口述，存在当事人的主观性，因此面对偶发性的家暴案件，妇联所能掌握的当事人遭遇家暴时的具体信息极为有限且较为片面。

此外，受传统思想的影响，当事人在口述家暴情况时常在一定程度上有所保留，当受害妇女表示已经和好后，妇联工作人员也难以再推进更深入详细的了解。

（四）调解员须提升专业能力

"1＋3＋6＋X"反家暴工作法提升了浒墅关镇妇联队伍的功能和价值，为反家暴工作注入了新动能，进一步推动着家庭和睦与社会和谐。随着妇联处理家暴案件的质与量显著上升，各妇联在实践层面逐步积累了丰富的反家暴工作经验。各社区会定期通过邀请驻点法官、专业心理咨询师等开展《民法典》、心理健康等业务培训，利用多方资源对网格员进行课程培训，促使其提高沟通技巧和专业素养，加强婚姻家庭矛盾纠纷服务队伍的能力建设，实现妇联队伍的增能。浒墅关镇妇联每月分批次组织社区（村）妇联主席至派出所调解室跟班学习矛盾纠纷调解技巧，以提升基层队伍的反家暴调解能力和水平，实现妇联队伍建设的优化与进步。

但是，在浒墅关镇现有4个自然村，村民遇到矛盾习惯于求助村中有威望的老人，因此每个自然村的网格员多由有一定威望的村民兼任。这些兼职网格员皆有其本职工作，作为网格员仅起到辅助社区工作的职能。而且村里的兼职网格员缺乏专业履职培训，在法律维权、心理咨询等方面的专业能力较弱。

四、结束语

家暴只有零次和无数次，家暴行为往往就隐藏在你我身边。因此，反家暴其实是每个人的战役，谁都不能置身事外。妇联作为党和政府联系妇女群众的桥梁和纽带，在社会建设中有特殊的优势，一直是党开展妇女工作的坚强阵地和深受广大妇女信赖的温暖之家。浒墅关镇妇联首创的"1＋3＋6＋X"反家暴工作法若要深入推行并贯彻落实，离不开国家层面对相关家暴法案的优化完善、社会层面各部门共建信息云平台、个人层面与传统观念和解等多方因素的共同助力。浒墅关镇妇联充分运用基层社会治理数字化反家暴协同治理的优势，通过协同工作促进了家暴案件的有效解决。这些做法无疑为进一步完善中国特色社会主义妇女发展道路，探究高效系统的反家暴工作机制，保障妇女合法权益，优化党建引领下的基层治理建设做出了前沿的探索与卓越的贡献。

（本案例来源于江苏省高等学校大学生创新创业训练计划项目"织密'安全网'，做好'娘家人'：浒墅关镇多方协作的网格化反家暴工作机制创新探析"。）

思考题：

1. "1 + 3 + 6 + X"反家暴工作法背后有哪些理论支撑，又是如何通过这些理论维护该工作法的运营的？

2. "1 + 3 + 6 + X"反家暴工作法相较于传统的反家暴工作机制有哪些特色和创新之处？这些创新点的融入会给反家暴工作带来什么样的新发展？

3. 浒墅关镇的"1 + 3 + 6 + X"反家暴工作法还有哪些需要完善的方面？又该如何完善？

案 例 分 析

一、理论与分析框架

本案例分析立足于协同治理与网格化管理等公共管理理论，挖掘数字治理的大背景下，妇联能如何在党建的引领下探索反家暴协同治理新机制。以"1 + 3 + 6 + X"反家暴工作法背后的创新模式为出发点，可总结其背后协同治理与网格化管理的成功经验，在实践中了解、提炼并验证多方联动、协同治理的数字化反家暴协同治理机制及其可借鉴的社会治理理论体系。

（一）理论基础

1. 协同治理理论

"协同治理理论"是一门新兴的交叉理论。"协同"是"相互协调、共同作用"，它反映了构成整体的各个部分之间如何互动以发挥系统的整体功能；"治理"倡导多元主体通过多种方式协同对公共事务进行管理。协同治理寻求有效的治理结构，在这一结构当中虽然也强调各组织的竞争，但更多地强调各个组织行为体之间的协作，以实现整体大于部分之和的效果。协同治理理论区别于其他理论范式的特征包括：治理主体的多元化、各子系统的系统性、自组织之间的协同、共同规则的制定等。

在本案例中，协同治理主要是指妇联、公安部门、社区、社会组织以及妇女群众等利益相关者为解决共同的社会问题——家暴治理难题，以比较正式的适当方式进行互动和决策，并分别就结果承担相应责任。通过容纳多种社会管理力量积极参与处理社会公共事务，实现管理的民主化和科学化，最终实现社会的"善治"。在问卷调查中，高达95.3%的人表示支持社区、社会、公安、司法等多方联动参与反家暴工作，我国反家暴工作中的协同治理模式建设刻不容缓。

2. 数字治理理论

数字治理是指在政府与市民社会、政府与以企业为代表的经济社会的互动和政府内部的运行中运用信息技术，简化政府行政，简化公共事务的处理程序，并提高民主化程度的治理模式。其主要有以下核心特征：注重不同领域的重新融合、重塑政府与公民的关系、嵌入技术治理理念、提倡多元协同治理，以及以服务为最终价值取向。

本文依据数字治理理论的核心特征，结合我国数字化治理的发展现状，从融合、重构、创新、协同四个方面进行阐述，分析反家暴工作的服务体系，探索数据共享、智慧建设在反家暴工作中的可行性与具体运用。

3. 网格化管理理论

网格化管理是在2004年提出来的一种新的数字化城市管理模式，它借助信息技术，借助社会力量在政府层级、职能和部门之间进行全方位的打通，是继"无缝隙政府"模式后在政府管理流程上的一个重大变革和突破，经历了一个从着眼于管理走向管理和服务并重的过程，通过网格进行全方位的管理和提供全方位的公共服务，并以此来提高服务的质量。通过合理划分网格、层层递进负责的方式，减少行政层级、减轻职能重叠、改善管理碎片化，实现了基层治理模式的创新，可进一步提高政府部门的精细化与工作效率。

（二）理论分析框架

本文结合了协同治理理论、网格化管理理论和数字治理理论，顺应社会治理体系与治理理论现代化的号召，提取三方理论优势并有机结合为"三方协作—基层网格—数字治理"的理论分析框架（见图3）。

这个分析框架可以有效地解释妇联、警法、社会是如何在"1+3+

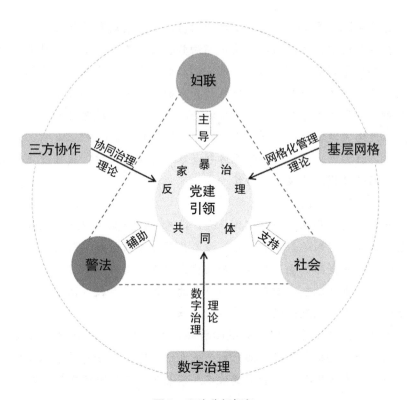

图 3　理论分析框架

6 + X"反家暴工作机制中进行互动，进而为受害妇女提供心理赋能与维权途径的，可真切保障受害妇女权益，助力了我国反家暴工作模式、社会治理共同体的构建。浒墅关镇妇联坚持以党建引领为指导，积极探索并构建反家暴治理共同体。其通过网格化管理划分基层网格，并配备网格员为相应网格提供服务；背靠数字治理与现代数字发展的大背景，把反家暴工作融入数字化平台。"1 + 3 + 6 + X"反家暴工作法在妇联的主导下，充分发挥警法部门的辅助作用并借助社会中各力量的支持，共建了一套完整的数字化反家暴机制协同治理模式，为反家暴治理共同体的构建提供了重要的成功经验。

（三）研究方法

1. 文献研究法

本团队通过文献研究学习有关"协同治理""数字治理""网格化管

理"等社会治理理论的相关论文著作，整理归纳各地的相关政策与报道，建立了完备的文献资料库。

2. 半结构访谈法

本团队与浒墅关镇妇联主席（2人）、各基层社区妇联主席（4人）、基层专职网格员（2人）展开深度访谈。访谈主题主要包括协同治理理念、反家暴工作经验、妇女所反馈的感受等。本团队还参与了浒墅关镇妇联座谈大会，深入了解该工作机制的运行模式、成效与进展。

3. 问卷调查法

本团队联手苏州高新区妇女联合会，面向高新区妇女，匿名发放"苏州高新区妇女发展状况调查问卷"，以了解当地妇女在"1+3+6+X"反家暴工作机制下的真实感受，并结合妇女认知度评价，基于指标运用成效分析法评估该机制的运行效能。

4. 实地观察法

本团队前往浒墅关镇开展了为期两周的嵌入式调研，以高校学生身份对浒墅关镇妇联的各级相关工作人员进行访谈，参观党群服务中心了解党建与社区工作，参与妇联日常工作并熟悉反家暴工作的具体流程，实际体悟浒墅关镇妇联、社区的发展现状。

5. 案例研究法

本团队结合前期文献理论，纵向分析浒墅关镇历年的反家暴工作情况，横向比对我国各地区反家暴工作的现状，从而挖掘浒墅关镇多方协作的反家暴工作案例中的网格化反家暴协同治理新机制的成功经验。

二、协同治理、数字化治理和网格化治理实践

（一）联动性：接力传递，协同前后端

"1+3+6+X"反家暴工作法建立了部门协同、专业支撑、社会参与的多方联动的协同治理服务模式，浒墅关镇妇联在与公安部门建立协同工作的基础之上，每周一举办例会互通最新家暴案件信息，再由浒墅关镇妇联在当天将各案例动态转到各社区（村），各社区（村）妇联则会在三个工作日内对接联系当事人（见图4）。若是重点关注的受害妇女多次遭受家暴案件，浒墅关镇将通过联席会商制度，由妇联牵头派出所、法院等职能部门以及社会机构开展合作，定制综合性个案维权服务，帮助受害妇女

多方维权，共同助力家暴案件的高效解决。妇联主导、警法辅助、社会支持的反家暴工作机制，为妇女及家庭的实际需求提供全方位的服务与保障。多方联动则拉近了党、政府与人民群众的距离，也有利于增强妇女群众的幸福感和获得感，维护社会和谐，优化城市治理。

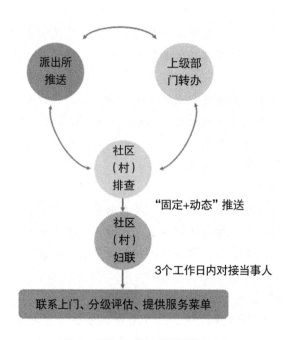

图4　浒墅关镇反家暴协同机制

（二）反家暴数字化平台建设

"1+3+6+X"反家暴工作法积极融入并具化落实数字化治理，发挥领域重构与平台创新的优势，在浒墅关镇妇联下辖惠丰社区警务室内部嵌入式建立了"和乐工作室"，携手社会组织心得乐妇女儿童关爱中心，探索导入"码"上服务模式——将心理健康免费预约服务二维码、个人微信二维码、"12338"妇女维权服务热线等数字化反家暴服务接入和乐工作室，为妇女提供婚姻家庭、亲子教育、情绪和压力管理以及职业生涯规划等方向的专业心理咨询服务。

该预约系统后是保密性大数据处理平台，若大数据显示某妇女多次、长期接受心理咨询，或是在咨询过程中表现出较为严重的抑郁、偏激倾向，和乐工作室的专业人员将特别标记该妇女并向浒墅关镇妇联反馈该情况，再由妇联参与牵头为她提供更为专业的心理咨询服务或建议其接受专业心理治疗等。若妇女表示自己正遭遇着家暴，妇联也将为她提供应对家暴、个人维权的有力途径并持续关注。

"1＋3＋6＋X"反家暴工作法通过数字化信息平台，融合妇联与社会组织协同工作，以信息技术手段为妇女提供发声、诉苦、发泄的平台，通过技术治理优化妇女的精神世界，升级了"1＋3＋6＋X"反家暴工作法数字化治理的能力，为浒墅关镇妇联的工作注入了新时代技术新能量。

（三）网格化管理使治理精细化

"1＋3＋6＋X"反家暴工作法在基层治理与反家暴工作体系中灵活运用网格化管理模式，将浒墅关镇各社区每500户划分为一个网格，配备1个三级网格长、1个专职网格员、3个兼职网格员与2个党员中心户＋红色志愿者进行日常走访，实现了户户访、村村访的网格化管理，落实了基层治理的全覆盖和职权优化。

妇联工作也与网格化管理息息相关。浒墅关镇妇联以"四级服务网格"为重要指导，将反家暴工作充分落实贯彻于网格化工作之中，网聚了530余名巾帼力量，构建了"我为群众办实事"议事平台，帮助把妇女的"烦心事"转作"容易事"。妇联将反家暴工作积极融入了基层治理网格化工作中；通过邻里间的交流、上门对话等途径，网格员能够实时掌握每家每户的家庭情况，在一定程度上得以预知、预判家暴的萌芽，并及时针对相关家庭进行详细的了解与调解沟通，为妇女提供可以倾诉的对象，帮助妇女排解生活与家庭的烦恼。

三、运筹决策——建优化之言，献治理之策

（一）细化评估标准，建立明确的家暴分级制度

在接到妇女遭遇家暴的案件后，浒墅关镇妇联会根据具体情况作出一级、二级、三级的家暴分级评估。这便意味着家暴案件的分级评估机制需要进一步优化与完善。

各社区（村）妇联应先设立具体的评判标准，例如：皮肤擦伤、皮肤剐蹭、皮肤表面红肿等情况视作"情节较轻"，骨裂、重度划伤、失血过多等情况视作"高危致命危险"，也可将医院所开具的诊断书作为判断标

准。工作人员在与受害妇女联系时应遵循"一听、二看、三判"的评估步骤。先与受害妇女电话联络，倾听她的遭遇与诉求，从当事人的口中了解她本人对受害情况的真实描述与自我评估。若描述与评估存在差距，工作人员应在取得当事人许可的前提下再与她本人会面，当面观察并评估她的生理与心理健康状况；若条件允许，可携社区医生一同进行简单的专业评估。

由于现阶段分级评估机制建设得还不完善，在本团队所发放的问卷中，有42.53%的人将"已经造成人身伤害或具有现实危险性的，以及情节较轻但多次遭受家庭暴力的"这类本属于"中度关注对象"的案件评定为重度关注对象。可见各部门细化评估标准，建立条理清晰、分级明确的家暴分级评估机制极为必要且刻不容缓。

（二）构建共享平台，实现信息互通的实时性

浒墅关镇妇联协作公安部门共同搭建了信息共享平台，有利于家暴警情的实时共享与及时沟通跟进。考虑到受害者的个人隐私，共享平台的数据应作模糊处理并设置开放访问权限，即仅该社区（村）妇联的访问端口能查看该地家暴案件当事人的详细信息。该社区（村）妇联工作人员能够及时收到推送，并通过平台实时查看案件办理的最新情况。浒墅关镇妇联的家暴案件转办模式也应从"固定加动态"以便逐渐转变为"实时加动态"，以便社区（村）妇联与浒墅关镇妇联工作人员既能实时了解家暴案件的具体信息，也能动态跟进、更新家暴案件的最新进展。

（三）招募志愿者，协助网格员日常走访

浒墅关镇的社区网格员每人须管理多达500户家庭，村网格员身兼数职，可以招募短期志愿者参与日常走访，协助网格员完成文件整理、人员信息管理等冗杂的工作，提高网格员工作的效率。志愿者若来自社区住户，能够为网格员提供其所处交际圈内其他家庭的真实情况，填补、完善网格员所掌握的家庭信息。而且招募拥有法学、心理学背景的志愿者能大幅提升社区（村）网格员工作的专业性。

（四）响应疫情防控常态化，防疫、反家暴双线并行

在疫情防控的常态化管理之下，反家暴工作不应被搁置，而应借疫情防控之力加以辅助。为推进防疫工作、了解防疫现状，各社区（村）工作人员入户、与居民交流的机会增多，为妇联工作人员了解各户真实的家庭

情况提供了绝佳的契机。疫情使得居民外出一定程度上受阻，各社区（村）应组织各类精彩纷呈的社区活动来充实居民的闲暇时光。

（五）提供培训，进一步提高农村队伍的素质

为农村网格员定期提供心理辅导与沟通技巧培训等专业讲座有其必要性。一方面，农村网格员在地域和宗亲结构上对专职网格员入驻存在影响，推选当地居民兼任网格员是现实需要；另一方面，像心理辅导师这类专业人才下乡常驻难，而更专业的沟通辅导有利于提高家庭矛盾爆发后的处理效率。同时，加强农村网格员的专业素养也能进一步提高浒墅关镇网格员队伍的整体专业素质，有助于优化队伍配置。

整建制选派干部
破除农村治理痼疾

——以山西省安泽县洪驿村为例

［太原理工大学］

康耀鸿　牛泽旭　张婉礽

指导教师：任守云　桑　颖

【摘要】在农村治理实践中，民选村干部素质及能力良莠不齐为政策贯彻增加了不确定性，易引发群众矛盾纠纷，甚至侵蚀基层党委与农村自治组织，成了横亘在乡村振兴路上的障碍。山西省为巩固脱贫攻坚成果、提升农村治理水平，结合工作队经验，针对全省范围内的各党组织软弱涣散村，由各县委县政府组织，整建制选派干部，旨在革新干部班子，解决治理难题。此前，安泽县洪驿村村两委的矛盾突出且扯皮不作为，村民无奈只得频繁上访，该村成为远近闻名的"告状村"。整建制选派新班子到任后，进行了一系列大胆创制，解决了原村两委遗留下来的许多问题，消灭了群众心目中"懒政怠政搞斗争"的干部印象，破解了该村一系列治理痼疾。本案例透过权威视角分析该村治理难题的表现及原因，由基层治理行政化入手，分析了农村地区行政下沉的主要考量，同时对本案例中整建制选派的成功进行了解读，认为主要原因在于行政下沉、党建引领和群众参与的三方合力。

【关键词】整建制选派；农村治理；权威；基层治理行政化

案 例 正 文

引言

党的十九届四中全会提出，社会治理是国家治理的重要方面，必须加强和创新社会治理，完善党委领导、政府负责、民主协商、社会协同、公众参与、法治保障、科技支撑的社会治理体系。[①] 目前，全国各地都在贯彻中央决策部署，推进地区社会治理水平提升。2020年4月习近平总书记在山西考察时提出"推动社会治理和服务重心向基层下移"，山西省据此提出"三零"（零上访、零事故、零案件）创建的部署安排[②]，着力提升全省政法战线的工作水平。

此外，山西省还从推进乡村振兴的新形势出发，持续向重点乡村选派工作队和驻村干部。其中，向脱贫村、易地搬迁安置村（社区）以及党组织软弱涣散村整建制选派了支部班子，每村三人。选派干部每周必须有五天四夜驻村工作，组织关系也要转到村党支部，同时选派干部要对村支部建设和发展负完全责任。

安泽县洪驿村由原西洪驿村和东洪驿村合并而来。合并之后的洪驿村作为党组织软弱涣散村，其党支部班子也被整建制替换。2021年12月，安泽县洪驿村被民政部办公厅评定为全国村级议事协商创新实验试点单位，一个全县有名的"问题村"蜕变成为荀子故里新的骄傲。

一、洪驿村"两委"矛盾的由来

"洪驿村的问题远比我们想象的要复杂得多！"提起洪驿村，已调任镇党委副书记的原洪驿村村支书王书记感慨道。

2008年，西洪驿村曾是全镇唯一的一个"省级新农村建设示范村"，但为何会沦落成为令人头疼的"问题村"呢？2012年6月，西洪驿村因

---

① 中国共产党第十九届中央委员会：《中国共产党第十九届中央委员会第四次全体会议公报》，2019-10-31。

② 中共山西省委办公厅、山西省人民政府办公厅：《关于加强和改进乡村治理的实施意见》，2020-02-11。

抗洪收到县里下发的一批物资，物资种类较多、数量不一。因情况紧急，当时的两委干部按照各家具体情况立即组织村民进行物资分发。村民 L 认为村委的物资发放不合理，少给了自己家一身迷彩服，为此将村主任"告"到了镇政府。镇政府对此事的处理结果为将村主任停职，组织村民重新选举。村民 L 的行为给其他村民留下了深刻印象，很多村民甚至认为村民 L 很厉害。在选举中，村民 L 成功当选为西洪驿村村主任。之后上访这个"解题之法"在西洪驿村被广泛应用，邻里矛盾去上访，物资发放有意见去上访，大事小事都去上访，不去上访就是"没本事"。王书记回忆道："我刚到镇上报到，书记就给了我一封告状信。在下去之前就听说这个村子爱告状，但没想到，连村门都还没进，就拿到一封告状信。"上访频频使得西洪驿村"名声在外"，导致上级对很多合理诉求也漠然处之。村民老齐就因此饱受困扰。在安泽县 2017 年冬旅游步道的修建中，洪驿村有 30 多户老百姓的土地被占用。几年过去了，补偿款迟迟不能到位。按照耕地占地补偿标准，被占地较多的老齐，应得补偿款有 8 万多元，这大致相当于其家庭三年的收入。老齐选择了上访的方式讨要补偿款，从 2017 年到新班子到任的 2020 年，老齐到县里、市里上访不下 30 次。"人家一听是西洪驿村的，一听是我，就直接说不在、办不了。市长热线现在一看是我的电话都不接了。"

　　村民为啥直接上访，不找村两委？村干部有话说。"L 那个人不行，当时在部队上我们一起当兵，我们那一批都入了党，他退伍都没入党，组织都不认可他。"西洪驿村原村支书 S 书记对村主任 L 这样评价。"L 就啥也不懂，他觉得谁厉害村里就该听谁的，不支持我的工作，处处和我作对，怎么去给老百姓解决问题？"谈到村支部的建设时，S 书记说："我们工作根本就开展不了。我们开支部会议，他不是党员就不能参加。他不这么想，觉得我们针对他，找了自己的人闹到我们支部会议，大家都是一个村子的，不想闹得太难看，好多人慢慢就不来开会了，支部活动也不好办了。"村民也有话说。有村民说："找他们根本就没用，村主任步步踩村支书脚后跟，啥事能办嘛。"村民 A 说："你们不知道，他俩是世仇，L 家和那 S 家就老处不到一起，两派人一见面就干仗，连跳舞他俩派人都要寻两个地方。他俩还是干部呢，开会两人就打起来了。S 把 L 打进了医院，还赔了 1 万多。都想给自己家的人多捞点，谁管咱。"对于村两委的不作为，村民和党员都看在眼里。村两委的矛盾在西洪驿村完全公开化。

上级难道不理不问？上级也有苦说不出。镇上一位工作人员透露道："你知道这西洪驿村换过几任支书不？6个，或者是7个。有好几个还是镇上干部兼着呢。之前我们的镇党委副书记还兼过西洪驿村村支书，都不行。你不是村里头人，还有自己原本的工作，人家就不拿你当回事。"一名村民说："你知道咱西洪驿咋没了吗，上回上头来人检查，处理他俩的矛盾，那L把县领导的车拦下来，还把县政府派来处理村内矛盾的工作人员关在村委大院，要求他们把问题解决以后再出来。"镇党委副书记感慨着说道："其实我们也没办法，人家自己选的干部，只要程序正当，我们也不能说像处理村支书那样处理。"基于现实中种种条件的制约，上级的多种举措只起到了隔靴搔痒的效果。2020年4月，县委县政府作出将西洪驿村与东洪驿村合并的决定。

二、整建制选派干部制度出台

安泽县面对层层下压的政策压力，高度重视、全面行动，将软弱涣散党组织的整顿和"三零"创建以及乡村振兴进行有效结合。同时，考虑到安泽县内存在一批像洪驿村这样的软弱涣散村的现实情况，如果要完成上级的政策目标，有效化解痼疾，统一明确的地方举措必不可少。安泽县政府主动作为，借鉴省内向"软，穷，乱"村整建制选派支部班子的先进做法①，大胆尝试，在一系列软弱涣散村实行具有地区特色的整建制选派。2020年5月，安泽县委县政府在县机关事业单位广泛宣传，通过自愿报名、集中考核，共选拔36名干部，按照年龄及知识结构等划3人为一个整建制班子，共30人整建制派往10个软弱涣散村，其余6人派往问题相对较轻的6个村任村支书。赴任前，县委在谈话中对选派干部提出要求：创新方法，及时化解矛盾纠纷，把困难和问题解决在萌芽状态，在实践中探索乡村治理的长效机制（如图1所示）。

安泽县给予全县整建制选派的干部充分自由、各种形式的支持和完备的制度保障，出台了《安泽县选派到村任职干部、驻村第一书记和工作队实施方案》，对选派干部的保障激励措施做了全面且明确的规定。各村新班子得以放开手脚，投身村内建设，一系列创新和极富成效的举措得以实

---

① 徐永峰、周静文：《山西：软弱涣散村上来了》，http://www.dxscg.com.cn/zxts/201909/t20190906_6324855.shtml。

施。以洪驿村新班子为例，正式任命选派干部前，时任县委书记廉海平与新班子成员进行谈话并叮嘱道："不要急，这个村子问题比较多。要一个疙瘩一个疙瘩地去解，打开老百姓的心结。"在后续问题的解决过程中，县政府在保证基本稳定的前提下也给予了新班子很大的自由，还多次委派县委县政府领导赴洪驿村了解困难和相关情况。

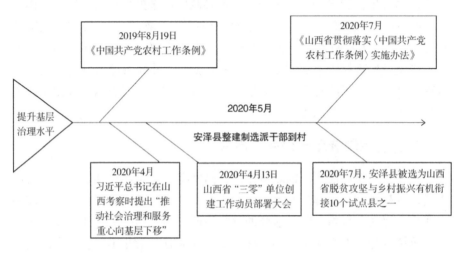

图1 政策"具象化"全过程

三、"洪驿的棋"怎么下

（一）撤村合并，干部入村

在原西洪驿村"村两委"斗争不作为、村民诉求难以解决而频频上访告状的乱局下，上级政府认为西洪驿村的矛盾已经到了难以调和的地步，不采取果断的措施很难使该村乱象得到解决。上级政府在认真研讨和谋划决策后，最终做出了撤村合并的决定。

在访谈中，一位入党50余年、从事村内妇联工作近30年的老人谈到两村合并时感慨道："西洪驿赶上了国家改革的势头，这么好的底子，要是好好建设，老百姓现在的日子肯定会更好。真是可惜呀！"新的行政村形成后，上级决定从党支部入手解决该村的问题。为贯彻山西省委"三零"创建的精神，以及统一筹划和政策试点的要求，安泽县委将洪驿村党支部定性为软弱涣散党支部。2020年5月，根据相关统一政策安排，安泽县政法部门选派了三名干部进入该村支部，组成了洪驿村新的党支部班子。

（二）将军出兵策先行

新班子的组成只是解决乱象、实现发展的最基础的一步，要想彻底解决问题和村子积存已久的矛盾，新班子要走的路还很长。

在村内任职20余年的老会计说："刚开始想着他们不是村里的人，这村里的人也难缠，办事应该难得很，就觉得他们弄不成。"在自己切身利益面前，村民们不会有任何客气和容忍，加之是自己不认识的人，也根本不用顾及面子上的问题。

新班子到任不久就遭遇了"当头一棒"。2020年7月，洪驿村遭遇了近十年来最为严重的一次洪涝灾害，待收作物被严重破坏。上级及时向洪驿村运送了一批救灾物资。在物资发放中，许多村民质疑物资发放名单，村党群服务中心挤满了群众，其中不乏情绪激动的村民，对村干部破口大骂，还表示要向上面讨要说法。谈到此，王书记回忆道："有些村民的话确实很伤人，有人说我们狗仗人势，有人说我们和原来的人穿一条裤子，更难听的话还有很多。"但工作还要继续，事后，新班子针对此事走访调研，了解缘由。"从前村委有啥东西，都是黑夜偷着发，咱哪知道谁多谁少，有就不错了。"新班子意识到，他们的工作必须完全从头做起，原村两委的工作作风和不当行为已经使村民与村两委的关系降到冰点。

1. 狠抓支部建设

村两委长期以来的不作为和相互斗争导致村党支部的战斗堡垒作用很难得到发挥，又经过刚上任的"当头一棒"，新班子充分意识到，要想解决村内痼疾，党建引领是筑基固本之策，只有采取巩固治理基础的一系列措施，才能确保日后各项工作都持续稳定开展。

第一，成立老干部"顾问团"。新任村两委将村内的老党员、老干部等聘为"顾问团"，并发放聘书，目的就是发挥"顾问团"的广泛联系和动员作用。"顾问团"成员利用其在村委、村支部以及妇联等组织工作中积累下来的威信和经验，一方面可以助力新班子迅速了解村内的具体情况，为村两委开展工作奠定基础；另一方面，"顾问团"成员作为村民心中的"自己人"，在动员和联系村民等工作上有着比新班子更多的优势。

"顾问团"积极鼓励群众参与村内事务，向村民传达村两委的重要安排，村民能够通过"顾问团"之口了解新班子以及新班子开展的工作，表达自身诉求。特别是在涉及村内重大决定的时候，"顾问团"往往能够基于对村庄现实情况的熟悉以及与群众的紧密联系提出颇具建设性的意见和建议。S谈到"顾问团"时说："我也有聘书，平常只要书记给我打电话，或者村里需要我干什么工作，我都会积极配合。只要咱在家里，村里通知了，我都会积极参加。你入党就是要为人民服务的。"

老干部、老党员们组成的"顾问团"协助新班子度过了初任后一段时间的"陌生期"，有效联系起了新班子与村里的群众，帮助村两委解决了自来水管改造、村机动地坟头占地等棘手的问题。

第二，重塑支部形象。经过物资发放事件后，王书记总结道："在处理农村事务时，一个事不管它有多大，只要涉及老百姓，最好都放到桌面上来谈，让大家有更多的知情权、参与权。"村两委积极着手创建了"洪驿村"微信公众号，安排村内熟悉公众号运营的年轻干部负责每日的公众号推文。推文大致分为两个模块：一是"工作动态"，这一模块对村干部每日的工作进行全面推送和公开，并对一些重要事项予以公示，意在让村民们充分知晓并了解村内事务，方便村民监督村内工作；二是"党史教育"专栏，意在发挥村民自治组织自我教育的作用，鼓励村民学习党史，也为村党支部提供了一个党员教育的绝佳平台。通过"洪驿村"微信公众号平台，洪驿村村两委兑现了无论大事小事都让村民知晓、都与村民商量的承诺，充分发挥了村民对村两委干部的监督作用。在公众号上，洪驿村党支部5名成员公布了手机号，且24小时开机。村民有问题、有急事可以联络上任意一位村干部。村两委一方面公开工作内容，让群众了解村内工作；另一方面认真负责，保证群众有事找得着人，渐渐赢得了村民的信任和支持。

第三，制度发力树新风。新班子意识到，洪驿村要想真正改变，只有村两委和党员发力是远远不够的，必须通过制度化的方式带动村民共建、共治。经过新班子的广泛走访和讨论研究，由村民、顾问团和村两委共同制定、通过村民说事议事会议表决的《洪驿村向上向善星级积分管理办法》（以下简称《办法》）得以出台，其覆盖范围涉及村民生活的方方面面，包括家风建设、学生升学、民生事业等。

经表决通过的《办法》给村内的各种好人好事、突出贡献和典型荣誉按照一定标准发放积分，积分可以兑换相应的生活物品。在物质激励和量化比较下，村民的荣誉意识和集体意识增强，更加积极配合和参与村内事务，为村两委开展工作奠定了良好的制度基础。

2. 帮扶困难群众凝聚民心

西洪驿村原村两委为新班子留下了一个民心离散、斗争不断、矛盾频发的残局，而新班子是村民眼中的"外来人"，初时未得到村民的信任，因此，凝聚民心、了解民意，是新班子必须要解决的首要问题。

村民 Y 一家生活困难，女儿残疾、丈夫患病，一家人居住在村里较为偏僻的地方，加之 Y 不是本村人，长时间遭到村民的歧视和村内的不公平对待，一度被"边缘化"。新班子了解到 Y 一家的情况后，积极动员 Y 到镇上学习炒茶技术，而 Y 也不负众望，两次获得了和川镇斗茶比赛的金奖，并在全县大赛中获得了一等奖。洪驿村做出开办茶厂的决定后，Y 积极参与，主动给学习炒茶技术的村民提供指导，为洪驿村茶厂的建设和发展做出了突出贡献。谈到此，Y 难掩激动："我穷了半辈子，被人家看不起了半辈子，现在给人家当起老师来了，倒是大家愿意跟我学，我也愿意教大家，也算为集体做贡献了。"在新班子的影响下，她对党组织有了崭新的、积极的认识，主动递交了入党申请书。经过考核评议，Y 实现了从"边缘户"到"新党员"的华丽转身，并在生活中继续发挥模范带头作用，以自己的行动鼓励村民响应村两委的号召。Y 的华丽转身，使村内党员和村民重拾了对党组织的信心，增加了对新任村两委行事作风的认同，村民对新班子的信任大大增加。

新班子为快速拉近与村民的距离，积极主动在村内走访，帮助困难群众解决问题。老人 W 独居在一孔低矮破旧的窑洞中，每天守着为自己准备好的棺材，吃住都在棺材旁边。窑洞潮湿狭小，加上老人因智力缺陷有时大小便失禁，窑洞里总是充斥着异味。原村两委对 W 几乎不闻不问，有的村民见了他也会嫌弃地躲开，很少有村民主动向他提供帮助。新班子在走访中了解到 W 的情况，主动为其申报了五保户，并向上级争取了危房改造款，为其解决了住房问题。现在老人已经搬离了危旧的窑洞，住上了新房屋。后来村委还为 W 老人配备了液晶电视、电冰箱、衣柜、橱柜等生活物品。为鼓励和发动村民积极关心困难群众、尊重困难群众，村委还将王书记慰问 W 老人并与之交谈、散步等活动发布到村内的公众号上，以起到引导作用。新班子通过关心困难群众等方式主动作为，加强了与群众的联系，获得了群众的认可和支持。

3. 说事议事开新局

新班子到村后通过一系列大胆尝试和探索，逐渐形成了"说事议事"的创新实践，解决了村内痼疾，维护了村民的合法利益，办结了许多事项。正是这些阶段性的大事，推动了说事议事实践的不断完善，直至得到全县乃至全省的制度化推广。洪驿村再度成为远近闻名的先进村，2021年被临汾市委授予了"全市先进基层党组织"荣誉称号。

第一，通过说事议事制定洪驿村"十四五"规划。2020年8月中旬，县政府移民服务中心要求洪驿村上报村内的"十四五"规划，这个规划可以说是洪驿村的大事。为了能够更好地制定规划，使规划更加符合群众的心声，洪驿村党支部决定，召开首次专项说事议事会，让群众共同商议村内事务。新班子结合实际情况，初步确定了民生实事、产业发展、基础设施等几个议题方向，由村主任主持进行说事议事。当时正值夏季，说事议事会在村委大院召开，参会村民40余人。事关村内发展，参会的人都积极发表意见。对一些可行性不高的计划，或分步实施，或留待备选，最终说事议事会上共确定了规划意见20余条。后期，村两委干部通过实地考察，并与上级部门积极沟通，最终将巷道建设、田间路建设、发展集体产业等民生项目进行合并打包，归纳为洪驿村"十四五"规划项目16项。参会的村民回忆道："我是没想到制定村里规划这种大事我们这种老农民也能参加，关键我们说的话还算话，哪条建议人家干部都可重视，上面派的干部办事确实让人心里舒服。"

第二，通过说事议事建立暑期自习室。除了"十四五"规划，"说事议事"还解决了群众的"急、难、愁、怕"事项，成了安泽县的先进经验。2020年底，安泽县在全县范围内推广"说事议事"，在推广过程中对其时间、次数、议题、参与人员等都进行了规定。而洪驿村的暑期自习室是在推广"说事议事"之后办结的重大事项之一。

洪驿村毗邻水库，夏季天气炎热，很多小孩放暑假之后戏水容易出事。在洪驿村村两委前期的走访中，很多村民都反映了孩子放假没人看管的问题，村党支部打算牵头举办洪驿村暑期自习室，由村委安排专人照看村内的学生。但具体怎样执行、人员从哪来、辅导时间如何安排、责任如何划分等都需要大家讨论决定。在说事议事会上，村民们反响热烈。"我支持！放假打游戏，耽误了学习，一暑假下来还得重新配眼镜。""我家小子也来，我要上山采青翘①，孩子没人管不放心，孩子下河可就坏了。来村委还能学习。"村民们你一句我一句，村委会院里"炸开了锅"。经过商议，最终决定在村委腾出两处地方作为教室，免费提供学习用品。邀请放假返村的8名大学生担任自习室的辅导老师，辅导孩子学习并教授硬笔书法。而家长要负责接送孩子，并提前与辅导老师联系，保证孩子安全。村委与家长们签订了安全责任书，建立了微信群，及时在群中发布孩子信息。2021年7月初，洪驿村暑期自习室如期开班，全村44名学生到村委会"上学"。孩子们在这里不仅能够自习、学习书法、观看电影，课间休息还能打乒乓球、羽毛球。大学生辅导老师不仅照顾孩子们的学习，无形中也为孩子们树立了榜样。家长解放出来一个多月的时间，不怕孩子放假没人看管，能够安心上山采青翘，一天可以增加几百元的收入。

四、结束语

2020年11月20日，临汾市委书记董一兵一行到洪驿村指导工作，重点参观了洪驿村星级积分管理中心办公室、说事议事厅等洪驿村的一系列特色办公场所。说事议事以及通过其产生的《洪驿村向上向善星级积分管理办法》是洪驿村选派干部的重要治理创新，是洪驿村选派干部探索出的"支部引领，干部推进，全民参与"的"洪驿经验"的重要体现，这两项制度在取得上级的充分肯定后也逐渐得到了更大范围的制度化推广。

制度化推广后的"说事议事"，其灵活和自由也受到一定影响。自2021年1月30日开始，根据规定每村每月必须在15日和30日召开两次说事议事会议，而议题也从村民的关心事变成了上级的政策安排和疫情防控、"清化收"② 等常规性内容，大多与村民的切身利益没有直接关系，村民参与的积极性大大降低。而制度化推广后的星级积分管理办法也面临着执行不力的问题，其他村子虽然也在推行星级积分管理，但是迫于资金压力，推行非常困难。"村里没那么多钱发积分，我们就只能少评或者不评，因为只要评村里就得花钱，实在没有那么多钱去兑积分。"一位其他村的民选村干部谈道。星级积分和说事议事本是因地制宜的基层智慧，其

---

① 安泽县盛产连翘，初熟果实称青翘，每年7—8月村民会上山"采青翘"，"采青翘"是当地群众的重要副业收入来源。

② "清化收"是农村集体经济合同专项清理、村级债务化解和新增资源收费的简称。

最关键的动力乃是选派干部的个人才能以及其对村实际情况的深入了解，官方推广在一定程度上只是某一制度的拷贝，其根本动力却无法复制。权责意识明确、目标认识清晰的高水平选派干部队伍仍具有其不可替代性。

思考题：

1. 在本案例中，洪驿村的治理难题主要表现在哪些方面？其问题根源是什么？村支部面对困境何以软弱无力？

2. 洪驿经验最关键的内容是什么？简单谈谈民选干部、选派干部和传统大队干部的异同，并据此分析新时代农村干部队伍建设和完善的方向。

3. 就提升基层治理水平这一目标而言，行政化手段的优势在哪方面？有无改进方向？

案 例 分 析

一、理论基础与分析框架

（一）权威理论："经纪人"与"当家人"的复合影响力

马克斯·韦伯的理论深刻影响了学界对于"权威"的划分与界定——传统信念、超凡魅力和理性认识三种不同来源形成了三种不同的权威类型：传统型权威、感召力权威和法理型权威。[1] 韦伯从政治控制角度入手，论证权威乃是支配力与统治合法性的来源，但是权威并非仅限于政治控制，而应体现在存在支配现象的社会生活的各种情境中。薛广洲从权威内在的本质出发，将权威划分为自在性权威、他律性权威以及自觉性权威。[2] 其中，自在性权威源于社会长期发展形成的习惯，人们不会去思考为什么服从，只因为服从已经是传统习惯甚至是在一定氏族集团生存所需的本

---

① 马克斯·韦伯：《经济与社会》，商务印书馆 1997 年版。

② 薛广洲：《权威特征和功能的哲学论证》，载《浙江大学学报（社会科学版）》1998 年第 3 期，第 23 – 31 页。

能；他律性权威是指人们对某一权威的服从与切身利害相关，尽管不是被迫地服从，但却是不得不服从，其突出展现为某种承载着资源与权力的存在，权威的实现源于资源的稀缺性，权威的表达依赖权力的作用；而自觉性权威体现为人们既意识到了权威确实存在，又认可权威不可替代的作用，并有意识地服从。在农村场域的现实条件下，村干部的权威体现为自在性权威与他律性权威的交错所产生的一种混合性权威。一方面，在村民的认知中，生活在村庄里，听村干部的安排、服从其支配是一种不需要考虑的习惯；另一方面，无论是上级政府的优惠政策还是物资福利安排等，出于成本收益的考量和信息的不对称，都不可能绕开村委，所以村委事实上掌握着一定量的资源与最终的分配。二者共同作用，最终赋予了村干部"当家人"的权威。

美国学者杜赞奇（Prasenjit Duara）曾提出著名的经纪人模式[①]："国家代理人"（基层政府干部）、"村庄代理人"（村民认可的"当家人"）以及国家三方之间的互动关系形成了乡村政治环境的主体，在政府与村民之间的过渡地带，国家代理人充当了政府仰赖的"经纪人"。胡鸣铎、牟永福提出，由于缺乏行政隶属关系，我国政府中存在的垂直权力结构在农村是不存在的，如果要实现政府对农村的乡土秩序或民间力量的有效干预，政府始终离不开乡村精英、权威人物、能人等权力主体所发挥的"桥梁作用"[②]，因为这些人往往具有政府难以具备的"信任"与"依附"等要素。结合农村现实条件，以村主任为代表的村干部群体作为上级政府与村民之间的"最后一公里"，事实上扮演了这一"经纪人"的角色。

综合来看，村干部的权威来源有两方面：一是村民形式认可带来的"当家人"权威，二是政府赋能带来的"经纪人"权威。二者共同作用，决定了村干部在村庄中实质上具有的支配力与影响力，也间接敲定了其在村庄政治环境中的中枢地位。

（二）基层治理行政化：压力体制下的行政下沉

"压力型体制"在最初定义为："一级政治组织（县、乡）为了实现

---

① 杜赞奇：《文化、权力与国家——1900—1942 年的华北农村》，王福明译，江苏人民出版社 2003 年版。

② 胡鸣铎、牟永福：《权力与信任：基于中国乡村社会的考察》，载《河北师范大学学报（哲学社会科学版）》2012 年第 6 期，第 22 - 28 页。

经济赶超，完成上级下达的各项指标而采取的数量化任务分解的管理方式和物质化的评价体系。"① 上级政府为有效促进下辖各级政府积极作为，将各项具体经济工作目标进行数量化的任务分解，同时促使各部门协同参与，并对完成任务的组织及个人授予升迁、奖金和提资等物质奖励；在惩罚方面，对未完成任务的则进行"一票否决"，视其全年工作成绩为零。进入 21 世纪，压力体制进一步扩张，除经济增长以外，环境保护、信访事件处理和食品安全等要素也被赋予了极强的政治性，上级政府通过多种明确的考核任务划分迫使下级政府与职能部门将资源倾斜到"政治化任务"相关领域，同时考核压力也在一定程度上促进了政令统一。虽然压力体制直接造成了地方政府运行出现极大程度的价值偏差，乃至责任机制失衡，但其严格的考核却使得各级政府的最关键任务得到充分重视，其在技术层面上的实际意义应该得到肯定。

梁玉柱从基层政府视角出发分析认为，面对逐级下压的目标管理责任、越发细化的考核要求、财政资金专项化带来的问责具体化以及愈加复杂的社会现实，政府加强基层治理行政化是一种必要的调适行为。就具体实践手段来看，基层社会治理行政化更多是通过行政扩张、增大人员规模，以及网格化管理对基层进行有效干预。②

结合农村场域的现实条件，一方面，与人口密集的城市社区不同，农村人口少，且分布较为分散；另一方面，农村经济基础相较于城市较弱，难以承担行政扩张带来的各项负担的增加，所以，在农村的基层治理行政化更多以行政下沉的形式开展。即便是行政下沉，也是根据农村的实际进行调整，以一种更经济、更高效的方式使行政干预达到基层。

（三）压力体制重塑村干部权威：一个分析框架

结合基层治理行政化与权威理论，形成了本案例分析框架（如图 2 所示）。

压力体制赋予了一系列社会治理任务以"政治性"。基层政府面对上

---

① 杨雪冬：《压力型体制：一个概念的简明史》，载《社会科学》2012 年第 11 期，第 4 - 12 页；荣敬本：《"压力型体制"研究的回顾》，载《经济社会体制比较》2013 年第 6 期，第 1 - 3 页。

② 梁玉柱：《压力型体制下基层政府的调适行动与社会治理的行政化》，载《社会主义研究》2018 年第 4 期，第 105 - 113 页。

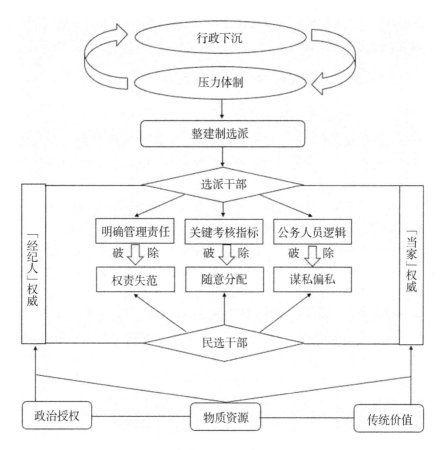

图2　案例分析框架

级政府的明确任务化要求，通过行政下沉开展调适行动，而压力体制又必然伴随着延伸，其考核压力与控制手段仍将是作用的主要方式。就村干部权威来看，基层政府与村庄之间的相对隔膜使得政府必须对村干部进行一定的政治赋能；同时农村传统的普遍价值观认可村干部的权威，使得村干部拥有极强的影响力；上级政府投放的无论政治还是物质资源都必须经村干部才能到达村民手中，这决定了村干部对物质资源划分的实质性权力。三方原因共同作用，形成并不断巩固了村干部的"经纪人"与"当家人"权威。在压力体制下，政府的影响力进入更基层，对村干部的管理权责给予了更明确限制，一切资源都应该关注"政治化"任务，村干部的地位更接近于公务人员中的一部分，村民的服从面向者由村干部转向政府。在这样的条件下，基层治理行政化带来的压力体制彻底重塑了村干部权威，并以此实现行政下沉的目的。

二、问题探究：民选村干部何以跑偏？

（一）成也传统，败也传统

就权威根源来看，村干部的"当家人"权威中很大一部分来源于村民对其在村内政治环境中地位的认同，该类认同最终成为一种在村庄中被普遍接受的价值观，同时也是村干部支配力的重要构成。出于持续巩固政治影响力并继续任职的现实追求，村干部有必要通过一系列手段维持这一价值观。诚然，最直接的途径就是为选民谋求利益。

为选民谋利本来无可厚非，但我国的现实情况是基层，尤其是农村地区，乃是典型的"熟人社会"，村干部身为村里的一分子，其人情关系难免会影响工作。加之我国的一些村子存在宗族势力，不同宗、不同姓氏之间的利益冲突与矛盾纠葛难免会使村干部的工作出现价值偏差。结合本案例实际，原西洪驿村本身就存在宗族对立，几任村主任在上级物资发放中的偏私行为更是加剧了这种矛盾。直到 L 主任任内，其人当选的偶然性本就在村民群体中形成了不正确的导向，使上访告状成为一种被认为是最有效的维权方式，而且他重蹈覆辙，继续在村内各项事务中偏袒同姓成员。村民们面对这样的不公，选择了把从前的矛盾公开化，上访告状就此成为"风尚"。然而 L 对同姓成员的偏袒又稳定了其当选的"基本盘"，因此虽然上访问题不断，其人还能送走 6 位支部书记。村干部的支配力离不开传统权威，可传统权威的维持也离不开对支配基础的巩固——即给予选民实际利益。

理想情况下，当选村干部应当是众望所归，可如果与宗族势力掺杂在一起，那么形式上的多数支持将最终演变为民主暴政。因此，传统权威既赋予了村干部极强的非正式影响力，但也使得村干部工作具有极大的不确定性，甚至可能出现谋私乃至地方利益集团。

（二）我的地盘我做主：有权无责的现实失范

村干部民选本应是彰显基层民主、体现制度优势的重要制度安排，可正是其民选的身份，使得上级政府对其的干预极为有限。然而受制于种种现实因素，对村干部进行政治赋能是必需的，这使得村干部的工作天然趋于随意化。尤其是在 2006 年我国农业税取消之后，村干部不再需要催收催缴，其工作内容更加依靠主观因素，最终使得其成为具有极大自由裁量权的反常"经纪人"。我国的村干部大部分为党员，得益于我国独有的服务性党建的科层优势，上级党组织的宏观引领往往能起到归正村集体工作的重要作用。可如果村干部不是党员，或是党建工作出现问题，党组织的战斗力不强，那么村集体的工作就近乎完全没有限制，甚至可以说全凭村干部兴趣。

结合本案例实际，L 并非党员，且与历任村支书的关系都不融洽，频频阻碍村支部工作的正常开展，其个人曾与村支书大打出手甚至限制上级干部的自由。L 其人的种种行为展现出鲜明的"任性"趋向，既包括工作的随意化，也有对法律法规的淡漠。上级政府并非对其坐视不理，可种种手段均是作用有限。哪怕是东西两村合并之后，L 仍只是被停职，等到新村选举工作完成，才算了结。

村主任的"经纪人"权威实质是上级政府的赋权，可上级政府又无法有效干预其具体履职。加之某些村干部在基层营造起了自己的"铁杆票仓"，其权力不断膨胀，限制却日益萎缩，二者此消彼长，渐渐就演变为权责失范。

（三）"赈济款"当了"买路财"：物质资源的随意分配

无论是"经纪人"还是"当家人"，上级政府发放的各类物质资源无疑是村干部权威得以锚定的重要因素。受制于基层政府与村庄之间的隔膜，村干部在实质上充当了各类物质资源分配的终端。结合本案例实际，无论是最早的 L 上访，还是此后受灾群众对新班子工作的不满，其导火索都是物资发放的不公平。村干部进行物资发放本意是为受灾群众纾困，可却一次次成为某些干部攀人情、拉关系的筹码。群众对多任村干部在这方面的工作评价都不高，这间接展现了农村物质资源支配中的痼疾——无任务导向。

村自治组织与基层政府并无上下级隶属关系，但基层政府的物资发放又必须依赖村干部的信息资源，同时济贫纾困被视为政府的天职，结果就是村干部近乎是在没有任何关键任务的前提下得到了物资支配权。如果按照实际困难程度发放，未必能为其赢得新选票，可只要优先考虑亲旧同姓，就一定能巩固"铁杆票仓"，则其结果近乎是显而易见的。由于上下级的信息差，这样的谋私行为近乎没有风险，但最早的 L 的上访行为却打破了这一潭死水，也使得其公开化，为此后的"告状村"埋下了伏笔。

三、机械降神还是对症下药：整建制选派的解读

（一）脱胎换骨，公务人员逻辑何以高效重塑支部

依托权威理论，几种村干部任职形式都可以解读为"经纪人"权威与"当家人"权威的组合，二者强弱互异，可形成不同任职类型的关键要素（如表 1 所示）。不同于传统包村干部或是兼任干部，整建制选派干部的最突出特色便在于"整建制"。包村干部或兼任干部多是基层政府为解决某一阶段关键任务面向基层所进行的临时安排，其最大特点便是"非专职，非常任，非全职"，所以其往往只能解决一段时间的重要任务，却难以根治某些地方存在的顽疾固瘤。至于改革开放前的大队干部则是计划经济下的产物，使"队"彻底演变为基层政府的延伸，其所在单位更多体现为生产单元而非治理单元。"这一时期的生产大队干部是党和国家意志的执行者和传达者，而且是基层生产劳动的带头者和组织者。"[1]

表 1 权威矩阵

权威		"经纪人"权威	
		强	弱
"当家人"权威	强	传统大队干部（生产任务）	民选干部（个人色彩）
	弱	整建制选派干部（无内耗）	兼任干部（无全职的缺位）

整建制选派依托于我国独有的党建科层优势，选拔优秀干部直接进入各基层支部，以党建为抓手，恢复并强化基层党支部的战斗堡垒作用，复苏党组织对基层工作的全面领导。同时，政府机关公务人员的公事公办、制度第一的工作作风被带到基层，基层故有的复杂社会关系也难以影响到社会关系相对简单的选派干部。最重要的是，整建制选派保证了支部内干

---

[1] 刘萌：《农村改革历程下村干部角色的演变》，https://www.fx361.com/page/2018/0806/3966143.shtml。

部最大程度上的求同存异，有效地减少了内部矛盾产生的可能，可显著减少内耗、提高效率。

结合本案例实际，在选派干部进村之初，面对前任村两委留下的"糊涂账"，新班子积极走访、了解实情，以实际行动向群众展现了全新的村支部。在实际工作中，新班子着手恢复了村支部的正常工作，积极发挥优秀老党员与老干部的作用，使村支部重新焕发了生命力，一扫"软弱涣散"的疲态，增强了村干部的传统权威。

（二）压力传导，责任明确破除顽疾

传统村干部的政治权力受到的控制与监督极为有限，这也使得其工作有"任性"的潜在风险，随着行政下沉而来的压力体制将彻底改变这种情况。山西省委、省政府的一系列部署安排和明确要求赋予了全省各级基层政府极为明确的"政治化"任务。安泽县委、县政府结合地方实际，以整建制选派入手，直接派遣干部进入各"软弱涣散支部"。在选派之初，选派新班子的任务就是很明确的——"解决频繁上访问题，打开百姓心结"。同时，县委、县政府为选派干部也扫清了后顾之忧，保证其工作安置问题不会因为选派后的工作效果受到影响。

各级政府的压力传导最终成为新班子一系列举措的源动力，县委领导的多重保障与支持坚定了选派班子完成任务的必要基础。明确的任务，坚强的保障，最终形成了破顽疾的强大效能。

（三）明确考核指标，资源精准运用

因"买路财"与"赈济款"导致的矛盾是洪驿村问题的重要方面，然而新班子的选派任务和其简单的社会关系决定了他们不应该也不需要以这样的方式收买人心，杜绝了问题发生的可能。除物资发放外，包括对困难群众W的帮扶、对边缘户Y的接纳，都凸显出该村政治资源运用趋向的鲜明转变。各种资源支配权是村干部权威的重要保障，而"政治化"任务则使得物质资源必须向关键领域倾斜。这在实践层面上瓦解了民选村干部的宗族势力的内部权威，使得广大村民认识到"当家人"并非一族一姓的当家人，"经纪人"也只能是上级政府的经纪人，从而起到了显著的纠偏效果，村干部权威实现了"去人格化，去宗法化，去随意化"。

（四）三方源流成合力，培育新时代农村治理动力

整建制选派这一政策创新体现了新时代党建引领、行政下沉和群众参

与三大关键要素合力催生的独特治理效能。贯通上下、联络各方的服务型党建科层优势决定了党统筹全局、协调各方的政治引领优势，因此在治理实践中必须紧紧围绕在党组织的周围。在我国的现实情境下，基层政府与村庄之间的距离决定了村干部的存在是必要的，但村干部的任职水平和工作标准难以规制，村干部的个人原因往往成为治理问题爆发的导火线，因而需要探索必要的干预手段保证村干部的工作不走样。在本案例中，选派干部充分吸纳群众加入村庄治理革新，并紧密联系群众，将群众的诉求和现实困难放在重要地位，彰显了"一切从群众中来，到群众中去"的群众路线。

党建引领使得看似存在矛盾的行政下沉与群众参与达成了内在的统一（如图3所示）——"党性"。无论是依托党建优势开展的选派还是仰赖群众基础进行的动员，在根本价值上，党性都是其中的核心要素。一方面是全面领导，另一方面是指导规范，本质上都是立足于服务群众、增进公共利益。因此，各级党组织必须发挥方向保证作用，充分完整贯彻党组织

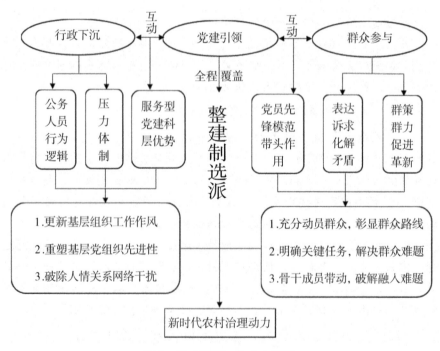

图3　党建引领三方合力简图

的大政路线方针政策，保证党对农村工作的绝对领导，从而保证村干部工作的宏观方向。此外，支部应加强干部队伍的建设，保证干部思想不滑坡，永葆先进性，时刻与广大群众站在一起。党建链接起行政下沉与群众参与，三方共治，形成了新时代破解基层治理难题的治理合力。

"红角"变"灰角"：
相亲角应该何去何从？

［电子科技大学］

何国琼　黄晓月　张舒曼

指导老师：周美多

【摘要】在成都人民公园相亲角，相亲者父母、公园管理方、中介、游客、相关政府部门，不同的主体有着不同的利益需求，不同主体间表现出不同的态度和行为要求，影响着相亲角的定位和发展。随着媒体舆论的关注，相亲角中的"黑中介"以及背后婚介市场的管制漏洞都暴露在了社会大众面前。相亲角既满足了大众的需求，也是城市的一大特色。针对相亲角中的婚介乱象问题，作为公共管理主体的政府应该采用妥当的政策工具和管理方式平衡各利益主体的需求，保证相亲角的合法性和合理性。本文通过分析成都相亲角的婚介乱象问题，探索出婚介市场中的微观治理和宏观管制之道，助力维持社会的稳定与和谐。

【关键词】相亲角；婚介市场；黑中介；社会治理；政府管制

案 例 正 文

引言

恋爱成家是青年的人生大事和普遍追求。我国内地有数量超过两亿的适龄单身青年，青年人的婚恋问题渐渐成为社会大众关心的问题，婚介市场发展迅速，"相亲""婚介"等词汇也进入人们的视野，一系列的相亲经济链应运而生。家庭是社会的细胞，婚姻是家庭的纽带，相亲角满足的不仅仅是人们对于婚恋的需求，更是牵扯着伦理道德问题，维系着社会的稳定与和谐。但是，从新闻媒体的报道中可知，相亲角存在黑中介横行、婚托骗婚骗钱等现象，冲击着人们的婚恋观和社会公信力。相亲角以及婚介市场上的问题和矛盾，引发了社会的不安情绪，不利于社会主义和谐社会的建设。本文选择成都人民公园相亲角作为案例进行研究，主要基于以下几个考量：

（1）治理的有效性。在引导和规范相亲角这一社会文化产物的过程中，社会协同治理是一个有效的方式，其中，治理的主体是谁？其职责如何？

（2）政策的必要性。带有强制性特点的公共政策在我国起着十分重要的作用，但在实际的相亲角治理过程中，却缺乏必要的政策规范。

（3）对象的复杂性。婚介不是一般的交易行为，它涉及双方的情感交流和一个家庭的组成，具有一定的社会公益性和道德性质。相亲角的中介乱象不仅会损害经济利益，而且冲击着公序良俗，政府在进行公共管理的过程中应充分考虑管理对象的复杂特征。

一、人民公园有个相亲角

成都市人民公园原名为少城公园，始建于 1911 年，位于成都市区祠堂街少城路，占地 112639 平方米（约 169 亩），是繁华的市区中心规模最大的公园，也是成都市第一个开放式的风景园林历史公园。公园有正大门、西大门、南大门、东大门四处入口，园内风景秀美，是蓉城百姓品茶观景、养生休憩的好去处。

周末的中午时分，成都市人民公园的密林区里人头攒动、热闹非凡。在这个略显偏僻的角落，高大的树木投下阴影，石子路边摆满了记录着相亲者信息的纸张。两三条小道、一百多人、几百张印有相亲者信息的纸，放眼望去，人群熙熙攘攘，大多都是中老年人，他们或坐或站，有相互交谈的，也有以品评的眼光打量着他人的。

这是一群神情略显焦虑的父母。为了给适龄的儿女们寻找合适的配偶，他们来到了人民公园内的相亲角，拿着带有儿女性别、年龄、身高、学历、工作、月薪、房产等信息的广告纸，然后将纸张整整齐齐地摆放在公园小道的地面上或贴在栏杆上供人浏览。

这就是成都市人民公园相亲角，它形成于 2005 年，位于人民公园纪念广场后的密林区。原本是几位家长聚集在一起交换彼此孩子的信息，后经过十余年的发展，相亲角的规模变得越来越大。

人民公园位于成都市区的中心，这里便捷的交通、密集的人流都给相亲角的发展带来了极大的便利。近年来，中国内地单身青年的数量已经超过了两亿，在庞大的婚恋市场的需求下，相亲角受到了很多人的欢迎。

从只有少数人知情，到聚集了大量未婚男女的征婚父母；从最初的微小规模，到各个新闻媒体平台的争相报道，成都人民公园相亲角渐渐提高了知名度，成了人民公园乃至成都市的一大特色风景，吸引着众多外来游客前来驻足观赏。

相亲角从早上 8 点之后就陆续有人到来，人群一直持续到下午 6 点都不会散去。作为一个公益性质的开放平台，相亲角本质上就是由民众自发形成的免费婚姻介绍场所。在这里，基本没有年轻人的影子，父母们才是主力军。

大部分父母都是来替自己的儿女寻找合适的对象的，他们仔细查看着每一张相亲者的信息，看见合适的就会拿出本子或者手机记下联系方式，在场的父母们亦会直接交谈，遇见投缘的就会交换子女的信息和联系方式。

二、"黑中介"初现

随着名声的扩大，人民公园的相亲角也越来越热闹，本地人、外地人、相亲父母、游客、中介，各色各样的人充斥着相亲角。但是，看似热闹的相亲角，却在不知不觉之中蒙上了层层阴影。

2012 年，由于某相亲节目的播出，"相亲"一词在中国逐渐火热起来，人们对于相亲角的关注度随之提高。成都人民公园、上海人民公园、广州天河公园、重庆市洪崖洞、云南翠湖公园……全国大中城市的相亲角不在少数，引发了社会大众的讨论和热议。

相亲角的火热发展吸引了越来越多的注意力，不少媒体把目光对准了相亲角，铺天盖地的新闻报道出现在网络、报纸、电视节目之中，相亲角真正地"火"了起来（见表1和图1）。在人们大肆宣扬着这个时代的"相亲潮流"的时候，黑中介、婚托、骗婚等关于相亲角的负面新闻频频爆出，相亲角不为人知的另一面也暴露在公众的目光下。

表1 2010—2018年部分网站关于"相亲角"新闻报道的数量统计①

单位：篇

网站	2010年	2011年	2012年	2013年	2014年	2015年	2016年	2017年	2018年
人民网	2	6	25	61	16	15	17	35	6
央视网	—	18	40	9	3	1	3	16	2
中国新闻网	3	13	20	29	13	6	15	48	17
四川新闻网	—	—	2	4	2	—	3	4	3
合计	5	37	87	103	34	22	38	103	28

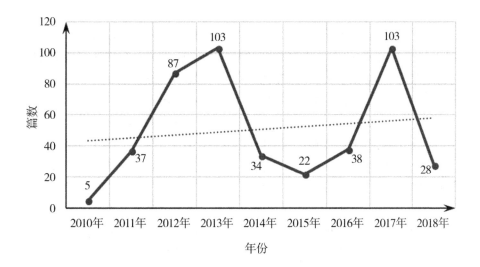

图1 2010—2018年部分网站关于"相亲角"新闻报道的总数量变化

---

① 表中数据为小组成员统计，以"相亲角"为关键词搜索人民网、央视网、中国新闻网、四川新闻网各网站中的相关报道。

　　成都市人民公园的保洁阿姨表示，相亲角内时常发生一些家长和婚介的冲突。"前几天还有人在这里闹事，好像是被骗钱了。"

　　接受采访的李阿姨不是成都本地人。为了给 33 岁的女儿找对象，她常来人民公园相亲角转悠，急于求成的她被中介骗了好几次钱。第一次在相亲角遇见中介，李阿姨没聊两句便被带到了一家婚介公司，交了两百元所谓的资料费，婚介开始给李阿姨推荐合适的相亲人选。不过，事情远没有那么简单，婚介推荐的人不是太差，就是过于优秀，很少有适合的人选出现。几年时间下来，李阿姨不仅没有为自己的女儿找到合适的对象，反而还交了不少钱给婚介，过程中因为和相亲者吃饭、交流，还付出了上千元钱。

　　"都是婚介的托儿。"认识到黑中介真面目的李阿姨说道。

　　冯慧玲是成都人民公园管理处的党支部书记，从她 2012 年上任的时候就有人来投诉相亲角里面的黑中介骗钱的问题 ①。

　　在人民公园的相亲角转一圈，能明显看出来是中介的就有 20 多人。他们没有去看那些相亲者的信息，反而站在小道边不断地扫视着来往的行人，手上拿着一个手提包，见到来替孩子找对象的父母，就立刻拿出本子上前交流。

　　"（相亲角）里面的骗子很多，一般都是先交钱，然后介绍见面，都是不包成功的。"一对经常来相亲角的夫妇说道。黑中介掌握了大量的相亲者信息，在与相亲父母的交流之中，他们能够占据主动权，以查看信息或介绍相亲者为由，收取相亲父母的相关介绍费用。

　　"中介存在也是因为有需求。"一位在相亲角的张阿姨认为，父母的迫切需求使得他们愿意冒着被骗的风险去找拥有更多信息的黑中介，而双方信息的不对称和地位的不平等，使得黑中介越加猖狂，它们巧立名目，收取各种资料费、中介费。

　　没有婚介资格认证、高收费或乱收费、找职业婚托骗钱等标签组合在一起，成为人们对于相亲角黑中介的普遍印象。黑中介没有正规的婚介资格认证，没有统一的收费标准，没有签订正式的合同，正是这"三没有"，让相亲者的父母很容易受到蒙骗。

---

　　① 成都晚报：《揭秘相亲角背后的产业链》，http://cdwb. newssc. org/html/2017-05/04/content_2365372. htm。

三、矛盾："需求"与"管制"

"只要中介不骗人，不破坏这个社会秩序，我觉得还是可以的。只是现在骗子实在太多了。"相亲角的周阿姨说道。

随着人们对婚姻中介服务需求的增加，相亲角内黑中介的发展势头变得更加强劲。虽然已经有大量的新闻报道揭示相亲角中黑中介的存在，但是一是由于没有寻求到正规的中介渠道，二是由于对儿女婚恋的渴望越来越强烈，父母们通常就抱着"试一试"的态度去寻求中介的帮助。

周阿姨的态度正好代表了父母们对于黑中介的普遍看法：他们清楚大部分中介都存在问题，但是现实的需求却使他们不得不去求助中介。让子女婚恋的欲望超过了对中介的怀疑，父母们对黑中介的态度变得"宽容"起来。

即使一些正规的婚介机构和婚恋网站也屡屡被曝出婚托诈骗、欺骗感情等负面事件，因而父母们不再愿意相信婚介机构的说辞。而相亲角里面的婚介，大部分都称自己也是曾经给孩子相过亲的父母，有了这一层关系在，父母们显然更愿意相信自己在相亲角碰到的中介。

"如果有正规的、政府认定的婚介公司，那是最好的。"父母们谈及对婚介的看法，大多落脚于这样的期待上。即使是现在所谓的正规婚介机构，依然会被曝出诈骗、变相收费、婚托的事件出来，没有可以完全信任的婚介平台，父母们"病急乱投医"，黑中介也刚好乘虚而入。

"现在还有成都电视台、成都晚报等媒体来对相亲角进行报道，告诉大家说人民公园里面还有一个相亲角，这又在对相亲角进行宣传。"公园管理处的保安说道："我们一边在管，他们又在一边搞宣传，这就让我们公园不知道该怎么办了。"

对于人民公园的管理处来说，相亲角的名气越来越大，他们也越来越难管理这个地方。即使黑中介的混入扰乱了相亲角的秩序，但是，作为成都一大特色的相亲角，却既不能根除黑中介，也不能强制解散。

为提醒市民不要上当受骗，公园管理处在相亲角内立上了一则告示牌："我园密林区家长自发形成的相亲角存在散布虚假婚介信息、婚托骗取家长钱财的现象，严重影响了我园正常的游园秩序，损坏了公园的名誉。"[①]

---

① 成都人民公园相亲角小道边的告示牌。

父母们的"宽容"态度以及新闻媒体的正面宣传，使相亲角中的黑中介得到了一定的保护，再加之黑中介的内部也有一套比较完整的运作手段，仅仅是公园方面的管理根本无法有效抑制黑中介的发展势头。

四、"红角"变"灰角"：黑中介变本加厉

公园管理处最初对黑中介采取的"不温不火"的管理方式，在无形中助长了黑中介的气焰。公园内的某保洁阿姨表示，现在的黑中介比以前更根深蒂固："这里的人（指黑中介）都是惹不起的，管都管不住他们，都是有组织的。"

"有组织"的黑中介们，看似分散在相亲角的各个角落，实际上却有着各自的"默契"，每个人都占据着属于自己的"领地"，已经形成了一个完整的相亲流程：加入相亲群聊要给入会费，了解相亲者信息要给资料费，参加相亲活动要交场地费，现实中要见面相亲还要给介绍费……（见图2）

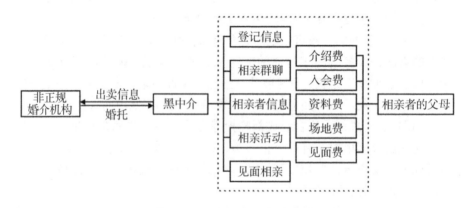

图2　黑中介的"工作"流程

黑中介们没有婚介资格证，没有正规的婚介合同，和相亲者的父母坐下聊了两句之后就让人在一个小本子上填写相亲信息，收取相关的资料、介绍费用，甚至后来还会通过"职业婚托"和"被婚托"的方式，骗取相亲者的父母和相亲者的其他财产。

上海人民公园的相亲角曾因为黑中介泛滥而面临关闭；重庆洪崖洞相亲角更是形成了媒人经济链，黑中介混杂其中；云南翠湖公园的相亲角存

在大量"有偿相亲"的现象，污染着整个相亲角的风气……

成都人民公园附近的汪家拐派出所的一位民警表示，他们每个月都会处理几起关于相亲角的案件，多是涉及黑中介骗钱，有时会处理一些闹事、利益纠纷的情况。整体上相亲角是比较影响辖区的治安状况的。

"他们都是骗人的。"对于已经存在了十多年的相亲角，成都市人民公园的门卫在接受采访时表示对黑中介非常厌恶。黑中介经常会欺骗从外地来的游客，这对公园整体的形象造成了非常不好的影响。黑中介所带来的非正规婚介经济链既破坏了相亲角存在的公益初衷，又损害了交易相对方的权益。黑中介和父母们之间的信息不对称，以及二者之间的责任义务不明确，致使相亲角内的小型婚介市场出现失灵现象，同时也危害着婚介市场的平衡和秩序。

可是，在人民公园中，因为组织规模大、利益关系复杂、管理方难以监管等种种客观和主观上的原因，本应在法律上和道德上都受到抵制的黑中介，依然混迹于相亲角之中，不断打着"擦边球"，使管理者的监管工作陷入了困境。

黑中介、乱收费、婚托诈骗，全国各地的相亲角都存在着相似的乱象。原本是公益性质的相亲角，在黑中介加入后，已经逐渐转变为了"灰角"，并且正在进一步扰乱婚介市场的原有秩序。

五、管理主体的混乱

"收费没有统一标准、行业标准落地无声、政府部门监管空白、缺乏明确法律规定。"① 《法制日报》上这样对中国婚介市场进行评价。

目前的相亲角已经是一个小型的婚介市场，对于其中的"红娘""婚介"，并没有一个明确的行业准入标准和监管手段。黑中介准确抓住了管理上的空缺，在相亲角里面横行霸道、肆无忌惮，骗婚、骗钱事件频发。

针对成都人民公园相亲角的乱象，公园管理处采取了很多手段。2017年5月，成都市人民公园在相亲角立了一则告示："坚决不要相信和接受任何收取费用的婚介服务。"话语之中清楚、明确地表明了公园方面对于黑中介的态度，但是这警示性的劝告却收效甚微，并不能将黑中介阻隔在

---

① 法制网：《婚介市场怎一个乱字了得》，www.legaldaily.com.cn/index/content/2017-07/11/content_7238692.htm。

相亲角之外。

公园管理处还组织过多次打击整治行动，与汪家拐的街道办事处和派出所进行了联合整治，但是却治标不治本，只要"风头"一过，黑中介们就又死灰复燃了。

一般而言，涉及婚托、诈骗的事件应该交由公安处理；涉及经营不当的行为应该由工商、民政来管理；涉及占道经营、乱摆乱放的，就应该由公园和街道办事处来处理。几大相关部门的职责划分明确，但是对于相亲角，各大部门却是管理无由、难以出面（见图3）。

实际上，由于黑中介的流动性和隐藏性，难以在现场认定其经营行为，工商局和民政局的监管力度大打折扣；加之大部分相亲父母遭受诈骗的金额较少，公安方面难以立案处理；公园管理方更是没有相应的执法权，无法进行有效管理。

汪家拐派出所的某民警表示："我们的职责就是，当有人来报案说相亲角里面存在违法事件时，就会针对相亲角展开相应调查。"

派出所的职能履行是被动的、有限制的，只有在涉及骗婚、骗钱、破

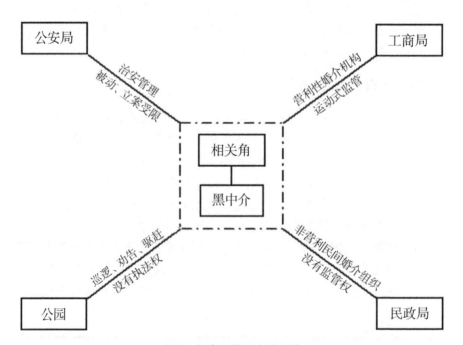

图3　相亲角管理方的困境

坏公共秩序等治安事件时，派出所才有资格管理。至于中介的资格认定和监管，民警告诉我们，那应该是工商局要管的事情。

按照规定，工商局登记注册营利性的婚介机构，而民政局则是管理非营利性的民间婚介组织。表面上二者的职能划分非常明确，但在对婚介机构和个人的实际管理中却十分混乱。早在 2002 年，国务院就取消了民政部门对婚姻介绍机构的前置审批，2004 年又取消了工商局对婚介的前置审批，进出婚介市场的门槛基本消失，任何人只需按照流程登记就可以成立一家婚介机构。国务院取消国内婚姻介绍机构的前置审批的初衷，是为了把事先审批管理转变为事后监督管理，使管理更加科学、有效。但是目前看来，长期有效的事后监督管理机制尚未真正建立，对相亲角以及婚介市场的监管还存在缺失和漏洞。

相亲角是民间自发形成的，既没有固定的营利性婚介机构存在，也没有非营利组织加以干预，对分散在其中的黑中介们难以定性，工商局和民政局都没有明确的职权和义务去进行监管。对此，工商局的工作人员 W 说道："对于婚介，其实并没有规定说一定是由工商局来管，只有在这里注册了才会由这里监管，而且还是运动式的监管，没有长期性监管。"

不论是登记注册过的婚介机构，还是没有合法资格的黑中介，由于前置审批的取消，二者都存在很大的隐患。即使黑中介给市场经济带来了不好的影响，除非有人举报，否则依旧没有人会主动监管。

被动式的管理或不作为的管理根本无法有效整治相亲角中的黑中介现象，公安、工商、民政等政府部门的管理缺失，使得相亲角的管理重任落在了公园的肩上。

"不支持，不鼓励。"这就是公园方面对相亲角的态度。公园方面没有执法权，只能依靠非强制性的手段来管理，巡逻、劝告、驱赶，可对于"打擦边球"的黑中介，这样的手段并不能起到决定性的作用。

上海市人民公园曾在 2012 年对园内的相亲角进行过一次整治行动，试图引进正规的婚介机构来规范园中的黑中介行为。但是，整治行动不久之后，园内相亲角的黑中介数量竟比以前更多了，整治效果不尽人意①。

"现在成都，乃至全国，都没有一个专门针对相亲角管理的政策，我

---

① 人民网：《人民公园相亲角遭整治后续：黑中介更多更猖狂》，http://sh.people.com.cn/n/2014/1020/c176737-22653662.html。

们不能采取强制措施，根本管不住他们。"成都人民公园管理处的保安无奈地说。

六、管制政策的"真空"

2005 年，全国各地的相亲角遍地开花。而随着时间的推移和相亲市场的扩大，相亲角已经在黑中介的染指下渐渐变成了一个难以管理的"灰角"地带。

大型婚恋网站百合网的副总裁转伊容曾公开发言道："目前没有明确的婚介行业法律条文。"在相亲角管理混乱的现状背后，我们看到的是整个婚介市场管制政策的空白。

其实，早在 2009 年 12 月 1 日，由原中国社工协会婚介行业委员会起草的我国第一部婚介服务国标《婚姻介绍服务》就已经正式颁布实施，对婚介行业的服务范围、过程、职责等作出了相应的规定，明确提出："婚姻介绍服务人员应持有相关职业（婚介师、婚姻家庭咨询师、心理咨询师等）资格证书。"①

首先，作为我国的第一部规范婚姻介绍服务的标准，《婚姻介绍服务》也存在着一定的局限性，对于婚介行业的相关标准制定得过于宽泛，并且没有对监管方面作出细致规定。因此，该法规在颁布之后，并没有在婚介市场发挥很大的约束作用，行业标准落地无声，黑中介的问题依旧存在。

其次，我国婚介行业中签订的合同基本上是遵循《合同法》里的相关规定，没有专门的法律依据来保障合同的效力。虽然《婚姻介绍服务》中有给出婚介合同的范本，但是对于合同的定性以及应该遵循哪种要求来履行并不清楚。在婚介合同的履行过程中，很容易出现履行不到位的情况，而这也是黑中介出现的原因之一。没有规范的合同签订流程和执行标准，婚介市场难以划分正规婚介和黑中介的界限。

在婚介市场管制政策缺失的情况下，黑中介也越来越泛滥，诈骗、婚托等事件屡被曝出，造成了很多负面的社会影响。2017 年 4 月，中共中央印发了《中长期青年发展规划（2016—2025 年）》，明确提出要依法整顿婚介市场，严厉打击违法婚介。2017 年 9 月，共青团中央、民政部、卫计委三部门还联合发文《关于进一步做好青年婚恋工作的指导意见》，倡导

---

① 《婚姻介绍服务》第 6 条。

公益性的婚恋服务，推动实名制认证，推动婚恋市场的规范发展。

虽然国家作出了不少指导性的讲话和意见，对婚介市场也格外关注，但是在具体管制政策的出台和实施上，始终没有颁布一套完整的政策方案出来，对于婚介市场的管制政策仍然处于空白状态。

也正是因为管理部门的缺失和管制政策的空白，相亲角乃至整个婚介市场都成了难以管理的"灰色地带"。如何让"灰角"变回"红角"? 治理相亲角商业乱象的突破口在哪里? 政府如何规制婚介市场? 这些问题仍需要我们进一步的反思与探索。

思考题：

1. 在相亲角的发展过程中，社会、市场、政府各自扮演了什么角色? 它们之间的边界各自存在着什么样的问题? 边界是否清晰?

2. 相亲角乱象背后反映的是何种公众需求与社会问题? 这些需求与问题能否进入政府议程成为政策议题?

3. 除了相亲角乱象，请思考近年来我国还存在哪些婚介乱象? 如果政府要对婚介市场乱象进行治理，可以采取哪些政策工具?

案 例 分 析

本案例以成都市人民公园相亲角为切入点，详细地阐述了相亲角中存在的中介乱象问题，从部门管理的混乱到背后婚介市场管制政策的缺失，反映出了许多社会矛盾和问题。为此，我们从公共管理的角度出发，对该社会现象进行分析和讨论，试图找出规范相亲角乃至婚介市场的政策工具和出路。对于本案例，我们从政策议程设置、社会治理、政府管制的角度进行分析。

一、政策议程视角下相亲角问题的动力机制

对相亲角的治理和规范实际上是推进相亲角问题进入政策议程的过程。目前相亲角虽然存在很多问题，但是政府部门的管制和政策规范却是缺失的，规范相亲角乱象的第一步，是促进相亲角问题进入政策议程，制

定出相关的规范政策和实施路径。

（一）政策议程设置的模式

社会在任何时候都面临着挑战，而政府能够提供的资源却是有限的。政府必须在制定公共政策时有所取舍，选取最迫切的问题优先解决。一个社会问题能否进入政策议程受到当权者的关注并得到解决，取决于多方面的因素。我国学者王绍光依据议程提出者的身份和民众参与度的程度区分了六种政策议程设置的模式，包括关门模式、动员模式、内参模式、借力模式、上书模式和外压模式。[①] 过去我国的议程设置一般采取外压模式之外的五种模式，但随着社会经济的发展、非政府组织的壮大、大众媒体和互联网的转型，外压模式在议程设置中的存在感越来越强。政策议程设置模式有助于分析相亲角乱象形成与管制政策缺失的原因。

（二）议程设置视角下的相亲角问题

相亲角矛盾频发却没有受到政策制定者的重视，究其原因，是缺少迫使其进入政策议程的压力。相亲角爆发的矛盾事件规模较小，集中度不高，短时间内难以显现出隐患问题。虽然 2017 年 WePhone 创始人被害一事激发了公众对相亲平台可信度的关注，但媒体舆论大多集中在当事人身上，很少有人关注到事件背后的婚介市场。一方面，现阶段舆论对相亲角黑中介的曝光程度并不足以形成压力使其进入政策议程；另一方面，我国对婚介市场的管制政策还处于空白状态，因而相亲角的规范无从下手，婚介市场混乱。

然而，相亲角的问题虽未能进入政策议程，但不代表其不应当受到重视。相亲角大多存在于人流量较大的公共区域，黑中介可损害的利益群体也随之扩大，它对民众的财产安全、信息安全，乃至城市声誉都会造成不好的影响，媒体对黑中介的关注也在一定程度上激化了相亲角之中的利益矛盾。问题频发却难以监管，容易激发危机性事件。为此，我们应重视对相亲角乃至婚介市场的管理，从规范相亲角、规范婚介市场开始，促使婚介市场的管制问题进入政策议程。

---

① 王绍光：《中国公共政策议程设置的模式》，载《开放时代》2008 年第 2 期，第 42 - 56 页。

二、社会治理角度下相亲角问题的整治路径

从微观角度来看，相亲角的治理实际上是基层社会治理中最基本的问题。在政策工具的选择上，社会治理作为自愿性政策工具的一种综合手段，可以将基层中的各方力量调动起来参与相亲角的治理。下文通过对相亲角乱象的分析，讨论政府在社会治理中的主体构成、应遵循的原则以及权责分配问题。

（一）社会治理的主体构成

社会治理以执政党领导、政府负责、社会协同、公众参与和法制保障为主要构成部分，其涉及的治理主体不仅是党和政府，还需要依托市场参与者以及社会组织和公众等社会力量协同参与。政府、市场、社会应形成一致的协同治理网络，建立以相互依存为基础、以协作为特征的多元协同治理机制，共同承担社会责任，治理社会公共问题，同时使治理的三方共同受益。

在相亲角的治理过程中，政府长期扮演着治理者的角色，单方面地采取强制性打击、运动式监管，结果却收效甚微；公园管理处作为更加具体且直接的行动方，却缺少治理的权责，治理无门。为此，我们可以采取三方联合参与的社会协同治理，使相亲角市场中的相亲者父母、正规婚介机构、婚姻介绍服务人员以及志愿组织和社区群众作为具体行动者对相亲角中的黑中介进行监督和举报。政府、社会、市场三方进行平等的沟通协调，采用水平化而非纵向层级化的方式间接进行指导和管理。政府、市场、社会共同承担治理相亲角的责任，形成三方参与的协同治理网络，实现了政府与社会对相亲角的协同共治。

（二）社会治理应遵循的原则

社会治理要遵循民主法治原则。民主为法治奠定基础，法治为民主提供保障。缺乏民主的法治，容易造成集权和专制；缺乏法治的民主，容易导致无序和混乱。在相亲角的治理过程中，一方面，保障公民参与社会事务的权利，促使正规中介组织在相亲角中实现自我管理、自我教育、自我监督；另一方面，三方参与者应坚守法律底线，在法律允许的范围内行使权利。

社会治理要遵循公平正义原则。社会治理是社会资源的调整和配置过

程，只有构建公平正义的社会利益分配机制和公共资源共享机制，才能协调社会关系、化解社会矛盾。信息资源配置不到位是相亲角乱象产生的原因之一。在社会治理过程中，应对相亲信息资源进行整合，搭建公平的信息共享平台，保证相亲角的公平正义。

社会治理要遵循平等协商原则。在协同治理网络中，政府应从垄断行动者向平等参与者转变，通过平等协商的方式来缓和相亲角中的多方利益冲突。政府作为治理网络的参与者之一，可以通过引导相亲角中合法的婚介组织、婚姻介绍服务人员、相亲者的父母进行协商合作，促进各方信息共享，积极沟通交流，让黑中介无可乘之机。

社会治理要遵循稳定有序原则。有序则安，无序则乱。首先，相亲角中的各方参与者应共同遵守社会秩序，政府依法行政，在权责范围内履行职能，而社会组织和市场参与者则应依法办事。其次，各方参与者需要具有公共精神，相亲角的治理需要多元主体的参与和协作，共同促进和谐的相亲氛围。

（三）政府、市场和社会的权责分配

政府权责的界定。在相亲角的协同治理网络中，政府发挥着多重职能：政府具有制定政策的绝对权力；政府有权对治理网络进行间接管理，构建合法化的沟通渠道和治理平台；应发挥政府的引导作用，鼓励社会组织和公众参与相亲角的治理。政府作为平等参与者进入治理网络，在促进协商、建立信任、调节谈判、防范风险多个方面发挥着重要作用。

市场和社会的权责分配。相亲角中作为市场参与者的相亲父母、正规婚介机构，以及社会志愿组织，享有协同治理相亲角的权利与义务。治理网络中的市场和社会治理主体享有共享信息的权利，可以形成相互信任的合作机制，促进网络中的资源交换和利用。各方参与者应该依法行使自己的治理权利，遵循社会治理的基本原则，共同承担起治理相亲角的责任。

三、政府管制角度下婚介市场的整治路径

从宏观角度来分析，整治相亲角中存在的黑中介和婚托等问题，政府采用强制性的政策工具是最有效的行为。政府对于婚介市场的管制存在着哪些漏洞和不足？本节通过对婚介市场相关问题的分析，探索政府在管制过程中应该注意的问题及应采取的管制手段。

（一）政府管制过程中应该注意的问题

政府应明确管制主体及其职责分工。相亲角的黑中介势力壮大，重要的原因之一就是婚介市场管制的主体不明确，相关部门职责落实不到位。婚介市场不同于一般的经济市场，政府在管制时不能仅靠工商局或者民政局一个部门来进行管理，要合理划分各部门职能，依法对审查、登记、监管等一系列过程进行明确的规定。

政府应依法设定管制的边界。管制本身具有强制性，政府应在法律范围内行使管制权力，避免随意运用权力对被管制者施加干预。在婚介市场的管制过程中，首先，要明确管制对象和管制手段，避免"一刀切"现象；其次，要充分发挥行政、司法、民主监督的作用，对政府管制的实际情况进行监督和制约，保证政府权力的合理运用。

政府应预防管制目标和行为的偏离问题。政府管制是通过"看得见的手"对市场进行管理和调控，以形成有效的市场竞争，保证社会的公平和稳定。婚介市场的管制涉及部分公益性质的领域，政府的管制目标和行为容易受到其他主体诉求的影响，需要政府做好全面的行动策略与方案，以保证管制目标和行为的一致性。

（二）政府应采取的管制手段

价格性管制是指政府从资源有效配置出发，对具体的公共服务或产品的价格水平进行统一的规范和规定，使得价格能够真正反映资源的配置程度。婚介市场的信息不对称和市场失灵，导致了市场价格的不统一。为此，政府首先应对婚姻介绍服务进行公益性服务定价，坚持普遍性原则和提高效率原则，制定合理的、在大众承受范围内的婚姻介绍服务价格。其次，应制定统一的婚介行业收费标准，对婚介行业的收费进行严格控制，避免价格歧视。从定价指导到统一收费标准，政府对婚介市场的价格管制可以有效减少黑中介的产生。

竞争性管制指政府通过提高市场的有效竞争，缓解市场失灵的问题。更多竞争者加入公共事业的供给环节，既能提高市场的供给能力、降低供给价格，也有助于提高政府管制的有效性。婚介市场行业标准的缺失，导致了市场内部的竞争混乱。为此，政府首先应引入市场竞争机制，打破大型婚介公司和黑中介垄断市场的"怪圈"，用激励性政策鼓励符合行业规范的中介进入婚介市场，促进自由、公平的竞争，提高资源配置效率。其次，应鼓励非营利性质的民间婚介组织发展，保证婚姻介绍服务的公益性，既在市场份额上产生有效竞争，也对婚介行业的社会形象有改善作用，促进婚介市场的良性竞争。

社会性管制是对涉及安全、环境和其他存在严重信息不对称领域的管制。婚介市场存在严重的信息不对称情况，婚介机构掌握了大量的相亲者信息，而相亲者和相亲父母却处于信息劣势的地位。为此，政府首先应出台专门的婚介中介法律法规及其实施细则，明确统一的行业规定和要求，与已有法律互相补充。其次，在地方的婚姻中介管理上，地方政府要因地制宜，充分了解当地婚介市场的现状和特殊性，制定符合当地婚介市场特点的管制政策。再次，应有重点地推进婚姻中介管制法律法规的建立和完善，针对出现问题较多的中介行为，做好立法调研工作，制定切实可行的引导和保障体系。

四、公共政策的合法性和合理性

在讨论和分析相亲角的治理及婚介市场的管制问题时，政府在法律允许的范围内可以采用自愿性工具和强制性工具。但由于婚介带有一定的特殊公益性质，公共政策在制定和执行过程中应同时保证合法性和合理性，既要合法维护社会稳定和市场的有序运行，也要能够保证社会大众的利益得到保护。

（一）公共政策的合法性

公共权力只有受到法治的约束，社会治理行为的有效性和合法性才能得到保障，减少越位和错位的现象。相亲角的治理要在法治的框架内进行，政府应完善相关的法律政策，使管制行为有法可依，利用行政力量做好市场规范，为婚介市场的运作提供制度和法律保障，充分保证治理行为的合法性。

（二）公共政策的合理性

公共政策应体现多方主体的利益需求。由于相亲角的特殊公益性质，在其治理过程中需要尊重各方的意愿，不能单纯地靠强制性管制手段来进行约束。相亲角的治理，应协调政府、市场、社会中各主体的利益，形成并完善规范婚介市场的组织机制和监督模式，使社会治理更具合理性。

相亲角的治理和规范，不仅需要政府对婚介市场进行强制性的管制，而且需要社会力量共同参与治理。政府、市场、社会协同治理，能够促进基层民众对相亲角进行自愿管理，满足不同利益主体的需要，减少政府管理的成本。婚介表面上是一个交易行为，但是其内在的公益性质却在社会道德和精神上反映着人们的需求，对于相亲角和婚介市场的管理，政府还应该探索更多的方式，为公众提供一个良好的婚介环境。

新乡贤是如何被纳入乡村治理版图的：基于Q市Y村的案例

［山西大学］

何静漪　陈繁芝　郑少清　雷丽娜

指导老师：原　超

【摘要】近年来，地方政府开始从传统文化中汲取智慧，旧有的社会资源和传统力量重新得到重视，越来越多的地方将"乡贤"等纳入社会治理主体中来，建立了大量的乡贤理事会、公益理事会等实体机构和运作制度，积极扶持和培育以乡村精英为核心的社会组织广泛参与乡村治理事务。Q市Y村的乡贤理事会，是在实践中发展起来的乡村治理新模式。该村乡贤理事会在村两委的指导下，紧密联系村民群众，从村民的实际需求出发开展工作，为Y村的治理开创了新局面。本案例以Y村乡贤理事会为代表，对乡贤理事会的组成主体、运作逻辑以及治理绩效进行研究，挖掘其在乡村治理中发挥的价值。

【关键词】乡贤理事会；多元主体；协商治理；乡村治理

案 例 正 文

引言

自改革开放以来，我国农村经济和社会领域发生了一系列重大变化，这为乡村治理带来了新的问题。随着社会主义市场经济的深入发展，以及户籍制度限制的放宽和城镇化的推进，农村人口不断涌入城市，不少乡村的村委会选举流于形式，村民自治陷入了尴尬。例如，乡村治理人才短缺，社会治理主体权威不足，村干部动员能力相对较弱，难以组织村民活动。

面对乡村治理的种种困境，从传统文化中脱颖而出的新乡贤文化为乡村治理提供了新思路。2016 年，国家将培育"新乡贤文化"写进了"十三五"规划纲要，乡贤被赋予新的内涵，成为当下农村社会治理的重要资源。2018 年，中央一号文件对"新乡贤"提出了明确要求，要求培育富有地方特色和时代精神的新乡贤文化，积极引导发挥新乡贤在乡村振兴，特别是在乡村治理中的积极作用。

随着乡村振兴战略的深入发展，我们发现，地方政府的管理模式逐渐发生改变，新乡贤推动了乡村资源的充分利用，在乡村治理中发挥着越来越重要的作用。在此背景下，将乡贤理事会作为本案例的研究对象有以下几点考量：①治理主体创新性。与村两委相比，乡贤理事会将品行与能力获得村民认可的乡贤这一精英群体组织起来，参与到村庄的治理之中，为乡村治理注入了新的生命力。②"三轨"治理。乡贤理事会将新乡贤文化运用到乡村治理之中，将德治、法治与自治结合，大大提升了治理效率，改善了治理效果。③可推广性。在"乡政村治"的背景下，2014—2017 年间，我国东部沿海集中成立了一批乡贤理事会，推动了当地乡村社会的发展，而类似的组织在内陆地区却较少出现。深入研究乡贤理事会，挖掘其治理价值，对我国乡村治理具有重要意义。④传统权威的复归。通常，宗族中德高望重者与具有一定社会影响力的乡绅相当于古代乡村社会的主要管理者。在乡村治理矛盾层出不穷的今天，更多地利用传统习俗的力量，不失为解决问题的好办法。

一、个案分析：Q市Y村乡贤理事会的运作实践

Y村位于福建省Q市，是著名的华侨村，全村以陈姓为主，人口约有3600人，占地约为2.5平方公里。调研发现，村中年轻人大多外出打工，留守在村中的基本上是老幼妇孺。由于村庄留守人口属不活跃群体，故思想呈现出衰败现象。乡贤理事会（简称"乡贤会"）作为村中的新兴组织，虽其成员年龄偏大，但因改革开放时在外闯荡，或常年在外经商，思想相对开放。乡贤理事会建立后，通过开展各项工作，对建设Y村新面貌起了重要作用。

（一）多元精英：乡贤理事会的治理主体

1. 多元化精英：乡贤理事会的组成成员

乡贤理事会的理事成员共计20人，包括老年人协会①（简称"老协"）成员、村两委成员、企业家和知名乡贤，其中有常任理事7人和非常任理事13人。

从理事会成员的名单可以发现，老协成员的比例占到四成之多，村两委、企业家和知名乡贤成员数量相差无几。而常任理事则主要由老协和村两委成员组成，老协成员也在其中占据了较大比例。老协成员作为乡贤理事会的主要发起者，在乡贤理事会中也是主力军；而作为政策标杆的村两委、资金支持的企业家和品德优良的知名乡贤，也是理事会不可或缺的组成主体。Y村具有华侨村的特性，年轻人普遍外出打工，因此理事会成员均在40岁以上。又因村两委干部、企业家和知名乡贤普遍集中在50～59岁的年龄段，首先该年龄段成员占比最大，其次则为60岁以上的老协成员（详见表1和图1、图2）。

---

① "老年人协会"是由老人这个群体构成的组织。Y村老年人协会的入会条件为成员必须是年满60周岁的老人，入会前需交100元协会资金。

表1　Y 村乡贤理事会的成员信息

职务	姓名	身份	年龄/岁
常任理事	陈某燕	老年人协会会长	71
	陈某元	老年人协会副会长/著名企业家	78
	陈某金	老年人协会副会长	69
	陈某太	老年人协会副会长	67
	陈某源	老年人协会秘书长	73
	陈某忠	Y 村村委主任	52
	陈某林	Y 村村委副主任/J 镇 Y 村党支部书记	50
非常任理事	陈某华	Y 村村委副主任/J 镇 Y 村党支部委员	59
	陈某霞	Y 村村委委员/J 镇 Y 村党支部委员	50
	陈某凤	著名企业家	59
	陈某荣	著名企业家	50
	陈某通	知名企业家	49
	陈某琦	知名企业家	51
	陈某波	知名企业家	42
	陈某顺	知名乡贤	59
	陈某兴	知名乡贤	52
	陈某顺	知名乡贤	59
	陈某长	老年人协会成员/知名乡贤	68
	陈某祥	老年人协会成员/知名乡贤	70
	陈某付	老年人协会成员/知名乡贤	91

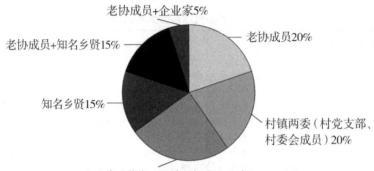

图1　乡贤理事会成员身份比例

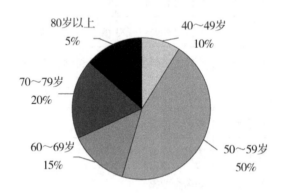

图2　乡贤理事会成员年龄比例

据调查，Y村一直存在着老协这一组织。实际上，Y村的乡贤理事会是老协的一种演变发展。老年人作为村中较有威望且热心公益的群体，渴望为村建贡献力量，但其在村务管理等方面缺乏公信力和经验，难以为村民提供帮助，因此老协理事决定与村两委、企业家和其他乡贤合作，共同组成乡贤理事会，参与到乡村建设中。2016年，Y村乡贤理事会创建了微信群，这标志着Y村乡贤理事会正式成立，也为理事与其他村民代表的日常沟通提供了便利。总体上，Y村乡贤理事会虽然比较年轻，但因其纳入了老协和村两委成员，很大程度上弥补了经验不足的缺陷。

乡贤理事会的组成成员广泛，同时他们一致的目标——为村庄建设贡献自己的力量——又将他们紧紧地团结在一起，体现了乡村治理新模式中治理主体的多元化。在此条件下，乡贤理事会集思广益，促进了基层乡村发展建设的力量最大化。

2. 村政体制下的"选举"：乡贤理事会成员的推选程序

Y 村乡贤理事会的常任理事中有 5 名德高望重的老人，他们是老协的重要理事，当乡贤理事会从老协中抽离时，自身带有的权威性自然使他们担任起乡贤理事会的主要理事；此外，Y 村支部书记和村委主任也因工作经验丰富及了解 Y 村事务成为乡贤理事会的常任理事。Y 村乡贤理事会入会的方式有两种。其一，乡贤理事会的现有成员主动邀请村民中品德良好、受广大村民肯定的人加入 Y 村乡贤理事会，但是否接受邀请是自愿的，因为他们为村庄提供的服务也是无偿的。其二，品德为村民所赞赏，能为 Y 村发展提供力所能及帮助的热心村民主动加入乡贤理事会的服务行列中，这一部分参与者通常是有经济实力的企业家，他们功成名就后渴望为村里的发展贡献出自己的力量。

调研发现，Y 村乡贤理事会在成员选择上具有很大的随意性，仅有"品德"这一明确要求。从乡贤理事会会长对"德高望重"标准的回答中可以看出这点："就是给村里面做好事，大家对他的评价比较好的人。大家都看到这些人在村里面干什么事情，在我们办活动造桥修路的时候积不积极啊，给大家做了些什么啊，我们就知道他们在村民心中感觉好不好啊。"

仅需好名声就被定义为品德良好稍显草率。从 Y 村乡贤理事会选择成员的方式看来，该组织还不是特别成熟，在推举成员方面没有明确严谨的程序。对于一个关系到振兴乡村的基层自治组织，Y 村乡贤理事会成员的推选程序还需不断完善，要更加规范化，最大化发挥乡贤理事会的力量。

（二）协商治理：乡贤理事会的运作逻辑

"三轨治理"——自治、法治、德治，是乡贤理事会治理的主要模式。在该模式下，最重要的沟通方式为协商对话，这种沟通方式促成了乡贤理事会独特的运作逻辑——协商治理。

1. 乡贤理事会的协商程序

Y 村乡贤理事会是自发性的民间组织，其依托老协，与村两委相互配合，是村两委的补充机构。乡贤理事会主要参与公益事业、移风易俗等工作，始终坚持"服务村民"的宗旨。

一般而言，乡贤理事会首先会将村民个人或村庄集体的需要反馈给村两委，再由理事们与村两委进行具体的沟通协商；村两委权衡当下的政策，通过实地考察制定方案，并向上级政府反馈、征询意见；方案确立后，由村两委牵头，乡贤理事会筹集资金。但村两委人数有限，难以兼顾造桥修路、宣传移风易俗等耗时较长的工作，因此乡贤理事会还会在活动过程中起到监督、帮忙的作用。

以造桥修路为例，乡贤理事会的协商程序如图3所示。

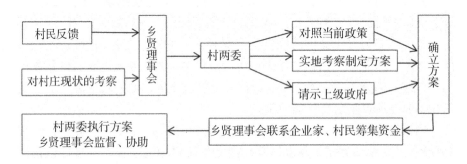

图3 乡贤理事会的协商程序流程

乡贤理事会立足于村民、村建的需要，与村两委对接；村两委获悉具体情况后，提供政策指导，由乡贤理事会筹集资金、监督实施，具体操办各类事项。可见，乡贤理事会在村民与村两委之间搭建起了一座沟通桥梁，发挥着重要作用。

2. 复合关系下乡贤理事会的协商内容

无论是村民还是村两委的干部领导，都有自己的利益诉求。因此，在信息不对称、激励不相容的条件下，村委会根据上级政府指示执行政策，以期通过完成任务获取自身利益，但可能会忽视村民的权益。而村民为维护自身利益则可能会对村委会及其政策产生抵触情绪。但就村民个体而言，话语权较低，难以表达自身诉求。

乡贤理事会作为一个中间机构，在村民和村委会之间架起了沟通的桥梁。当村民认为村委会的政策侵害其利益而产生异议时，会向乡贤理事会反馈，乡贤理事会则会详细了解政策，为村民阐明政策，或向村委会反映其中不合理的地方，在二者中起到了重要的调和作用。三者间的关系如图4所示。

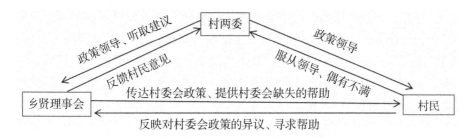

图 4　乡贤理事会与其他村治主体的关系示意

在与村委会、村民共同参与村庄治理的过程中，乡贤理事会的协商主要分为三个部分：理事会内部协商、理事与村民协商、理事与村两委干部协商。

组织内部的有效沟通是实现共同目标的重要前提。乡贤理事会的成员广泛、身份迥异，沟通显得尤为重要。理事会的常任理事通过定期召开小会议加强联系，尤其是在活动前后，以此保证活动顺利进行，并总结经验；由于非常任理事未常驻村中，常任理事和非常任理事主要通过微信沟通，以及大年初二时召开恳谈会，为村庄治理提供意见。

乡贤理事会的另一项重要工作——调解纠纷，决定了他们具有与村民沟通频繁的特性。乡贤理事会中德高望重的老年人众多，其阅历丰富，言语易使人信服，因此当村民发生矛盾时，常向乡贤理事会寻求帮助；村民向乡贤理事会反映需要，通过乡贤理事会报至村两委；乡贤理事会通过与村民沟通获悉工作效果如何；在乡贤理事会希望纳某位乡贤为成员时，会到村民中了解其口碑，确定是否要将其吸纳到组织当中；同时，因年轻人多外出打工，Y 村内的部分村民，尤其是老年人对电脑、手机等新兴电子设备兴致缺缺，文娱生活相对匮乏，为丰富村民的精神生活，乡贤理事会会收集村民意见，在传统节日举办特色活动，邀请老年人参与，为他们送上关怀。

乡贤理事会作为村民与村两委的沟通桥梁，与村两委之间的沟通也较频繁。村两委通过乡贤理事会了解村民的需要，乡贤理事会也会主动向其反馈；因乡贤理事会理事及其成员在村中威望较高、品德良好，村两委也常常借助乡贤理事会在村中展开工作；在乡贤理事会有需要的情况下，村委会也会为其提供相应的帮助。

总之，乡贤理事会是一个在村两委的指导下积极为村民谋福利的民间组织。无论是在乡贤理事会内部，还是在与其他村治主体沟通的过程中，协商治理都发挥了重要的作用。协商治理不仅兼顾了村民利益、保障了村委会政策的实施，还促使乡贤理事会立足于实际进行自身工作，为 Y 村的建设提供了一种新的方案。

（三）传统权威的复归：乡贤理事会的治理绩效

1993 年 Y 村乡贤理事会初露雏形，2016 年正式成立。秉承古代乡贤"以德服人、热心邻里"的传统，乡贤理事会以"服务村民"为宗旨，在企业家们的经济支持下，围绕文化、经济建设开展工作，为适应农村发展新常态、构建和谐新农村贡献了力量，体现了传统文化在乡村治理中的作用。

1. 继承传统，推陈出新

闽南地区宗族观念浓厚，婚丧嫁娶等红白喜事素来热闹。随着人们生活水平的提高，原来的传统却被扭曲，大操大办各式酒宴在村中逐渐转变为互相攀比的风气。但 Y 村贫富差距较大，在这种风气下，条件不好的家庭面临颜面与经济的双重压力，不少悲剧因此产生。

"我们村里面有一个人怀孕了，家里没有钱，没有办法办酒席，后来准备偷偷摸摸打掉，但是孩子好几个月啦，打不掉啊，后来跳井死了。理事会用这个活生生的例子宣传，批评大操大办的风气。大家觉得这个确实是不太好，后来就慢慢改掉了。"

以怀孕投井案为导火索，乡贤理事会将移风易俗工作提上了日程。在其大力提倡下，Y 村将移风易俗写入村规民约中，并提出了"婚事新办，崇尚节俭""丧事简办，恪守孝道"及"破旧立新，移风易俗"三点要求，致力于改变村中不良的婚丧习俗。

乡贤理事会与村两委积极推进移风易俗工作，在村中祖庙以及宣传栏、宣传墙等地方，公布村规民约的具体内容，为移风易俗创造良好的外部环境。同时，乡贤理事会也通过会议的形式，从内部做好村民的思想工作，向村民宣传移风易俗的实质与意义。此外，常任理事会亲自参与酒席，对落实移风易俗工作也起到了一定的监督作用。

乡贤理事会从村民的需要出发，进行移风易俗，符合建设社会主义新农村的要求，得到了村民的积极配合。在乡贤理事会、村两委以及村民的共同努力下，Y 村成功摒弃了传统习俗中的糟粕，保留了其中的精华，攀比浪费的风气不再盛行，村民间的关系更加亲密，整体的村风村貌也得到了改善。

2. 沟通协商，化解矛盾

近几年 Y 村内大面积铺设水泥路，考虑到修路成本，道路铺设通常遵循"能直不弯"的原则。铺设道路首先需要的是土地，在该原则的指导下，村两委难免需要征用村民的部分土地。对此，会长表示："就是那个路从他们门口过去，有伸到他们门口一点，他一时想不通，也不能怪谁，毕竟他们对自己的房子和前面的院子还是比较看重，都是自己花钱盖起来的嘛，那我们就要去劝他，让他同意让出自己院子的一部分地，来修我们村子的这个路。和他们说，这个路建起来有什么好。下雨天泥路很脏的，水泥路就比较方便、美观。村委会那边就只是下达一下政策，不会跟他们解释那么多的；我们就和他们讲清楚，他们就比较能接受。"

由于村民和村两委在心理上存在地位差异，村民对村两委即使存在不满也不愿心平气和地去表达；而村两委认为执行政策才是关键，在向村民解释时耐心不足。乡贤理事会的出现对缓和两者的紧张关系起了重要作用。从乡贤理事会会长的话语中，也可以看出乡贤理事会扮演的是"中间人""调解员"的角色。

3. 热心公益，重才兴教

近年来，随着乡贤理事会的发展与完善，Y 村的公益事业在村两委、乡贤理事会以及村民们的推动下，发展得越来越出色。主要成就包括大力支持村内教育，资助优秀大学生，慰问村内老年人、贫困户，筹集善款修桥铺路、维修公庙，开展免费体检活动，等等。其中，资助优秀大学生最受民众称赞。

自 2012 年来，Y 村乡贤理事会会为本村考上一本的学生发放奖学金，到 2017 年为止已有 20 多位学生收到了奖学金。每年高考录取结果出来后，村委会负责统计奖励人数，乡贤理事会则与企业家联系，热心公益的企业家会通过乡贤理事会为发放奖学金提供资金支持。

乡贤理事会会长回忆道："每年 8 月，大家基本都录取结束了，我们就把总人数连同当年的贫困家庭户数一起报给热心公益事业的企业家们，跟他们一起商量资助金额，因为每年能够争取到的金额都是看企业家他们能够给多少，然后我们再一起商谈如何分配，一二三这样排下去，一等奖一般要多一些，差别不会很大，排名靠后当然会少一些，不过我们都会举办仪式颁奖给他们，不会贪污，都很公开的，都是做好事嘛，为了村里的发展……"

每年 8 月中下旬，Y 村乡贤理事会和村两委会主持召开奖励大会，以此来祝贺本村考上一本的优秀学子。当天，村民会组织表演以示祝贺，随后由乡贤理事会理事为获奖学子颁发奖学金和荣誉证书。这一善举，对获奖学生而言，不仅是经济上的资助，更是精神上的鼓励，也是对优异学子学成后回馈村庄的殷殷期盼。这一举措得到了村民的广泛认可。

充分运用传统文化的优势和企业家的资源，Y 村乡贤理事会在移风易俗、调节矛盾和公益事业等工作上取得了可喜的成就，从物质到精神、从村庄风貌到村民精神，乡贤理事会在不同角度、不同层面对 Y 村的治理起到了辅助作用。面对乡村治理长期难以突破瓶颈的困境，乡贤理事会的出现对 Y 村来说是"雪中送炭"，虽然没有解决所有问题，但它确实成了村两委的"好帮手"、村民们的"知心人"。当然，在充分发挥乡贤理事会优势的道路上，Y 村还有很长的路需要去探索。

二、结束语

乡贤理事会是"乡政村治"面临困境下的新产物，这个新兴组织在 Q 市 Y 村乡村治理中做出的贡献十分突出。改革开放后，经济的快速发展给这个村落带来了生机，许多村民在外打拼成功后，也不忘为家乡谋发展，自发地为家乡服务。Y 村乡贤理事会成立以来，配合村两委在移风易俗、调节矛盾、公益事业等方面都做出了卓越的贡献，其功绩获得了村民们的广泛认可。在促进乡村发展方面，尤其是在公益事业上，乡贤理事会具有较大的自主权，这很大程度上归因于组织成立的自发性、组成成员的多样性、资金方面的优越性。当然，乡贤理事会的工作是严格在村两委的领导之下展开的，其工作宗旨与上级保持一致，在其他工作方面也积极配合村两委。但从一个正式组织的角度来看，乡贤理事会本身还存在一些缺陷。例如，组织缺乏独立性，在处理具体事务时往往表现得不够成熟，这在协商和推选两方面体现得最为明显。只有改进这些不足，乡贤理事会才能真正有效发挥治理乡村的作用，帮助解决乡村治理的困境，使乡村获得更长足的发展。

思考题：

1. 乡贤理事会自成立以来，在调解矛盾、移风易俗、公益事业等方面颇有建树，在某些无乡贤理事会的地区，以上职能都归属于村两委。Y村乡贤理事会承担以上职能是否是对村两委职能的分化？是否影响村两委在村民心中的威望？

2. 作为一个独立、公正的组织机构，应设立监督部门，但乡贤理事会缺失此部门，监督工作主要依靠村两委、村民的外部监督，内部监督匮乏。思考这一缺失是否会影响村民、村两委对乡贤理事会的信任？

3. 乡贤理事会最初成立于浙江省，后在浙江省、福建省、广东省发展得较为成熟，内陆地区的乡贤理事会却数量稀缺、发展较慢。思考乡贤理事会在沿海地区和内陆地区发展有差异的原因是什么？

案 例 分 析

一、Y 村乡贤理事会的成功经验

（一）多元精英的纳入

乡贤理事会主要由宗族①老人、经济能人以及村两委干部组成，他们作为乡村社会中的传统文化代表、经济代表以及政治代表，有效地将传统权威、经济资源及政治走向三者结合起来，参与到乡村治理之中。

宗族老人在乡村社会中有着举重若轻的地位。直至今日，中国的农村仍是以宗族为中心，村民的高度认可使得宗族老人们的行动在村子里具有地域性的合法性认同。矛盾纠纷的调解就是一个很好的例子。乡村社会的矛盾主要集中在村民与村民、村民与村两委之间，而利益的纠缠与沟通的

---

① 宗族又称家族，是一种以父系血缘为纽带的利益群体。中国古代的统治者们将宗法伦理关系引入到法律体系之中，赋予族长、家长权力，在宗族内实行有限自治，宗族族长的权力受到法律与社会的双重认可。在当今社会，在宗族观念较为浓厚的乡村社会，宗族老人仍会利用祠堂、家谱、族规族训等传统习俗的力量，管理村庄事务。

缺乏都会导致矛盾的激化，影响到村治生活。这时通常需要宗族老人作为中间人来处理族内纠纷。他们与矛盾双方都没有利益纠葛，能够有效促进双方沟通，制定出合适的解决方案。同时，宗族老人们的人生阅历丰富，在村民中有着较高威信与较多话语权，他们的决定能让大多数村民信服。因此，将宗族老人纳入组织，是乡贤理事会的必然选择。

自改革开放以来，我国一直在推进城镇化建设，乡村的发展被长期忽视。2017 年 10 月 18 日，习近平总书记在党的十九大报告中提出了乡村振兴战略，强调要彻底解决农村产业和农民就业问题，确保当地群众长期稳定增收、安居乐业，而农村的经济发展却面临着投资不足、生产方式落后等问题，这些问题的解决离不开乡村经济能人对乡村的反哺。与宗族老人及村两委干部相比，这些经济能人拥有雄厚的经济实力，可以用于村中产业的投资；他们掌握着先进的管理经验和技术，能提高村庄产业管理的有效性；他们的经济头脑以及对信息的敏感性，能帮助村庄发展特色产业。经济能人的参与，有利于村庄产业与市场的有机结合，促进村民就业，实现共同富裕。另外，经济能人也对乡村公益事业的建设做出了重大贡献，如造桥修路、教育补助等，在一定程度上提高了村民的生活水平。可见，将经济能人纳入组织，是乡贤理事会的一大创举。

村两委是国家政权在乡村社会的延伸，村两委干部作为国家的政策标杆，是乡村治理中不可或缺的力量。与宗族老人和经济能人相比，村两委干部对村庄的整体情况及村民的基本信息有着更准确的把握，同时，村两委作为乡村中官方的治理机构，负责乡村事务的管理工作，有着更丰富的经验；村两委干部负责宣传贯彻宪法、法律、法规和国家的政策，在上级政府的领导下开展工作，他们对国家政策的理解更加深刻。村两委干部的参与，能确保乡贤理事会的工作不偏离国家的大政方针。所以，村两委干部的加入也是必不可少的。

美国杜赞奇教授认为，国家与乡村社会的关系是一种经纪关系，"经纪"在交易中是必不可少的存在。国家利用"赢利型经纪"和"保护型经纪"来实现其主要的统治职能，而治理主体多元的乡贤理事会为"赢利型经纪"与"保护型经纪"的共同作用提供了一个平台。乡贤理事会以新的"经纪人"的身份出现在乡村治理之中，使国家利益与村民利益在乡村社会中保持平衡，极大地保证了乡村治理的稳定性。宗族老人、经济能人与村两委干部的共同治理，保护了乡村社会的文化根源，促进了乡村社会的经济发展，坚定了乡村社会的政策方向，这些也都保证了乡村治理的有效性。

（二）协商治理

随着市场经济以及工业化、城市化的发展，社会群体在现代化过程中积累大量资源财富的同时，也带来了社会内部的差异化，不同群体之间的利益分歧逐渐放大，利益纠纷骤增，造成了公共性的缺失。此外，不同利益主体之间缺少恰当的协商机制，基层自治陷入了多元冲突乃至派系斗争中。内部冲突型治理困境即是指在国家社会冲突方面缓和，但是在基层治理单位内部利益冲突程度高的问题情景。①

在此情况下，我国出现了一种新代理人机制——乡贤理事会。这个由多元主体组成的民间组织，是对当前基层治理制度的一种补充创新。乡贤理事会成员普遍在村民心中威望较高，是他们心目中"大家长"的形象。因此当村两委与村民发生矛盾冲突时，村民会认为自己势单力薄、话语权低，更倾向于向乡贤理事会反馈意见，由乡贤理事会中较有信服力的成员与村两委进行沟通协商；反之，村两委在工作不被村民理解、认可的时候，乡贤理事会便会受村两委的委托，或主动站出来，调节村民和村两委之间的矛盾。同时，乡贤理事会成员广泛，老协成员、村两委干部、企业家和乡贤代表着不同的利益群体，他们在日常工作中的协商讨论，也反映了各方的利益诉求。因此，我们可以说，无论是在乡贤理事会与村民的交流过程中，还是在其与村委会的联系中，协商沟通都发挥了重要的作用。

二、Y 村乡贤理事会面临的困境

（一）独立性较低

自 1993 年开始，Y 村老协就参与到村庄的公共事务管理中，2016 年，乡贤理事会正式从老协中脱离出来单独成立。自乡贤理事会成立以来，老协的工作重心逐步转移到老年人工作上来，乡贤理事会则更多关注村中的公共事务，但二者并没有完全区分开来。乡贤理事会与老协之间存在着人员重叠、共用账户以及共用办公场所等问题，在一定程度上依附于老协而

---

① 徐明强：《基层协商治理的问题维度与制度供给——基于多案例的类型比较分析》，载《理论月刊》2018 年第 5 期，第 107－113 页。

存在，一部分村民甚至只知老协而不知乡贤理事会。

另外，乡贤理事会主要是在村两委的领导下，依据上级政策的指示来开展工作的。通过访谈得知，其最主要的移风易俗、征地调解工作均是由村两委发起的，乡贤理事会更多起到的是筹集资金、组织人员等协助性作用，在某种程度上只能算作是村两委的附属机构，这极大地抑制了乡贤理事会的独立性，阻碍了乡贤文化的传播。

（二）内部成员间沟通不足

内部交流系统不完善是影响Y村乡贤理事会工作效率的重要原因。其成员构成较为庞杂，包括部分老协理事、知名乡贤、企业家、村两委干部。这些成员除花一部分精力在乡贤理事会的工作中之外，更多的精力还是会投入到他们自己所从事的工作中，这就在客观上导致了理事会成员的时间难以统一，影响日常会议的召开。

平时的工作大多数是常任理事们讨论决定的。遇到难以抉择的问题时，由于非常任理事在外工作，一时间难以召集全体成员开会探讨，只能借助微信群沟通解决。但是，该群在现实生活中更多成了分享各种广告和娱乐信息的阵地，通过微信群讨论的问题有时得不到及时的反馈，导致讨论时间过长，而且讨论的效果也比不上春节恳谈会时的面对面交流。这在一定程度上降低了乡贤理事会的工作效率。

三、Y村乡贤理事会的发展建议

（一）明确区分职责，增强自身独立性

Y村乡贤理事会作为一个新兴的自治组织，既不是老协的附属机构，也不是村两委的下属机构。乡贤理事会近几年才从老协中脱离出来，应特别注意区分二者之间的职责。在老协将工作重心转移到老年人工作上之际，乡贤理事会应更多关注村中公益事业，承担调解纠纷、组织活动的职能。此外，乡贤理事会应尽快开办独立的账户、建设专用办公室，并制定组织自身的规章制度，方便管理与开展工作。同时，乡贤理事会也要积极开展宣传工作，加强与群众的联系，提高乡贤理事会在村中的知名度。

另外，乡贤理事会是在村两委的领导之下的组织，同时也是村两委与村民之间沟通的桥梁，因此，乡贤理事会还被赋予了监督村两委工作的职能，必要的时候要对村两委的工作提出建议。乡贤理事会应更多增强自身

的独立性，从村民的角度出发，向村两委提出更多可行的建议，实现良好的运行和长远的发展。

（二）完善内部交流系统，扩大成员间的网络联系

乡贤理事会作为村两委与村民之间的桥梁，内部的有效沟通是提高其工作效率的重要手段。随着互联网的深入发展和普及，乡贤理事会要在建立微信群的基础上构建网络联系平台，进一步完善内部的沟通交流机制，增进成员间的交流互动，实现乡贤理事会的与时俱进、健康发展。

一方面，要建立健全乡贤理事会的沟通交流平台，扩大乡贤理事会成员间的网络联系。例如，充分利用现有的"Y之家"微信公众号和微信群，建设完善网络交流平台，构建紧密的交流系统网络，扩大Y村乡贤理事会成员间的网络联系，努力实现成员间互通消息常态化。另一方面，要充分发挥网络交流平台的作用，立足实际情况，适当设置群规和管理人员，规范微信群的使用，做到定时收发信息、及时向村民与村两委反馈意见，提高乡贤理事会的工作效率。

（三）汲取传统智慧，传承文化内涵

一个组织要想获得长足发展，离不开其独具特色的文化内涵。Y村乡贤理事会应以乡贤文化为依托、创新发展，使乡贤们借助自己的威望、品行、才学及财力主动履行凝聚族群、尊祖继统的职责，引导乡村社会道德和村风家风向积极的方向发展，规范族人和乡民的行为，在打理好本族事务的同时，承担起慈善、教化、纠纷解决等社会功能，参与乡村社会的共同治理，进一步丰富、发展和传承新乡贤文化的内涵。

长者饭堂遍地开花：
简单的幸福不简单

［中山大学新华学院］

黄丽华　　周　梦　　庄玉洪　　蓝绮琦　　梁铭哲

指导老师：汪玉叶　　区展玲

【摘要】 近年来，政府服务外包已成为政府职能转变的重要表现形式，而长者饭堂的设立则是政府购买养老服务的具体措施之一，小小一餐饭，牵动的是广州市养老服务的大改革。在广州市政府文件的指导下，"大配餐"模式下的长者饭堂数量呈现井喷式增长，各街道短时间内实现了长者饭堂全覆盖。随之而来的是一系列问题：长者饭堂人手短缺、服务质量参差不齐、饭堂安全性没有保障、政策推广过快激化矛盾。优化长者饭堂的运营无疑是政府发挥其职能的必然要求。如何优化"大配餐"模式，促进长者饭堂良性持续地发展，以及如何调动多元力量参与到长者饭堂的建设当中，是政府职能转变的一大挑战。

【关键词】 长者饭堂；服务外包；政府职能转变

案 例 正 文

引言

目前，我国已进入人口老龄化社会，人口老龄化的程度也日渐加深，广州市更是成为人口老龄化的"重灾区"。截至 2017 年年底，广州市户籍老年人口为 161.85 万人，占户籍人口的 18.03%，其老城区已进入中度老龄化社会。面对如此严重的人口老龄化现状，养老难题摆在眼前，成了政府急需解决的问题。

由于传统养老院能供给的资源不足，且大多数老人受传统观念的影响不愿去养老院，社区居家养老便成为养老的一大形式。截至 2016 年，广州市社区居家养老服务已逐步完善。但在多数家庭中，子女在外工作，无法照顾老人的一日三餐，因此，老人就餐成了亟待解决的问题。

为了解决老人的"吃饭难"问题，2012 年，广州市率先试点建设了长者饭堂，推进以"大配餐"为重点的社区居家养老服务。截至 2018 年，长者饭堂遍地开花，形成了以政府为主导、各社会主体共同参与、发挥市场在资源配置中的决定性作用的模式。这一创新的养老服务项目起到了为社区居家养老托底的作用，有效地提升了社区居家养老的水平。同时，由政府主导、采用服务外包、充分调动各社会主体共同参与的多元养老模式，体现了政府从"划桨者"向"掌舵者"的转变。

一、一餐饭的为难

广州，一个传统与现代并存的城市。珠江边高高矗立的"小蛮腰"完美地呈现了这座城市独特的风情，小巷里的早茶馆和高高伫立的 CBD（中央商务区）大楼完美融合。一边是年轻人赶着地铁的匆忙，一边是老人家午后树下打牌的悠闲。这里，粤剧和早茶一直都完好地保留；这里，贸易与高楼蓬勃发展。

但是这个富有历史文化底蕴的开放城市，却慢慢地发生着变化，这样一个看似朝气蓬勃的广州，正受到人口老龄化的威胁。截至 2017 年年底，广州市户籍老年人口已达 161.85 万人，占户籍人口的 18.03%。这也意味着，广州市在慢慢地踏入中度老年化社会。

民以食为天，但对于部分老人来说，吃一顿好饭却并非那么容易。忙于事业的年轻人终日在职场奔波，而另一边是每日独居在家中、为一餐饭发愁的老人。身体的日渐衰老使得对他们来说连上下楼买菜都是负担，遑论在厨房中忙活随时可能遇到的磕磕碰碰。"济南老人做饭时燃气泄漏突发爆炸""七旬老人家中煮饭引发火灾"，一起起事件为许多家庭敲响了警钟，也牵动着许多子女的心。在广州家政网上，许多人为家中老人聘请了"专厨"，单为老人煮饭的保姆已高达 300 元一日。如此高昂的价格，又岂是每个家庭都能承担得起的，更多老人都是选择"凑合凑合"。家住海珠区的刘阿伯表示："我老婆有点儿痴呆，做饭这种事只能我自己来，天气热还好，到了冬天每天买菜上下楼，膝盖疼得难受。我们都是凑合凑合吃就好了。"而家住天河区的李阿姨每日要往返省医院，每次做完理疗都是在快餐店随意就餐。但李阿姨人到老年，连买把青菜都要挑拣最新鲜的，在外头吃，始终觉得不放心。老人吃饭难成了常态，也成了绷在各方心里的一根弦。

2017 年，广州市共有 161.85 万名户籍老人，但公立养老院床位的供给却远远低于广州市老龄人口的需求。2018 年，63 家公立养老机构中，仅有三家有空余床位，而这三家公办养老院是由于地理位置距市中心较远才遭受冷遇。相比之下，位于市中心的广州市养老院有超过 1000 人在轮候，在建的广州市第二养老院更是有超过 2000 人轮候。面对养老服务巨大的需求量，单靠政府供给养老服务远远填补不了养老资源的缺口，因此，政府不得不调整供给养老服务的方式。同时，受传统观念的影响，大部分"老广"们都不愿选择养老院。为了更好地填补养老资源的巨大缺口，长者饭堂成为一种公共服务供给的新模式。

二、小小一餐饭，养老大改革

2012 年，一个极具广州特色的养老模式——养老"大配餐"拉开帷幕。近几年，专门为老人提供配餐服务的长者饭堂如雨后春笋般冒出来。广州市委、市政府领导多次听取养老服务汇报、作出批示，并多次到长者饭堂检查，要求大力发展以"大配餐"服务为重点的社区居家养老服务，努力走出一条广州自己的路子。

（一）政府出手：为社区居家养老服务兜底

推进社区居家养老"大配餐"，开办社区长者饭堂，为老年人提供健康优惠的餐食，正是当前广州市着力解决老年人现实生活问题、应对人口老龄化挑战、提升老年人获得感和幸福感的积极实践。长者饭堂是广州探索社区居家养老的切入点。广州市民政局社会福利处的负责人介绍："能够自理的老年人到饭堂、配送点等取餐、就餐""重点保障三无、纯老、独居、孤寡、计划生育特扶、失能等特殊困难老年人的助餐配餐服务需求，为无人照料、行动不便的失能、重病卧床等特殊困难老年人提供送餐上门服务。"

"大配餐"服务努力打造"市中心城区 10～15 分钟，外围城区 20～25 分钟"的助餐配餐服务网络，提升老年人的幸福感和获得感。

（二）全面铺开：建设助餐配餐服务网络

2012 年，广州市便在部分街道试点运营长者饭堂，在试点逐渐成熟后，政府开始了全面普及工作。2016 年开展的广州市老年人服务需求调研报告显示，"助餐配餐服务是老年人需求最大的社区居家养老服务项目"。①

2016 年，广州市结合创建国家养老服务业综合改革试点，提出开展本市社区居家养老"3＋X"创新试点工作，紧紧抓住了"大配餐"的服务问题。广州市政府出台了《社区居家养老服务改革创新试点方案》《长者助餐配餐服务指引》等文件，全市铺开了长者饭堂项目，在市中心城区步行 10～15 分钟范围、外围城区步行 20～25 分钟范围建设了助餐配餐的服务网络。

政府在推行"大配餐"项目时，将运营的自由给了企业。这一做法，使助餐配餐服务网络短期内全面铺开，显然这是一个明智的选择。

即便"大配餐"项目本着"保本微利"的原则，仍然有许多第三方机构参与到了该项目的建设当中来，尤其是各类社会组织与养老集团。醉翁之意不在酒，趋利的企业更多的是敏锐地嗅到了长者饭堂带来的公关效益。老人作为较为敏感的群体，在选择各项养老服务的时候，更加小心和

---

① 《2016 年广州市老年人服务需求调研报告》。

谨慎。因此，和政府合作，打造品牌口碑从而获得顾客信任，并在运营中推广其他配套服务，成了第三方机构投入到配餐项目中来的主要原因。

想要分蛋糕的人越来越多，越来越多的机构加入进来，又正赶上政府努力建设助餐配餐网络，广州市长者饭堂的数量出现了井喷式增长。"大配餐"项目一经推出，"老广"们便可以在社区或者家里方便地吃到健康可口、价格优惠的饭菜，该项目得到了广泛好评。因此，该项目在政府政策的推广下，迅速在全市铺开。截至 2018 年 7 月底，广州市已有长者饭堂 960 个，相比 2016 年底增加了 4.2 倍，城乡社区覆盖率达到 100%（见图 1）。可以说，为了能让"老广"们吃上一口热饭，广州市开展了一次养老大改革。

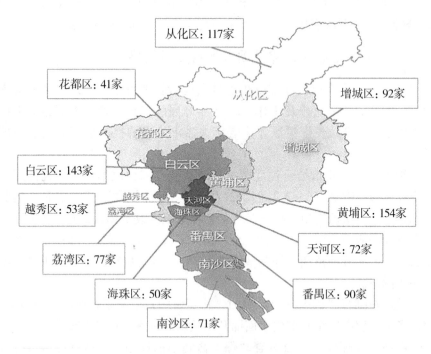

图 1　广州市"大配餐"服务点分布

（三）资金筹措：多方力挺"大配餐"发展

以广州市"大配餐"项目的资金来源比例来看，长者饭堂采用的是政府主导、各方协助的爱心共赢模式，这充分发挥了市场对资源配置的决定性作用，并鼓励社会力量和公益慈善参与（见图2）。

政府作为牵头的一方，财政支持的力度是最大的。2016年长者饭堂共投入资金6111万元，其中政府财政投入3361万元，占总投入的55%，福彩金投入为2750万元，占比45%。到2017年，长者饭堂已实现了全面覆盖，共投入资金10613.20万元，其中，政府财政共投入7024.63万元，占总投入的66.2%，福彩金投入为3577.63万元，占总投入的33.7%，剩下的0.1%来源于社会慈善捐赠，共10.94万元（见图2）。

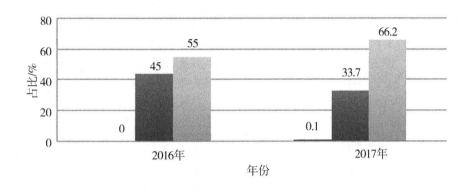

图2　2016年、2017年广州市投入"大配餐"项目的资金来源占比

1. 政府资金

"老吾老以及人之老"，老人的吃饭问题始终牵动着各方人员的心。2016年，广州市成为居家养老和社区养老服务改革试点地区。同年，广东省财政支出6270万元支持试点项目建设。2017年，广州市投入了1.1亿元支持居家和社区养老服务"3＋X"养老创新试点项目，在这一笔资金中，"大配餐"项目就占了大头，有7024.63万元用于该项目（见表）。

此外，广州各区也多方面筹集资金发展"大配餐"项目。2017年，海珠区投入了超过2000万元支持社区居家养老服务改革，单单"大配餐"项目就占了598万元；同时还引入了慈善资金243万元。同年，天河区财政投入了4000万元开展社区居家养老服务创新工作，其中"大配餐"占了1500万元（见表1）。各级政府、慈善力量等齐出动，致力于做好"大配餐"这一餐饭。

表1 "大配餐"财政支出的部分情况

时间	政府	金额	用途
2016 年	广东省财政	6270 万元	打造居家和社区养老示范项目,支持全省城市居家养老和农村"幸福计划"养老服务建设,并积极支持广州市申报全国居家和社区养老服务改革试点地区,争取中央扶持资金 3361 万元,推进社会化养老服务体系建设快速发展
2017 年	广州市本级财政、中央财政	1.1 亿(其中中央财政 3361 万元)	用于支持居家和社区养老服务"3+X"养老创新试点项目,重点用于长者饭堂建设装修、设施设备购置及医养结合、智慧养老等创新项目,其中社区居家养老"大配餐"项目占 7024.63 万元
2018 年	广州市财政	1650 万元	用于就餐补贴、运营补助、送餐补贴等"大配餐"运营保障资金
2017 年	天河区财政	4000 万元	开展社区居家养老服务创新工作,其中"大配餐"占 1500 万元
2017 年	越秀区财政	近 3500 万元	用于社区居家养老服务,较 2016 年翻了 1 番
2017 年	黄埔区财政	7350 万元	全面落实老年人福利,关爱独居、空巢、失能老年人,不断深化社区居家养老及公办养老机构的服务水平,为创建养老服务综合改革示范区提供坚实的资金保障
2017 年	海珠区财政	598 万元	支持社区大配餐工作

每年广州市各区结算汇总居家养老各项资金,市政府以 1∶1 的专项资金下拨至区政府,区政府以实际情况下发至各行政区的街道办事处,街道办事处再依照专项补贴政策把资金下发到配餐项目当中。

　　"大配餐"项目除了接受政府的补贴资金以外，还会以众筹、网络捐赠等渠道向社会筹资，部分慈善机构会进行物资捐赠。同时，该项目也要接受区级政府联合部门的监管，一般为一年两次。所有广州市户籍或拥有合法常住证的 60 岁以上老人都可得到市政府的餐费补贴，一般为每餐 3 ～ 6 元（见图 3）。

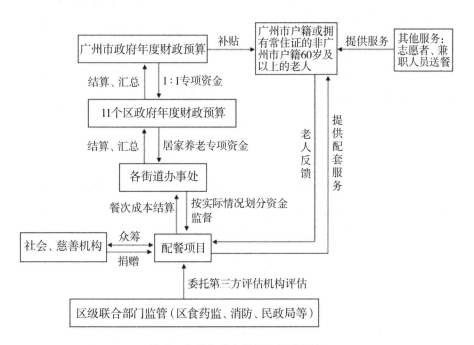

图3　广州市"大配餐"资金流向

　　越秀区民政局叶主任表示，"不只是市政府有财政支持'大配餐'项目，各个区也是量力而行地安排专项资金保障项目运营"。据新闻媒体报道，2017 年，越秀区政府投入了近 3500 万元用于社区居家养老服务，比 2016 年翻了一番。

2.社会慈善捐赠

　　广东省佛教协会基金会、光孝寺慈善基金会等公益组织提供了米油、资金（价值共计 192.79 万元）用于支持"大配餐"项目（见表 2）。

表2 "大配餐"社会慈善捐助情况

时间	捐助单位	金额	用途
2017年	广州市公众捐款＋市慈善会配捐	10.94万元	让11个长者饭堂（每区1个）的11185位长者免费享用了爱心午餐
2017年	海珠区引入慈善资金	243万元	支持社区大配餐工作
2017年	广东省佛教协会基金会、光孝寺慈善基金会、广东狮子会等公益组织	192.79万元（接收米油、资金资助）	支持社区大配餐工作

3. 福彩金

2016年，为支持广州市各区开展社区居家养老服务"3＋X"试点，缓解"大配餐"的财政压力，广州市福利彩票基金对该项目给予补贴支持。广州市就社区居家养老，包括助餐配餐、医养结合、家政服务试点等项目在内给予每区250万元共计2750万元的资金支持（见表3）。

表3 "大配餐"福彩金支出情况

时间	政府	金额	用途
2016年	广州市	2750万元	用于支持各区开展"3＋X"创新试点。每区250万元，用于社区居家养老助餐配餐、医养结合、家政服务试点等项目，以及老年人照顾需求的评估工作
2017年	中央	1623703万元	用于支持地方开展居家和社区养老服务改革试点
2017年	广州市	3577.63万元	用于全市长者饭堂建设等社区居家养老服务改革创新项目，并用福彩公益金为长者饭堂助餐配餐提供补贴

2017年，《"十三五"国家老龄事业发展和养老体系建设规划》发布，文件明确表示：以支持老龄事业发展和养老体系建设的社会环境更加友好

作为未来的发展目标。为努力达到此目标，中央给予 1623703 万元福彩金用于支持地方开展居家和社区养老服务改革试点项目。2017 年，广州市共拨款 3577.63 万元用于包括全市长者饭堂在内的社区居家养老服务项目，并用福彩公益金为长者饭堂助餐配餐提供补贴。

三、运营模式的选择

截至 2018 年 7 月，广州全市已有长者饭堂 960 个。由于长者饭堂的运营需要较大的资金投入，而政府财政资金、人力资源是有限的，各区政府假如不把长者饭堂外包给第三方企业运营，那么长者饭堂项目在广州市内全面铺开将面临经费、人手短缺的问题。若是保量不保质，那么长者饭堂无法实现存在价值；若是保质不保量，那么长者饭堂无法得到推广，无法惠及全市老人，一样达不到最初目标。

（一）三种模式的选择

广州市各区政府致力于"创新"，走出适合各区发展的长者饭堂之路，运营模式包括：街道自建饭堂；街道提供资源，实行公办民营；由餐饮企业直接配餐。各街道根据自身实际情况选择运营模式。

1. 街道自建饭堂：海珠区春晖膳堂

春晖膳堂位于海珠区江南中街，这里平时有 60 多名老人在膳堂用午餐。记者探访的当日，膳堂的午餐套餐有支竹焖鱼腩、娃娃菜、节瓜焖腩肉、芹菜云耳肉碎汤，二荤一素一汤 10 元，如果是困难老人还能再减免，其中民政第一类资助对象只需要花 2 元。

春晖膳堂的特别之处在于自建厨房，而不是由配餐企业送餐。膳堂聘请了两名厨师，肉菜由街道办事处职工食堂的配送公司统一配送，更能保证食物出品的新鲜和安全。每天上午 9 时肉菜配送到，两名厨师和两名助厨将饭菜准备好，膳堂在 11：30 左右迎来老人就餐。江南中食药监所定期对膳房的食品卫生进行检查督导，将当日膳食留样检测，保障膳食安全。

老人在春晖膳堂用餐，需要提出申请，辖区内低保、低收入、独居、孤寡等 6 类困难老人优先保障，此外海珠区户籍的退休人员也可申请。春晖膳堂自 2013 年 10 月投入运营以来，年均服务长者 2 万多人次，总计已经服务长者 7 万人次。

2. 街道提供资源，实行公办民营：周家巷长者饭堂

周家巷长者饭堂位于越秀区六榕街长者综合服务中心，由街道办提供场地，美好家园养老集团承接了助餐配餐的服务。周家巷长者饭堂目前日接待老人80多人次，工作人员共6人，其中2人送餐、4人配餐。

"我们是从一开始就在这里用餐了，这里已经开了好几年了，大家都知道。我们也是听街坊介绍说好才来的，饭菜的口味还是可以的。有时在这里吃，有时是在家吃的，也可以用一次性餐具拿回家吃。一餐9元，还是合理的，这样的企业做的还是好的。"有用餐老人这样评价道。

3. 与餐饮企业合作直接配餐：车陂长者饭堂

车陂长者饭堂位于天河区车陂街日间托老服务中心。

如果街道既没有饭堂，也没有成熟的机构，那就可以跟"真功夫""家乐缘"这些餐饮企业合作，让他们直接配餐过来。例如，广州市天河区车陂长者饭堂就采用该方式运营，因为该街区没有成熟的机构承接长者饭堂，而自建饭堂成本太高，资源得不到有效利用，于是采用与成熟的餐饮企业合作，直接配餐。

"在我们这边就餐的老人仅有六七个，因人数不多，所以大多是子女或自己取餐，自建厨房的成本太高了，所以我们是通过与'真功夫'订餐进行餐品配送。"车陂长者饭堂社工梁姑娘介绍说。

民政局工作人员介绍说："如果街道有饭堂或者有高校，就可以和街道食堂或高校合作建设长者饭堂；如果街道既没有饭堂也没有成熟的机构，那就可以跟'真功夫''家乐缘'等餐饮企业合作，让他们直接配餐过来，街道要与餐饮企业签订协议，并把企业名单上报到市里，企业就可以运营这个长者食堂项目了。"

（二）自上而下的服务输送模式

广州市"大配餐"的推广实施了过去的动员模式：逐级发布文件通知，确定考核指标、任务，逐级分解、明确任务，到期考核、验收。从2017年开始，广州新建的配餐点几乎都是采用引入第三方的形式建立。

服务外包存在的基础是成本的比较优势。长者饭堂业务外包，对于委托方和受托方来说都具有"经济性"。政府作为委托方，将业务外包，比自营成本更低。第三方机构作为受托方，由于具有更高的管理专业性，在连锁和规模效应的带动下，在丰富公共服务供给内容的同时，可提高运营

的效率，从而发挥其造血功能，以获得盈利或是达到收支平衡。

政府主动向市场抛出橄榄枝，向市场适当"放权"，将生产与供给交由第三方机构负责，基层政府以购买服务的方式，将长者饭堂的运营权交由第三方机构运营（见图4），利用第三方机构的专业性，更好地解决长者饭堂运营成本的问题。第三方机构可以借助长者饭堂定点的优势，为老人提供更多元化的社区居家养老服务，可开设一些养老收费项目，如：理疗、按摩，或是对身体不便的老人提供上门服务等，为老人提供多样的便利服务。

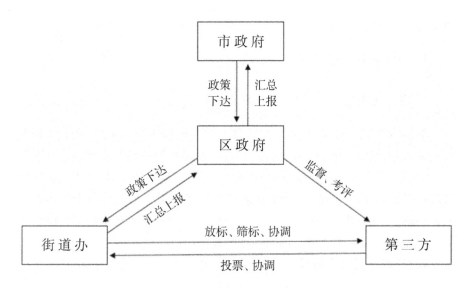

图4　政府购买第三方机构服务的流程

（三）多元化的建设

以法治为基础的多元主体共同治理是我国社会治理实践探索的经验总结，也是实践中的新要求。在传统的政府"包管"形式下，各社会主体缺乏自治权，因而责任感低、参与度不高，把许多责任和义务都推给了政府，且无法摆脱自上而下的官僚控制。在此情况下，政府层级多重繁杂，容易滋生腐败现象。政府一手包揽的管理和供给无法满足公众的差异化需求。

长者饭堂采用第三方机构参与的模式。相较于政府，市场对老人就餐的需求更加敏感，第三方机构作为长者饭堂的运营者，更能提供专业、优质的服务。政府从"大包大揽"转向引导和监督，投入一定的资金，为养老服务提供政策与资金的支持。从管理中抽身的政府，转变方向，着重于监督与宏观调控，有助于更好地把控公共服务的质量。

目前，公众拥有多种渠道反馈长者饭堂的运营情况，大众媒体也参与到长者饭堂建设情况的报道中，政府更是组建了专门巡视小组负责监督第三方机构的运营情况。多方主体协同参与长者饭堂的建设，以"共同目标"为前提，实现责任共担、利益共享的目标，是优化长者饭堂运营的有效手段。

四、问题的凸显

（一）难以兼顾不同社区的实际情况

2016 年年末，广州市委、市政府决定全面铺开社区居家养老助餐配餐服务网络，各级政府也随之加大了对"大配餐"项目的财政投入、政策支持等，长者饭堂数量短期内呈井喷式增长。截至 2017 年年底，全市助餐配餐服务点基本实现了 100% 覆盖率。然而，饭堂惠及全市 160 多万老人，实现了"让银发一族都吃上了一口热饭"的目标，却出现了餐饮服务质量参差不齐、人手不够、场地不足等尴尬局面。

1. 难以满足老人多样化的需求

同一个社区的老人，因为各自的家庭背景、身体状况、个人收入及子女状况不同，其需求可能完全不同。长者饭堂这种统一推广的服务是基于供给而不是根据老人的需求来提供的。它不管老人及其家庭的需求是什么，和老人在市场上自费购买的服务基本没有差别，因此对老人的吸引力不够。

黄老伯说："长者饭堂的饭菜虽然很便宜，但是最重要的是真材实料。自己煮可以想吃什么都行。"

李老伯则说："我是退休职工，每月退休金有五六千元，不是很在乎饭堂价格。虽然从家走去饭堂只需要 10 分钟，但是听朋友说饭堂的饭菜不适合老年人的口味，煮的菜不够烂，中午老伴在家做饭，所以就没有必要去。"

2. 配送的人手不足

鉴于大部分长者饭堂并没有自建饭堂，基本由各街道签约配餐公司，并由配餐公司直接按预定数量及要求配送到长者饭堂，缺乏一条透明的生产配送流水线，老人也表示会担心"不知道他们的是不是地沟油""菜有没有洗干净也不知道"。

昌乐园长者饭堂的主任表示："虽然在配餐上门上，政府有补贴两块钱，但是我们这里分饭的才两名人员，实在是没有人手去做。"海珠区素社街道长者饭堂的负责人表示："目前，我们长者饭堂包括主管、配餐人员、厨师等共 10 人左右，职责分工明确，人员能满足日均接待 100 人次的工作需求；另外我们助餐点有两名固定的兼职送餐人员。"可见，由于长者饭堂人手配备的不同，其能提供的服务质量水平不一。

昌乐园原本是风向标社会工作服务中心承办的长者综合服务中心，在 2017 年 7 月开始做配餐项目后，原本要负责老人各项事宜的 4 名工作人员，现在每日中午还需负责长者的配餐，日常服务项目仅靠 4 人只能勉强顾及。因此，即便政府提供每餐 2 元的配送费作为补贴，但昌乐园仍然表示，无法为行动不便的老人提供配餐上门服务。这显然在另一方面剥夺了行动不便的老人的就餐资格。

3. 接待力不均衡

天河区员村长者饭堂提供吃饭的餐厅仅有 4 张方方正正四人位的小桌子，但每日接待就餐老人高达 100 人次，由于没有座位，超七成的老人选择领餐回家。昌乐园长者饭堂的李主任表示，"不管住得远近的老人都来""实在接待不过来"。由于配餐点分布不均匀，各配餐点接待的人次也相差较远，给长者饭堂带来了过重的负担。

4. 选址布局不协调

各街道多数设有 2～3 个配餐点，但布局不合理是普遍的现象。许多就餐点在选址时考虑的都是能否依附原有的场地，例如利用原有的长者综合服务中心开设配餐点，这样一来就节省了一部分场地、设备和人力的成本。但这也造成了配餐网点布局不合理、服务质量下降。老人不是找不到配餐点，就是由于配餐点就餐人次太多而无法在饭堂就餐。

车陂街道设有两个配餐点，其中一个配餐点日接待人次高达 150 人次，但另一个接待人数仅有 7～8 人。补贴政策相同，餐品质量相差不远，接待人数却相差较大。配餐点选址布局不均，是导致这一问题的主要原因。

（二）社会力量弱小

本着"政府补一点，企业让一点，慈善捐一点，个人掏一点"的方式建设长者饭堂，一个很重要的条件是"志愿者活动的传统及实际自主的地方社区"。截至 2017 年 12 月底，广州市共登记注册社会组织 7594 家①，其中能够提供养老服务的社会组织很少。所以，在实际的体系构建过程中，政府不仅是政策的规划者，而且还承担着服务的购买、提供及评估等角色。企业愿意让利参与该项目，目的也并不单纯。越秀区民政局叶主任说："在政府限价下，他们一般都是可以运营下去的。政府更多的是让市场去调控。企业会考虑自己值不值得去参与，可能有的机构看中的不是长者饭堂的运营是否赚钱，而是看中公关这一块。"

周家巷长者饭堂的社工关姑娘也说："任何企业都是需要公关的，那我们做这个也是一种公关，相当于是宣传了企业的品牌，提升品牌的知名度。"

鉴于部分企业投标的目的可能不是盈利而是公关，以便推广自身品牌及其他养老付费服务。企业以公关推广为目的、在"保本微利"的情况下运营长者饭堂是否会产生其他问题？如企业达到公关宣传效果后，是否会退出？服务质量是否会下降？这还尚待考究。

（三）服务外包程序不一

目前，对于服务类外包项目，政策文件中并没有统一的评估标准，而且很多服务类型的外包也难以用指标去量化考核，因而在各区政府服务外包的程序不明确的情况下，购买公共服务的过程中就有可能出现贪污腐败。

越秀区民政局叶主任介绍说："最早是采用招投标的形式，现在由于考虑到在服务行业中，很多东西在标书里没办法体现出来，只能用一些量化的指标来考核。所以，从 2016 年开始，对于小额的政府购买的服务项目——200 万元以下是小额——我们采取了一种民选，就是以公开的民主的方式外包。各区服务外包的程序不一。街道采取的是短期的协议，最多不超过三年，通过这种方式慢慢地淘汰一些机构。经过一批批的筛选，优

---

① 《广州市社会组织发展报告（2017）》。

胜劣汰，现在的情况是街道主动找他们来承接服务。"

五、结束语

长者饭堂作为社区居家养老的基本保障形式之一，符合正步入人口老龄化的社会需求。在长者饭堂的建设过程中，离不开政府的牵头、第三方机构的引入、社会力量的支持。可以说，广州市长者饭堂的建设集中体现了政府从"划桨者"到"掌舵者"的转变。但是在实际操作中，仍有问题亟待解决，充分协调好各方的利益关系，调动多元力量协调治理，是进一步优化长者饭堂建设的重要举措。

思考题：

1. 相较政府"一手包办"的公共服务，长者饭堂采用购买第三方服务（服务外包）的形式有何优势？

2. 在长者饭堂的运营与管理中，出现了什么问题？有哪几个责任主体？分别担任何种角色？

3. 提供养老服务的过程中，政府的职能是如何转变的？转变过程中存在什么问题？

案 例 分 析

一、从传统的政府管理走向社会治理的困境

广州"大配餐"项目作为社区居家养老服务中的一个辅助项目，采取政府购买第三方机构服务的模式运营，由于其起步的时间较晚，且在助餐配餐服务网络建设过程中依托第三方机构短时间内全面铺开，从传统的政府治理走向社会治理的过程中，仍存在许多问题。

（一）政府、社会、家庭责任不明晰

按照《婚姻法》的第二十一条，父母对子女有抚养教育的义务，子女对父母有赡养扶助的义务。子女不履行赡养义务时，无劳动能力或生活困

难的父母，有要求子女付给赡养费的权利。照顾老人首先是子女亲属等家庭成员的义务与责任，只是在人口老龄化及工业化带来的人口迁移流动频率加快的背景下，家庭无力独自承担这一责任，政府不得已承担起相应的责任。各级政府都没有明确本级政府在照顾老人方面应当承担多少。理论上责任的不明晰带来实务工作的混乱。各地在推行长者饭堂的过程中，首先考虑的是孤寡独居及空巢老人，这方面是有限的资源，只能首先确保最需要的群体。传统的习俗是子女等家庭成员赡养老人，老人接受政府提供的养老服务可能是无奈的选择。他们抱着"聊胜于无，做多少是多少"的心态来接受相应服务，不可能理直气壮地要求按照自己的需求提供多样化和高品质的服务。

（二）管理标准不一

目前基层部门及相关对象对养老服务的程序、过程都不是很清楚，容易出现问题。具体表现在其并未规划好项目的发展流程，各政策仍没有统一的标准。大家对政策的理解不同，选择的模式不同，在此基础上，各长者饭堂的质量不一。

广州市鼓励政府引入社会力量运营长者饭堂，并"自上而下"分解任务。"街道（镇）应设立1个街道（镇）居家养老综合服务平台，设置日间托管、临时托养、生活照料、助餐配餐、医疗保健、康复护理、辅具租赁、照顾需求评估等功能设施。"①

这种工作硬性的要求，使得镇街极易将工作的重点放在容易考核、见效快的方面，比如对外购买第三方服务、与成熟的餐饮企业合作。这种模式最根本的问题是忽视了老人及家庭的需求，未将各种不同的老人是否得到了所需要的服务、老人及家庭对服务是否满意作为考评的指标。

例如，在关于"大配餐"项目的相关文件中，要求构建"中央厨房＋配餐＋入户"的三级配送链，但在实际中，许多饭堂没有建立中央厨房，有些饭堂由于人手短缺也没有"入户配送"这一环节。在要求整合社区资源开展长者饭堂的同时，没有考虑选址的合理性；资金下拨后，部分地区政府并未核实实际运营中资金的用项②。

---

① 《广州市人民政府办公厅关于印发〈广州市社区居家养老服务管理办法〉的通知》。
② 资料来源于对长者饭堂的实地调研。

（三）忽略了普通家庭的需求

当老年人口增加、需求增加而供给没有跟上时就会产生巨大的供需缺口，从而带来价格的上涨，这是市场调节必然带来的问题。老年人由于年龄、身体等原因退出了劳动领域，以老年人为服务对象的各项服务需求旺盛、价格偏高。政府的干预只有两种办法：提高老年人的支付能力，或者扩大供给。由于政府财力有限，不可能为所有有需求的老人提供补贴，只能给最困难的群体提供补贴。但是补贴能否变成养老服务还取决于供给状况。

由于资金缺乏，目前的服务局限于帮助最困难、最需要帮助的老人，而无力顾及数量占绝对多数、身体尚好、有一定自理能力的老年人的需求。目前老年人对社会组织及企业没有足够的信任感，相关项目因缺乏公众信任，导致购买过程形成额外成本。另外，社会对政府购买服务的政策了解甚少，如果公共服务由政府提供转变为由其他主体甚至是私人部门提供，一旦没能取得显著的社会效应或者公众自身没有获得实实在在的利益，公众就会对这种政府购买服务的新模式产生怀疑或者持反对态度。

政府一方面强调以社区为实施养老服务的立足点，另一方面又兴建扩大规模的养老院等机构，这样加剧了养老产业对政府的依赖性。民办组织既无利润又无利益，商业企业和社会组织都不愿涉足养老事业，政府只好大包大揽，将服务的规划、购买、供给以及监管全部承担起来。需要养老服务的普通人群并没有从中受益，对得到服务补贴的部分老人及家庭而言，这种服务既不实用也品质不高，对急需服务的老人而言没有发挥出"雪中送炭"的作用，对一般老人及家庭也没有起到"锦上添花"的作用。

（四）各部门难以协调

不同的镇街，补贴补助不同，下级政府"压力大，多拨一些；压力小，少拨一些"。从财政投入来看，有推卸责任的空间和可能性，服务输送和资金的压力都汇聚在镇街基层政府。

但政府各个部门又都有各自的资金领地和服务对象。计生部门有针对失独老人的服务补贴，公安部门的人口数据系统没有对民政部门开放，消防部门要监管长者饭堂的设施，食品监督部门要检查食品的配送流程，这些都加大了长者饭堂推广的难度。虽然政府明确规定这些部门要按照各自的职责积极配合，但是由哪个部门牵头，如何协调、督办、检查呢？

二、进一步完善的建议

（一）理清各方的职责

政府应发挥主导作用，在资金、政策方面给予充分保障，规划和设计养老服务应具有前瞻性、科学性，指定具体政策应具有可操作性，同时要加强对养老服务业的规范和监督，加强区域内养老服务资源的有效整合。

政府的主导还体现在扶植供给者发展，降低注册登记门槛，促进更多的社会组织参与进来。明确政府的责任后，在主导和监督上，政府要不缺位；在服务的供给和资金提供上，政府要不越位。政府培育发展社会组织来提供服务，除为少数特殊群体提供所需的资金补贴外，其他人群要承担所需的服务费用。转变的关键在于服务对象的选择上，如果经济收入超过标准，则个人和家庭需要支付费用购买服务。这样政府在确保兜底作用的同时也为有需要的群体起到了一定的支撑作用，而不是等到家庭被压垮了再来救助。

（二）规避引入第三方带来的负效应

在目前社会组织数量较少、难以形成竞争的背景下，引入第三方机构不一定必然带来成本的降低，反而有可能带来服务支出的大量增加以及服务需求的持续上涨。从事老年服务的社会组织数量少，高品质、专业化的服务需要高素质的人力，因而社会组织的运行成本高。特别是在提供服务的早期，没有达到规模化的运作，缺少竞争，这时候的服务外包更像是短缺经济下的卖方市场。

所以引入社会组织时，要避免在较大范围内引入同一个组织或者同性质的社会组织。对于区民政局而言，在引入社会组织方面不能越俎代庖，不能操之过急，不能代替镇街出面。区政府在把好准入关口的同时，将决定权交给镇街，这样每个镇街根据实际情况选择不同的社会组织合作，万一出问题，波及面也不会太大，有利于社会组织之间的竞争。加强对社会组织的监管，重要的是对提供服务的人员和机构的资质进行监管，而不是规模，这样才能形成良性竞争。

（三）调动广泛参与

广州实施"大配餐"服务的过程中，其最大的特点是政府与社会紧密合作，政府通过社会力量，大面积、低成本地在一定程度上满足了高龄、独居、贫困老人的迫切需求。但是在这个过程中，广泛的公民参与还没有形成，公民只是接触了政府局部行政管理政策过程的某些部分，处于一种"非实质性参与"，还需要政府通过教育、动员来推动公民的全面参与。

政府作为公共服务的"领头"人，应明确自身职责，同时呼吁和调动各方力量加入，共同完善长者饭堂的发展。作为项目的供给方，政府的政策和规划决定着长者饭堂发展的方向，是长者饭堂发展最坚实的背后力量。

政府要鼓励社会组织参与到长者饭堂的建设中来；鼓励养老机构、社工团体加入，以提供专业的建议，致力于给老人提供更好的服务；鼓励慈善、公益等社会机构参与长者饭堂的后续发展。

家庭成员应主动承担起老人的赡养职责，关注养老事业的发展，并共同监督公共服务的质量。

各主体要相互协作，各自发挥作用，以"共同目标"为前提，责任共担，利益共享。多元主体共同治理是公共服务完善发展的必要且有效手段。

（四）强化购买服务的监督

市场的敏锐性和专业化不可置疑地为公共服务带来了更好的质量，政府购买服务在一定程度上有助于更好地满足公众的需求，也有助于长者饭堂项目更好地铺开。同时，多元协同治理有助于化解老龄化风险。购买服务能够有效地缓解政府关于舆论、资金以及责任的压力。

但政府在购买服务时，也出现了购买过程未考虑"必要性"的问题。政府在购买某些服务时，考虑的不是提供"更好的服务"，而是贪图便利、推卸责任。

同时，应强化对购买服务过程的监督和约束，合理界定何类服务可以购买、何类服务政府必须自行承担。长者饭堂作为社区居家养老的配套项目，在实际运营中采用服务外包的形式，但现行的《政府采购法》并未对购买社区居家养老服务提出明确的要求。

因此，政府需完善配套的法律法规，使政府购买居家养老服务更加规范化、制度化。一方面，应明确购买长者饭堂的主体标准、资金供给渠道、监管体系、评估标准等，让政府购买从申请受理—资质评估—竞争审核—项目资助—全程监管到事后评价和审计等一系列流程有法可依；另一方面，由于各区的情况不一样，各区政府可根据实际情况制定长者饭堂服务外包的细则和相关政策法规，如具体采用何种运营形式，如何选择第三方运营机构以及如何运营监管等都要有明确的细则。同时，建立政府购买预算制度，对专项资金的使用要有专门的管理办法，规范化专款专用。

"绿色存折"破解农村垃圾治理关键问题

——农村垃圾分类的津澧模式探索与实践

［中南林业科技大学］

曹 宇 陈 红 代毅娇 吴梦娜 张 丽

指导老师：曹 芳

【摘要】农村垃圾治理是建设美丽乡村的必由之路，更是实现乡村振兴的应有之义。农村垃圾治理的关键在于"政府怎么办"和"村民怎么做"。湖南省津市市探索建立的农村垃圾分类"绿色存折"制度模式，着力于政府与社会协同、村民主体深度参与的治理机制创新，或可破解农村垃圾治理问题。本案例描述了该制度模式在实践运行中的实施情况，揭示了其现实困境，提炼了其可资借鉴、复制的典型经验，并探寻了进一步推进其长效运行的对策。

【关键词】垃圾分类；绿色存折；长效治理

案 例 正 文

引言

近年来，我国农村经济稳步发展，农民生活水平大幅提升，与物质文化生活实现质的飞跃相伴而生的，是农村生活垃圾数量、种类的随之增加。尽管农村地区地域广阔，垃圾的可消纳途径多，容易实现就地利用，但在分类意识未普及、财政经费难保障、监管不到位等背景下，农村垃圾治理始终未寻觅到一个可长效推行的良方，农村生活垃圾的分类和减量化更是进展缓慢。湖南省津市市为解脱困局，在乡村垃圾分类治理上作出了制度创新。

湖南省常德市津市市推行的绿色存折制度以市场化方式引导农民参与垃圾分类，借助市场经济力量带动农户参与环保事业，在促进农村垃圾源头分类减量、扩大垃圾分类覆盖面等方面取得了良好的效果。其改革经验先后被光明网、新华网、人民网、中央电视台等多家权威媒体报道并被中央深改办推介，还被常德市确定为 2017 年十大自主改革项目之一，该制度于 2017 年 5 月荣获了湖南省首届管理创新奖。垃圾分类的津澧模式到底有何独到之处？"绿色存折"制度的宣传、运行、监督机制如何构成？长效治理的目标如何实现？当地老百姓对该制度的推广实施情况评价如何？当地村干部对"绿色存折"如何看待？本案例试图对这些疑问作出回答。

一、津市市垃圾治理难题

津市市位于湖南省西北部，澧水中下游，傍澧水、滨洞庭，是湘鄂边际的工业重镇，历史上曾是湘鄂省际经济交流的要道、澧水流域最大的物资集散地、国家确定的革命老区和比照西部开发的县市。该地区农业发达，粮、棉、油等农副产品资源富足，形成了优质稻、棉花、油类、水产、蚕桑、蔬菜、蕾果、蘑菇、肉兔、生猪等多个产业基地。"津市市蕾果"获得了国家地理标志产品认证，保河堤镇中南村被评为全国循环农业示范点，蚕桑种养殖标准化示范区通过了国家验收，八宝湖水产养殖专业合作社被农业部（现农业农村部）授予了水产健康养殖示范场，灵泉镇杨家村、锦绣兰苑休闲农庄和半岛农庄被评为全省首届百佳魅力村（农）

庄。区划调整后，津市市辖 4 个街道、4 个镇、3 个乡，以及 40 个居委会、105 个村委会，农村环境整治对其发展而言至关重要。随着工业化的发展，人们赖以生存的环境不断遭到破坏。喝完的饮料瓶、吃完的零食包装袋、用过的农药罐等随手丢弃，路边垃圾随处可见，白色污染严重。由于缺乏垃圾分类的意识，用完的电池造成土地污染的例子屡见不鲜，加之"空巢化"来临，青壮年外出求学务工，老人孩子留守村中，农村垃圾分类治理难这一本应及早预防、及早发现的问题被一拖再拖。一味依靠政府、依靠他人的想法和"各人自扫门前雪"的错误观念也给问题的解决造成了困扰，津市市农村生态环境一度恶化。

早在 2014 年，津市市中南村就曾针对本村垃圾治理作出了尝试，但主要以迎接领导检查为主，追求短期效益甚于长期效益，结果往往是治标不治本。当时全市各村镇已建立起较为简单的考评制度，在月评季奖中，中南村的成绩很不理想，随着中央政府对生态环境的日益重视和强调，村领导的压力也日渐增大，甚至曾花 12 万元请专人清扫街道，但评比结果仍然很不理想。

在垃圾治理上的屡次失败和考评压力的逐渐增加让村干部们开始转变思路。他们不再将垃圾治理视为政府独自包揽的任务，转而寻求村民的广泛参与，试图通过宣传环保理念使村民意识到垃圾分类的重要性，配合政府共同治理好自己的家园。

村干部们迈出的第一步是直接去农户家里动员收垃圾。他们的想法很简单：将所有垃圾集中起来再由政府进行统一分类，以此来改善农村环境。但无论是囤放垃圾的场地，还是人力、物力成本，都成为制约这一想法的难题。甚至村民也不支持，可以卖钱的瓶瓶罐罐，村民根本舍不得交给村干部，甚至为此产生了敌对情绪。

村干部们进一步设想：是否可以通过向村民买垃圾的方式督促村民将垃圾分类放好呢？然而，分类意识的薄弱、交易过程中的找零不便、村民缺少囤放垃圾的器具等因素再一次阻碍了制度的实施。但最关键的因素不在于此，而在于村民仅仅处于被动参与的状态，始终未将自己视为垃圾治理的一大主体，因此其力量也未能发挥出来，积极性、主动性都有待提高。

逐步意识到症结所在的村干部们开始谋划一个全新的制度，不仅要让村民参与进来，还要让村民成为主体，让村民实现自主治理、自主评价、自主监督。于是市场机制被成功引入，成立了由村民参与农村环境治理的环境卫生协会。村民们收集的垃圾被登记到"存折本"上，定期兑换，无须找零，现场签字确认即可。试行效果尚可，大家都看到了新的希望。找到了"对的路径"，农村垃圾分类治理的津澧模式从此起步。

二、"绿色存折"制度的尝试

常德市人民政府网的资料显示，从 2014 年起，津市市开始探索建立"绿色存折"制度。中南村村主任回忆道："我们是最先试点的村，压力很大，没有经验可以借鉴，完全是摸着石头过河。所有的措施都是干部们在一次次会议中讨论出草案，然后在实践过程中根据实际情况不断调整，最终才摸索出了现在这套较为成熟的模式。"

在准备措施上，首先，在村部或村庄中心地带设立废品回收站（再生资源绿色银行），回收站要求配备 1 个存放废品的仓库和 1 间办公室兼日用品陈列室。其次，为全村每个农户发放一本再生资源绿色银行存折（以下简称"绿色存折"），再在回收站建立每户废品回收台账。另外，为每个农户配置"三桶一筐"。最后，要求每家农户在房屋后面挖一个80 cm见方的土坑，专门倾倒食材废弃物、餐余垃圾等，用来沤有机肥。

中南村某村民表示："刚开始是从村里的广播听到这个制度，还觉得政府管什么不好，管垃圾，心里有点拒绝，不当回事。后来村里慢慢地就发生变化了，路边放上了新的垃圾桶，每家每户也都领取了'三桶一筐'，再后来村口直接立了一个评比栏，搞得好的有奖，搞得不好有罚，大家都去做了，村里也确实比以前干净了。"

村民这一想法的转变，与负责制度实施的人员的努力密不可分。在"绿色存折"制度实施中，环境卫生协会扮演了重要的角色。协会采取会员制度吸纳村民入会，实行垃圾的有偿处理，还积极争取在外经商的成功人士捐款支持村里的公益事业。协会还负责管理协调全村垃圾的分类事务，具体组织实施对该项工作的考核评比。村委会聘用责任心强、办事能力强的骨干负责废品回收站的管理工作，并纳入村保洁员队伍管理。在制度的宣传期，协会成员与村干部共同努力，使这一制度从传统的"政府独角戏"模式中跳出来，形成了"政府搭台，群众自主，共建美好乡村"的全员参与新模式。

一位协会成员说："你把垃圾桶发给村民，村民未必拿它去装垃圾。现在留在农村的以老人居多，一个全新的塑料桶不拿来装米、装水，却拿来装垃圾，这在他们的心里是很不可思议的事情。教他们如何分类也是宣传期背负的主要任务。很多老人不识字，下发文字资料对他们来说没有任何意义，所以我们定期组织村民集会，手把手演示如何分类。"

据了解，中南村目前已经建立了与"绿色存折"制度相适应的一系列考评和监督制度，包括建立评比栏、实施网格化管理、专员定期抽查和制度化奖惩细则等，不仅为村民的日常行为提供了导向，而且对村干部监督村民分类的效果也进行了考评。通过建立微信工作群实时互查、结果与工资挂钩等方式，村干部每天都能落实制度，而不是专门应付突击检查。

与其他农村地区的垃圾分类治理制度相比，"绿色存折"制度最大的亮点在于成立"绿色银行兑换点"，发放"绿色存折"，以公益为原则，以利益为导向，用略高于市场的回收价将生活垃圾统一回收集中，用略低于市场的销售价供村民兑换生活必需品。村民（尤其是老人）看到举手之劳所能收获的实惠，自然地从"要我分类"变成了"我要分类"。

大关山村张书记介绍道："原则上每月1号和15号进行生活垃圾的集中兑换，如有红白喜事，也可以提前电话预约上门收购。村里配备有专门的垃圾回收车，还聘请了两名保洁员，日常保洁和负责制度实施的保洁是分开的，在做好日常保洁的基础上进行垃圾分类，效果会好得多。"

对于制约一项制度长效运行的最关键因素——财政，在制度设计上，资金筹集采取"三个一点"办法解决，即"市财政补一点、镇村凑一点、农户集一点"。由于资金筹措额度不大，完全能被村级组织所接受和把控，实为花小钱办大事。但在实际运行过程中，张书记表示："主要还是依靠政府拨款。不是说现在缺钱到制度没办法运行的地步，而是说如果有更多的资金投入，这一制度会运行得更好。"

三、所见与所思

为了探寻垃圾分类的津澧模式成功的奥秘，我们分别于2018年8月3日至4日和同年9月26日至30日两度赴津市市实地调研，试图通过参观制度运行的配套设施、走访当地居民、抽查分类情况等方式，观察制度运行的实际情况。

与全国其他农村地区相比，津市市的垃圾配套设施相对完善。就我们随机走访的中南村、大关山村和樟树村而言，尽管垃圾桶的新旧程度、完好程度、利用程度不同，但公路两旁、村主干道两侧的三桶一筐均配备到位。每隔一百米左右，设有垃圾倾倒点，供村民倾倒不可回收的无害垃圾。以电为动力的垃圾分类回收车，大小与普通三轮车无异，内设有分栏，便于同时运送不同种类的垃圾。每村有一个由政府拨款 30 万元建成的垃圾分类回收屋（即绿色银行），供村民兑换的物品统一放置在此。

我们重点参观了中南村的垃圾兑换点。柜台上放有详细记录了村民兑换情况的"绿色存折"台账，以便村部查账和村民进行"绿色存折"的遗失补办。总体来说，可供兑换的物品种类较为齐全，包括洗洁精、洗衣粉、香皂、食用盐等常见的生活日用品，但部分物品包装袋上有较厚积灰。由台账上的记录可知，大部分的村民每月仅能兑换 3 元到 5 元不等的生活用品，似乎激励作用不大。由于采用"户分类、村收集、镇转运"的垃圾处理模式，政府在镇上投资建设有垃圾中转站，目前主要有两种处理设备，其一是水平压缩机器，价值 50 万元，其二是垂直压缩机器，价值 70 万元。随着"绿色存折"制度的深入推广，垃圾中转站的数量也必须随之增加，这也意味着村部需要付出更大的努力来争取财政支持，或者创新投资方式、吸纳社会资本。

在第一批试点取得了良好成效，被广大媒体关注并取得一致好评的前提下，第二批推广"绿色存折"制度的村几乎是一模一样地复制粘贴了先行者的经验，无论是考评细则还是硬件设施都向试点村看齐。樟树村村主任表示："中南村以平原为主，电动垃圾分类回收车的应用并无困难，但我们村大部分是丘陵，人口分散，地形崎岖，采购的回收车根本无法运送可回收垃圾，只能暂时改用摩托车。"

在最先实施"绿色存折"制度的村落，尽管已经试行三年之久，村民们对制度的了解程度、认可程度和实行程度仍有较大的差别，甚至出现两极分化。有的村民细心地分拣出易拉罐、塑料瓶、纸板，并将其他生活垃圾进行简易分类，积极主动地进行兑换。但村口的菜地里也有村民用政府发放的垃圾桶装浇菜的水和肥料（不排除其为正常更新所淘汰的垃圾桶）。我们用 4 天时间走访了 3 个村 50 户人家，收集了村民们对这一制度的看法，现摘录代表性观点如下。

村民甲：和制度实行前一样，我们家垃圾还是用自己的垃圾桶、自己去倒的，村里发的桶好是好，但是没有提手，倒起来不方便，垃圾车也很少来。积分什么的我不太清楚，有人换有人不去换，我们家没去换过。

村民乙：家里的垃圾你要是自己没倒也会有人帮你倒，隔个十天就有人上门把没清理的垃圾搞干净，还有人检查卫生。村里有了固定的倒垃圾的地方，道路也变得干净了。垃圾都可以换钱，我们家牙膏什么的就是去换的。

村民丙：你们看网上报道这个制度多好，不一定全是真的；免费给人家发几个垃圾桶，要求人家摆在门口，喊几个媒体报道一下，显得这个制度很火。不过，你要说完全没有改变，那肯定也不是，起码现在村民这个意识，他具备了、提高了。但你要说有很大的作用，那也是见仁见智吧。

作为湖南省第一批农村环境综合整治县、推进县之一，自 2015 年起，津市开始探索"绿色存折"制度，分别在金鱼岭街道大关山村和毛里湖镇中南村开始试点①，2016 年 3 月份起，毛里湖镇在湘北公路沿线灯塔村等 6 个村（居）开展垃圾分类处理工作，建立实施了"绿色存折"制度示范片，同年 9 月全镇推行。截至目前，该制度已在常德津市和澧县两地全面铺开。目前，"绿色存折"制度仍在不断地完善和发展之中（见图 1）。

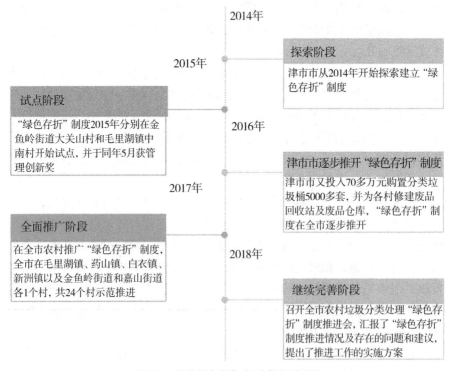

图 1　"绿色存折"制度推行进度

① 杨晟：《田园新风扑面来，津市成功探索农村垃圾分类处理"绿色存折"制度》，载《常德日报》2017 年 3 月 6 日。

四、结束语

农村垃圾治理对提高农村人居环境的整治水平、实现建设美丽乡村的目标意义重大,"绿色存折"制度通过采取领导高位推动、部门整体联动、宣传广泛发动、机制创新驱动、项目投入带动等措施,在转变村民环保理念、实现生活垃圾减量化方面取得了一定成效。但财政支持不足、部分村民主体自发性缺乏、环境卫生协会作用实效不明等问题也制约了该制度的长效运行。只有不断完善运行、监督、宣传机制,强化法律保障,拓宽资金投入方式,变"要我分类"为"我要分类",才能真正突破制度实施困境,为解决农村垃圾分类难题提供思路。

思考题:

1. 你是如何看待"绿色存折"制度的?请简要说明理由。

2. 结合案例谈谈当前农村垃圾治理存在哪些关键问题,以及"绿色存折"制度是如何破解这一难题的。

3. "绿色存折"制度在实践中主要面临哪些困境?如何长效运行?试结合案例和当前的实际提出几点对策。

案 例 分 析

一、思路图

本案例的研究思路如图 2 所示。

二、案例分析

(一) 农村垃圾治理中存在的问题

治理是政府工具之一,是指政府的行为方式,以及通过某些途径用以调节政府行为的机制,与传统管理的主体、理念、技术以及实施环境具有本质差别。农村垃圾治理是一场持久战,厘清政府、村民、社会组织各自

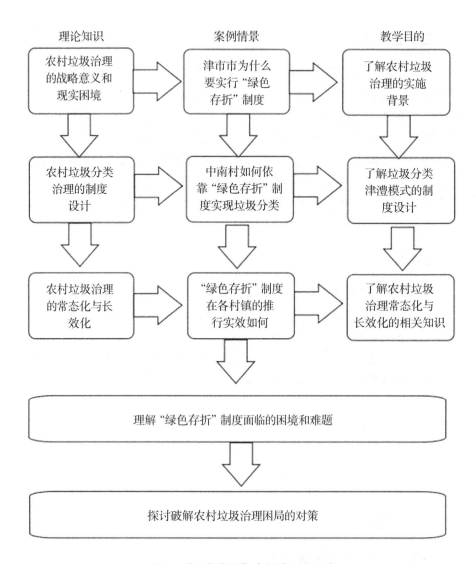

理论知识　案例情景　教学目的

农村垃圾治理的战略意义和现实困境 → 津市市为什么要实行"绿色存折"制度 → 了解农村垃圾治理的实施背景

农村垃圾分类治理的制度设计 → 中南村如何依靠"绿色存折"制度实现垃圾分类 → 了解垃圾分类津澧模式的制度设计

农村垃圾治理的常态化与长效化 → "绿色存折"制度在各村镇的推行实效如何 → 了解农村垃圾治理常态化与长效化的相关知识

理解"绿色存折"制度面临的困境和难题

探讨破解农村垃圾治理困局的对策

图2　"绿色存折"案例的研究思路

的权责，构建完善的治理结构至关重要。在当前垃圾治理变"政府包揽"为"多元协同"的过程中，农村垃圾治理的关键问题主要集中于两个层面，即"政府怎么办"和"村民怎么做"。

在政府层面，最核心的问题是治理理念尚未实现根本转变，决策与实施过程仍受传统管理理念的主导，实施效果与预期效果有偏差，甚至出现相背离的情况。在传统环境管理理论中，政府不仅是中心、是主导，还是唯一的执行主体，环保政策的执行依托的是自上而下的"压力型"体制。即使在全社会倡导"节约资源、保护环境"，在落实上也是通过将官员绩效考核与环保政策实施效果挂钩的方式，通过"逼迫"官员来"督促"群众，不仅忽略了村民本身的积极性和主动性的发挥，而且也是小视村民自治能力和社会团体正向推动作用的表现。政府将环境这一社会性问题的治理责任揽于一身，单方面强调"行政指令"的作用，不仅人为地造成了信息沟通不畅，徒然为自身增加了工作量，还导致了财政负担加剧。在财政经费原本就紧张的情况下，坚持单打独斗无异于雪上加霜。

此外，即使治理理念已经渗透到农村环保政策的制定过程当中，在具体实践中仍不免受到不完善的垃圾治理机制的制约。长久以来，我国一直实行着"城乡二元化"的发展模式，这种分割体系使得政府将更多的精力放在了"城"而非"乡"上，农村发展明显落后于城市。政府这种无意的偏向也会造成城乡基础配套设施建设的不公，环卫设施往往较为简易。更为现实的是，农村地区的人口密度低，居民点布局分散，产业聚集度不高，物流及道路设施等级低，乡村距离县城及城市较远，农村垃圾治理过程具有面宽、线长、分散等特征，农村垃圾集散成本高，激励市场主体参与农村垃圾治理的市场机制失灵。农村垃圾处理方面的专业队伍少，缺乏劳动力来源、人员管理和专业培训。在垃圾治理中，政府既是"参赛者"，又是"裁判员"，各基层政府往往选择"各人自扫门前雪"，而忽视了建立专门综合管理机构的重要性，往往为了迎检、升职、免责而出现昙花一现式的突击行动，但在长效治理上未下苦功、未见成效。在理念落后、主体单一、机制有缺陷、目光短浅、监管乏力等背景下，农村垃圾治理陷入了"屡治屡败"的困境。

与城市相比，我国农村地区的经济社会发展相对滞后，村民对垃圾污染危害的严重性缺乏认识，农村居民的垃圾治理理念、环境保护观念淡薄，难以形成内生化的绿色生产理念与方式，导致农村垃圾治理的道德约束机制失灵。就治理意愿而言，受传统观念的影响，环境治理的"公地悲剧"较易发生。受经济效益的驱使，村民在行动上常常带有"理性无知"的倾向，比起参与构建预防性的环境治理机制，村民更多的是后知后觉地参与环境污染中的维权。就参与能力而言，当前农村常居人口以老人与小孩为主，其对环境治理认知的专业性、系统性不足，对环境政策的执行力、监督力较弱，在缺乏完善机制和妥善引导的情况下，难以发挥其作为环境治理主体的重要力量。就参与机制而言，农村村民对环境政策制定和实施的影响力微乎其微，表达意见和参与治理的渠道也匮乏。政策执行主体的知情权与表达权难以保障，无疑掣肘了政策的落实。

（二）"绿色存折"制度的破解之道

"绿色存折"制度注重用市场手段引导、公益原则统筹、便利措施运营、工作机制保证，形成了"政府主导＋村民主体参与"的垃圾治理模式，主要破解了垃圾分类治理中"政府干、农户看"以及"投入大、效果差"等问题，实现了垃圾的减量化和资源化。

1. 在增强参与意愿上，通过"废品收购"实现"反客为主"

在目前农民环保意识、生活习惯还没有促使其自觉自主分类的条件下，运用市场化手段，以商品购买、利益交换等方式来引导农户进行垃圾分类，不失为一种更好的选择。把农民以前当作垃圾丢弃的废品作为可循环利用的物资进行收购，借助市场调节、利益导向来带动千家万户参与垃圾分类、投身环保事业。

同时，由于"绿色存折"制度是为促进农村生活垃圾科学处理、践行绿色环保理念而制定的，作为一项环保事业，在实施和推进时必须要用公益的原则去统筹、用公益的方法去运作，所以对可回收垃圾的购销就不能以营利为目的。试点村在确定废品收购价格时，采用略高于市场收购价10%～20%的标准。而在销售日用品时，采用按进价或低于进价的标准。同时，还将市场拒收的衣物、床上用品、塑料袋、塑料薄膜、日化品包装物、酒瓶等都纳入了收购范围。这种做法实质上是政府部门以及镇街、村居组织采取以奖代投、以投促治的方式，来推动农村地区全民参与垃圾分类、全民管理环境卫生。

2. 在培养参与能力上，通过"手把手教学"推动"户与户实干"

在"绿色存折"制度的推行过程中，不仅村里的广播、宣传栏等设施派上了用场，村干部更是亲自上阵，定期召集村民，耐心细致地为他们演示如何进行生活垃圾分类。政府放弃了"一把抓"的传统管理模式，鼓励村民成立"环境卫生协会"，制度的日常运行都交由协会负责。在协助村民委员会制定和实施环境整治规划、负担环境专项资金筹集管理、管理考核保洁员的工作、组织开展评比活动的过程中，村民们也得到了锻炼，实现了自我管理和自我发展。

3. 在破解长效难题上，通过"改制度、求便利"做到"有保障、好分类"

一项制度能否长期坚持下去，关键在于两点：一是有人管事，二是有钱办事。试点村注重在这两点上下功夫，建立起了常态化、长效化的工作机制，为实施"绿色存折"制度提供了切实保障。村里成立了农村环境保护协会（见图3），采取会员制度吸纳村民入会，实行垃圾有偿处理，在外经商的成功人士还捐钱支持村里的公益事业。协会负责管理协调全村的垃圾分类事务，具体组织实施对该项工作的考核评比。村委会聘用责任心强、办事能力强的骨干负责废品回收站的管理工作，并纳入村保洁员的队伍管理。每月除按村保洁员标准发工资外，还以废品销售收入作为其工资补贴。实施"绿色存折"制度，需要有固定的筹资渠道和稳定的投入机制。每村每年需投入多少，要根据村域大小、农户多少而定。试点村根据近半年运行情况的测算可知，规模较小的大旗村每年需投入2万～3万元，规模较大的中南村每年需投入4万～5万元。资金筹集采取"三个一点"办法解决，即"市财政补一点、镇村凑一点、农户集一点"（一事一议筹资）。由于资金筹措额度不大，完全能被村级组织所接受和把控。

4. 以便利措施运营提高分类可行性

最初强调垃圾分类，要求农户自己将可回收垃圾运到邻近的废品店回收。由于数量少或路途远，农户不便交售可回收垃圾，因而失去了分类的积极性。而试点村的做法是每周两次由保洁员上门收购，还可电话预约上门收购，这样不管可回收垃圾量多量少，也无论路途远近，村民都能很方便地交售可回收垃圾，并可换回一些日用品，非常切合当下农村老年人居多、生活崇尚节俭的现实状况，实现了从"要我分类"到"我要分类"的转变。

5. 在完善治理机制上，以完整配套设施实现源头上的垃圾分类减量

津市市各村镇根据自身的实际情况，采用了"户分类、村收集、镇转运、市处理"的城乡一体化模式。为每家每户统一配发"三桶一筐"，并派专人进行培训和检查，使"户分类"成为可能。农户自主处理厨余垃圾，将有害垃圾、不可回收垃圾以及可回收垃圾分离开来，减少了垃圾的处理量以及清运的任务量，从而达到了垃圾减量化、扩大垃圾处理覆盖面的理想效果。在村里的每条主干道沿线以及每个岔路口设置垃圾集中倾倒

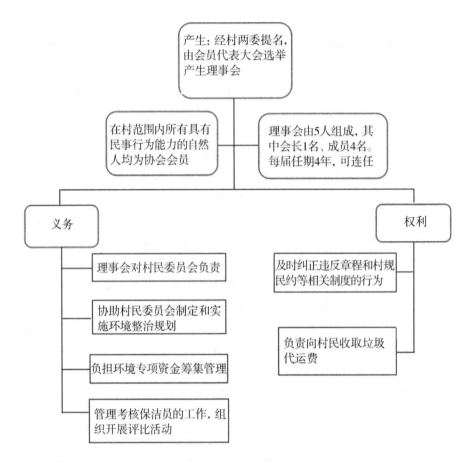

图3　环境卫生协会的人员组成、责任与权利

箱，收集不可回收垃圾，为集中处理提供便利。在分类回收屋旁建立垃圾中转站，引进"水平压缩"和"垂直压缩"两种处理机器，改进垃圾处理技术，增加了垃圾清运车的运力，减少了运输成本，实现了垃圾处理设备上的清洁、高效、安全、低成本。

（三）"绿色存折"制度在实践中面临的困境

由于法律保障、治理工具、制度供给等的不足，"绿色存折"制度在实践中仍面临着许多困境。

1. 没有法律作为"后盾"

目前，我国有关农村垃圾污染防治的法律有《环境保护法》《固体废物污染环境防治法》等，对农村环境治理仅做粗略的规定，具体实施过程中对农村环境治理没有太大的可参照性。地方性法规在这方面还处于空白阶段。村级组织的创新性垃圾治理制度缺少有针对性的法律作为保障，制度实施主体农村环境保护协会的权力不具备强制性，仅仅依靠微不足道的奖惩措施鼓励村民参与垃圾治理难以达到预期效果，村民容易形成一种可遵守可不遵守的消极心理。必须在形成完备的法律基础上实施适当的奖惩制度，才能让村民愿意参与到垃圾治理中来。

2. 以强制性工具为主，志愿性工具的使用程度低

"绿色存折"制度旨在实现从传统环境治理模式到村民主体新模式的转变，提高村民垃圾分类的自主性。但在实际执行过程中存在制度执行偏差，没有摆脱我国政府政策实施"自上而下"的分层制习惯，在一定程度上压缩、限制了村民的能动性发挥，强化了单一中心的、压力型的治理模式。政策制定缺少村民的参与，制度制定者与实施对象之间缺乏有效的沟通，村民对制度的接受程度大大降低，长效性大打折扣。

3. 制度内生动力不足

一个制度的运转离不开资金支持，"绿色存折"制度的资金来源于"三个一点"，即"市财政补一点、镇村凑一点、农户集一点"，制度运行主要依托财政补贴。在我国自上而下的体制下，财政审批程序是烦琐且复杂的，对于依靠财政补贴运转的"绿色存折"制度来说，必定会出现经常性的资金缺口。村部以市场最高价购入废品，以批发价兑换商品，虽充分利用了利益导向来引导居民分类，但"亏本赚吆喝"并非长久之计。正所谓"巧妇难为无米之炊"，资金链一旦断裂，制度的运转就会陷入困境，这也成为其长效运行的最大阻力。

（四）从政府、村民、协会三大角度提出的对策

1. 政府：健全制度运行机制，构建协同治理体系

首先，完善农村垃圾管理的法律政策体系。应明确制度实施主体的权责，强化奖惩措施的激励与惩戒作用，使制度运行更有力。其次，市场配置资源，实现收运管理的市场化。应探索多元化投资渠道，引入市场机制，通过采用"政府搭台，企业唱戏"的合作方式，使更多的投资主体参与到垃圾的收集、运输和治理过程中来，使垃圾收运处理由单纯的政府行为向市场化过渡。最后，上级政府应该加强与外界的沟通，建立有效的沟

通机制，加强外部的监督和问责，加强政务的公开力度，扩大多元主体的参与渠道。

2. 村民：变政府主导为村民主体参与，由"要我分类"到"我要分类"

应探索通过"村规民约""从我做起""小手牵大手""农村垃圾管理村民理事会"等活动和载体，充分调动村民自觉参与的积极性，逐步形成村民自我教育、自我管理、自我监督的农村垃圾管理的运行机制，健全完善农村环境卫生保洁的长效机制。应探索行之有效的奖惩机制，如将垃圾分类情况与村民荣誉、优先权等挂钩。可通过召开村民大会以及座谈会等形式，宣传讲解与农村环境整治相关的政策、精神，让农民群众了解农村垃圾治理的目的、做法，让群众了解"绿色存折"制度的好处且从根本上认同并遵守，摆脱传统由政府主导、制定、执行的一体化模式，让村民真正参与到整个过程之中，发挥主体作用。

3. 协会：体制化与乡土化并重，原则性与实效性统一

应进一步完善环境卫生协会的章程以及运行机制，在组织设计上要既考虑原则性，又保证可操作性和实效性。在组织的管理上应加强监督落实协会的各项工作，通过有效的考勤考核制度来进行协会内部的自我监督。应对协会管理层的构成方式进行革新，加大对健康状况、才能、德行、正影响力的考察比重，不以身份为选人门槛，可吸纳德高望重的乡绅入会协助管理，尽可能发挥青壮年协会成员的力量，力图实现传统与现代、经验与创新的完美结合，使协会在"绿色存折"制度的运行中发挥更强大的作用。

附录一：第三届中国大学生公共管理案例大赛获奖名单

案例名称	学校	获奖名次
沙县故事：小吃里寻"春天" ——中国特色的"政府－市场"权变共演模式探索	中国人民大学、中国海洋大学、厦门大学	金奖
"逐雨追电"：韧性城市建设背景下城市能源安全保障何以度过阵痛？ ——以极端高温下成都市电力短缺危机为例	四川大学	金奖
被困的民间河长：行政创造的社会组织如何自为？	中南大学	银奖
从执中到介入：社会许可视域下政府行为逻辑的转向研究 ——以J市C小区"铁门之争"为例	南京理工大学	银奖
转译的艺术：模糊政策执行的规律探析 ——基于武汉市南湖街道现代化治理的政策执行实践	华中师范大学	银奖
头部企业履行社会责任催生"企业主动型"政企合作新形态 ——基于"阿里特派模式"助力平顺县乡村振兴的观察	南开大学	铜奖
"破窑洞"华丽蜕变"民宿园"："人钱"两难困境下闲置宅基地的改革之路	新疆农业大学	铜奖
从"险象环生"到"人象平安"：一路"象"北中基层应急管理的"困"与"成"	云南财经大学	铜奖
城市老旧小区消防安全整治如何激活基层治理效能？ ——基于重庆市双钢路小区的实践探索	中共重庆市委党校	铜奖

续表

案例名称	学校	获奖名次
深化"互联网＋政务服务"，跑出利企惠民"加速度" ——以广州市政务办为例	广州新华学院	铜奖
昔日的"穷窝窝"，如今的"香格里拉" ——陕北赵家峁村集体产权制度改革助推乡村振兴的实践探索	西北农林科技大学	一等奖
一针两线：双重压力下的地方政府何以回应 ——以 T 区"清河行动"为例	山东大学	一等奖
小邻里　大温暖：共同富裕背景下社会组织如何嵌入社会救助？ ——基于社区场域的分析视角	浙江工业大学	一等奖
整建制选派干部破除农村治理痼疾 ——以山西省安泽县洪驿村为例	太原理工大学	一等奖
中梗阻？动奶酪！：治理碎片化与权威式整合 ——一项 Y 省产权改革中权属纠纷的逻辑透视	湘潭大学	二等奖
救命文档如何"救命"：郑州暴雨应急协同中的数字赋能观察	中南大学	二等奖
渡人者何以渡己？民办特殊教育机构的"夹缝求生"之路 ——以青岛市西海岸新区东方聋儿语训中心为例	中国海洋大学	二等奖
"黑脏臭"到"绿净清"的华丽变身 ——协同治理视域下的茅洲河整治	广州新华学院	二等奖
从"讨饭村"到"富强村"的传奇蝶变 ——党建引领乡村振兴内生发展之路	江苏海洋大学	二等奖
良法善治何以政通人和？ ——基于重庆市 S 区基层立法联系点助推社会治理的实验探索	西南大学	二等奖

续表

案例名称	学校	获奖名次
"天堑"如何变"通途" ——来自武汉市电梯加装的案例观察	华中农业大学	三等奖
压力型体制下为基层减负：何以可能，何以为之？ ——基于珠三角 M 村的调研分析	广东金融学院	三等奖
沉睡"宅"资产何以盘活乡村振兴"整盘棋" ——聚焦山东省兰陵县智能协同化宅改之路	中国海洋大学	三等奖
"碳票"变"钞票"：农业碳汇何以实现高质量发展与共同富裕的"双向奔赴"？	厦门大学	三等奖
齐心"鲁"力何以共护未来？ ——山东省"希望小屋"儿童关爱项目合作网络分析	山东财经大学	三等奖
"百宝箱"还是"黑暗箱" 从韩家镇"厕所革命"看运动治理下基层政策的执行之困	河北经贸大学	三等奖
以欧汉琛慈善会为例看澳门控烟政策发展	澳门大学	三等奖
"萝卜"脱贫，"姜"来可期 ——D 村振兴产业扶贫可持续发展之路	国际关系学院	三等奖
振兴难题何处解？"益"联资源到村门： 动态能力视角下永联为民基金会助推乡村振兴之路	中国矿业大学	三等奖
从浒墅关妇联的反家暴工作机制看共建共治共享的社会治理创新	苏州大学	三等奖

附录二：第二届中国大学生公共管理案例大赛获奖名单

案例名称	学校	获奖名次
曹家巷拆迁记 ——一场群众关于"自治改造"的新探索	西南财经大学	金奖
"有床位、没人住"：粤港合作养老机构的生存困境	华南师范大学	金奖
长者饭堂遍地开花：简单的幸福不简单	中山大学新华学院	银奖
河长制还是河长治：水治理创新的困局与反思 ——以广州为例	华南师范大学	银奖
谁动了我的奶酪？ ——H 省大学城 P 村征地拆迁中的利益博弈	中南大学	银奖
"红角"变"黑角"：相亲角应该何去何从？	电子科技大学	铜奖
才聚即才具？ ——"海河英才"计划能否成就天津的春天？	南开大学	铜奖
随迁子女的入学之痛：厦门市积分入学政策的制定过程	厦门大学	铜奖
新乡贤是如何被纳入乡村治理版图的：基于 Q 市 Y 村的案例	山西大学	铜奖
H 村全国示范性农家书屋为何门庭冷落？	西南政法大学	铜奖
失落的"五朵金花"：乡村振兴国家战略下地方基层政府的角色和职能 ——基于三圣花乡的个案研究	电子科技大学	一等奖
泉州市小流域"赛水质"的案例分析	华侨大学	一等奖
联合党总支：一种跨村域集体脱贫行动的基层治理模式	山西大学	一等奖
大数据与地方治理 ——以 12348 公共法律服务热线为例	中山大学新华学院	一等奖

续表

案例名称	学校	获奖名次
长者饭堂的多元运营与困境	广州大学	二等奖
敢问路在何方：产业扶贫背景下贵州农产品市场滞销事件思考	贵州大学	二等奖
文物保护谁之责 ——汉卿体育场之殇	辽宁大学	二等奖
"文化惠民"的创新之路 ——天津文惠卡的实践经验	天津财经大学	二等奖
驻村扶贫第一书记与多元主体间的互动 ——基于对G村精准扶贫工作的调研	中山大学南方学院	二等奖
青年镇堡堂村乡村环境治理的"破"与"立"	重庆大学	二等奖
分级诊疗推进难？看柳州如何"玩转"互联网＋分级诊疗	广西财经学院	三等奖
"微组织"与"纳精英"：贵州河坝猫耳屯精准扶贫中村务治理的探索与尴尬	首都经济贸易大学	三等奖
河北首核"核去核从"？	燕山大学	三等奖
变"堵"为"疏"的摊贩治理政策困境 ——以扬州小贩中心"收编"流动摊贩为例	扬州大学	三等奖
始于亲民，止于至善："三治融合"引领乡村治理新篇章 ——以嘉兴秀洲为例	浙江财经大学	三等奖
阳光拆迁何以可能？ ——基于余杭区塘栖村的实地调查	浙江工商大学	三等奖
冲突与协调：杭州市电动车路边车充电问题实例考察	杭州师范大学	三等奖
"最多跑一次"改革背景下杭州市社会保险办理现状研究 ——基于跨区域比较的视角	中国计量大学	三等奖

续表

案例名称	学校	获奖名次
"绿色存折"破解农村垃圾治理关键问题 ——农村垃圾分类的津澧模式探索与实践	中南林业科技大学	三等奖
杭州市江干区社区养老如何实现政企合作	中国计量大学	三等奖